THE
CHANGE

더 체인지

더 체인지
메가트렌드로 보는 미래 비즈니스

2011년 11월 15일 초판 1쇄 발행
2015년 9월 25일 초판 10쇄 발행

지 은 이 | 김재윤
펴 낸 곳 | 삼성경제연구소
펴 낸 이 | 정기영
출판등록 | 제302-1991-000066호
등록일자 | 1991년 10월 12일
주   소 | 서울특별시 서초구 서초대로74길 4(서초동) 삼성생명서초타워 30층
전   화 | 02-3780-8153(기획), 02-3780-8084(마케팅), 02-3780-8152(팩스)
이 메 일 | seribook@samsung.com

ⓒ 김재윤 2011
ISBN | 978-89-7633-438-1   03320

- 저자와의 협의에 의해 인지는 붙이지 않습니다.
- 이 책은 저작권법에 따라 보호받는 저작물이므로 무단전재와 무단복제를 금지하며, 이 책 내용의 전부 또는 일부를 이용하려면 반드시 저작권자와 삼성경제연구소의 서면동의를 받아야 합니다.
- 가격은 뒤표지에 있습니다.
- 잘못된 책은 바꾸어 드립니다.

> 삼성경제연구소 도서정보는 이렇게도 보실 수 있습니다.
> 홈페이지(http://www.seri.org) → SERI 북 → SERI가 만든 책

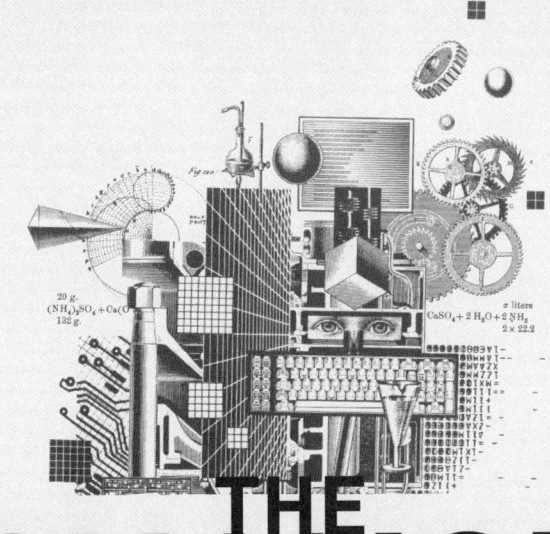

THE CHANGE

더 체인지 | 메가트렌드로 보는 미래 비즈니스

김재윤 (SERI 기술산업실장) 지음

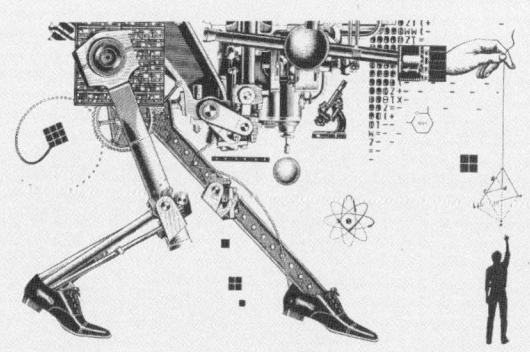

삼성경제연구소

| 차례 |

프롤로그 _ 거대한 변화의 한가운데서 • 8

1부 심층 진단, 산업계 지각변동

INTRO _ 그 회사는 어쩌다 문제기업이 되었나? • 15
1. 영원한 초우량기업은 없다? • 18
2. 변신은 생존의 기본조건이다 • 26
3. 기업 변신의 다섯 가지 딜레마 • 36

2부 3대 메가트렌드와 신사업의 탄생

INTRO _ 왜 다시 메가트렌드인가? • 51
1. 인구구조 변화와 헬스케어 사업 • 67
   신사업 1 • 헬스케어 사업 • 78
2. 도시화와 인프라스트럭처 사업 • 90
   신사업 2 • 인프라스트럭처 사업 • 101
3. 기후변화와 신재생에너지 사업 • 114
   신사업 3 • 신재생에너지 사업 • 124

3부 발상의 전환이 만드는 유망사업 여섯 가지

INTRO _ 메가트렌드는 유망사업의 창고 · 139

1 : 건강한 장수를 꿈꾼다 | 에이징솔루션 사업 · 142
    idea+@ 1 · 질병의 원인을 공략해 제거하라 · 149

2 : 주거와 소비 지도를 뒤바꾼다 | 1~2인 가구 대응 사업 · 153
    idea+@ 2 · 1~2인 가구의 증가, 상상 이상의 사회가 온다 · 161

3 : 도시화의 어두운 그림자를 해결하라 | 안(安) 비즈니스 · 165
    idea+@ 3 · 데이터 처리 사업의 미래 전망 · 175

4 : 신흥국의 유행과 서비스 산업이 바뀐다 | 도심형 서비스업 · 179
    idea+@ 4 · 서비스를 과학화하라 · 188

5 : 건물과 자동차의 에너지 소모를 줄여라 | 에너지 효율화 사업 · 191
    idea+@ 5 · 자동차를 뛰어넘는 새로운 비즈니스 모델 · 204

6 : 인류의 운명을 좌우하는 영원한 미래 산업 | 식량 비즈니스 · 208
    idea+@ 6 · 에너지와 식량이 동시에 생산되는 미래의 온실 · 219

4부 신사업 성공을 위한 제언

    INTRO _ 변화가 신사업의 시작이다   • 225
    1 : 세 가지 키워드(VAR)에서 기회를 찾는다   • 228
    2 : 패턴을 읽으면 진입 타이밍과 시장규모가 보인다   • 242
    3 : 정확한 업의 정의가 경쟁의 조건을 말한다   • 250
    4 : 공급자가 아닌 소비자의 눈으로 봐야 한다   • 260

에필로그 _ 발상의 전환이 산업의 미래를 바꾼다   • 269

거대한 변화의
한가운데서

미래를 이야기한다는 것은 늘 조심스럽다. 누구나 관심을 갖는 주제여서 자칫 다 아는 이야기의 반복이 되기 쉽기 때문이다. 미래를 꿰뚫어볼 직관은 있는지, 또 그것을 맛깔나게 풀어낼 재주가 있는지 자신이 없어서이기도 하다. 지엽적인 현상을 전체로 오독(誤讀)하거나 큰 변화의 단서를 놓치는 우를 범하지 않을까 하는 두려움도 있다. 20여 년 이상 많은 산업의 탄생과 부침을 봐왔지만, 글로 남겨질 미래를 이야기하는 것은 여간 용기가 필요한 일이 아니었다.

올 초 한 글로벌 기업을 방문한 적이 있다. 반나절 정도 메가트렌드에 대해 논의할 기회가 있었는데, 내가 생각하고 있는 미래의 핵심 이슈들이 그들의 생각과 놀랍도록 일치하고 있음을 발견했다. 그리고 나의 해석과 직관을 그들이 매우 흥미로워한다는 데 크게 고무되었다. 다들 아는 이야기라 생각했는데, 무엇이 그런 반응을 이끌어냈을까? 아마도 산업 현장에 대한 고민을 바탕으로 한 이야기여서 다르게 들리지 않았을까 싶다. 이 책을 집필하게 된 출발점이다.

산업사(産業史)에는 늘 단절적인 변화가 있어왔다. 그런 변화들은 기존의 질서나 생각은 물론 산업의 지형을 바꾸었고, 기업의 존망에까지 영향을 미쳤다. 그런데 지금 산업계의 변화는 가늠조차 어려울 정도로 진폭이 크다.

글로벌 거대기업들의 몰락, 끝을 알 수 없는 산업 재편, 새로운 기술로 인한 파괴적 혁신이 일상화되고 있다. 마치 속도를 알 수 없는 롤러코스터에 올라탄 것처럼 하루에도 수십 건의 이슈가 생겨난다. 어느 것이 노이즈noise이고, 어느 것이 큰 변화를 만드는 신호인지 분간이 안 될 정도이다. 단기간에 그칠 현상을 미래 트렌드로 잘못 해석하거나, 큰 변화를 야기할 작은 신호들을 무시하고 있지는 않은지 두려움이 크다. 더 큰 문제는 이런 극심한 변화가 언제까지 계속될지 누구도 알 수 없다는 것이다. 20여 년 이상 산업을 연구해온 사람으로서 책임감과 동시에 이 문제에 대한 도전의식이 생긴 배경이다.

이 책은 산업의 역동성과 미래에 대한 내 나름의 판단과 이해를 바탕으로 쓰였다. 때로는 직관적으로 눈앞의 현상을 과감히 생략하기도 했고, 또 어떤 현상은 눈에 잘 보이지 않는데도 그 배경과 이유를 자세히 설명했다. 논리적 인과관계를 치밀하게 설명하기보다는 큰 흐름 속에서 변화를 읽어낼 수 있도록 생각의 틀을 제공하는 것이 먼저라고 판단했기 때문이다.

이야기는 현재 눈앞의 변화들과 그 의미를 다시 살펴보는 데서 출발했다. 신입사원 시절 마치 신처럼 우러러봤던 기업들의 몰락, 오랫동안 모범사례라고 여겨지던 것들이 지닌 이중성을 짚어보았다. 이를 통해 우리가 이른바 '미래 유망사업'에 대해 어떤 환상을 갖고 있는지도 살펴보았다. 어떤 사업은 수십 년간 늘 유망사업의 후보 리스트에만 올라 있었고, 또 어떤 사업은 어느 순간 바람처럼 사라져버렸다. 지금까지 우리가 별 의심 없이 받아들이던 '사실'이, 급변하는 환경에서는 더는 '사실'이 아닐 수 있음을 이야기하고자 했다.

그런데 이 많은 변화들을 어떻게 설명할 수 있을까. 이 책은 변화를 만드는 근원으로 메가트렌드에 주목했다. 지금 우리가 보는 변화는 마치 공중에 매달린 모빌처럼 항상 여러 각도로 움직이기 때문에 정확한 모습이나 방향을 찾기 어렵다. 사람들은 각자 자기가 본 모양으로 그것을 설명할 것이고, 이는 또 다른 혼란을 만들어낸다. 이 책에서 메가트렌드를 강조하는 것은 아무리 현상이 복잡하고 유동적이어도 몇 개의 큰 축으로 묶어놓고 보면 간단해진다는 생각 때문이다. 먼저 축을 봐야 무엇이 뿌리이고, 무엇이 잎인지 알 수 있고, 바람에 따라 어떤 변화가 생기는 지 이해할 수 있다.

그런데 메가트렌드라고 하는 것은 아무리 잘 정리해도 다 알려진 다소 식상한 내용이 되기 십상이다. 그러나 한번쯤 들어본 이야기라고 해서 그것의 함의와 비즈니스 맥락을 제대로 이해하고 있을까. 예를 하나 들어보자. 저출산 문제는 어제오늘의 이슈가 아니다. 한민족이 없어진다, 이민을 장려해야 한다 등 수많은 주장과 해법이 논의되었다. 다분히 경제·사회적 관점의 이야기다. 이를 산업의 틀에서 보면 무슨 함의가 있을까. 저출산은 인구구조와 가구구조를 바꿀 것이고, 이는 주거공간, 라이프스타일, 가치관을 바꾼다. 학군보다는 생활편의가 중시될 수 있고, 대형보다는 소형 주택이 각광받을 것이다. 부동산, 교육, 가전 및 생활용품, 취미제품 등의 수요 패턴도 바뀐다. 부의 흐름이 바뀌는 것이고, 이는 산업의 재편으로 이어진다.

결국 무엇이 메가트렌드인지 아는 것이 중요한 게 아니라, 그 의미를 해석하고 그로부터 새로운 사업기회를 발견해내는 것이 본질이라는 것이다. 그래서 이 책도 메가트렌드 자체보다는 그 의미를 해석해보고자 했으며, 이를 통해 아홉 가지 신사업 기회를 제시하고 있다. 아울러 신사업을 준비하고 실행하는 기업들이 반드시 고려해야 할 네 가지 빅 이슈를 산업 현장의 사례와 나의 경험을 토대로 정리했다.

이 책이 미래의 변화와 신규 유망사업의 전부를 이야기하는 것은 아니다. 또한 모든 내용이 정확히 미래에 합치된다고 말할 수도 없다. 그러나 상당 부분 우리 산업계에 나타나기 시작한 현상을 담고 있으며, 앞으로 나타날 미래의 이슈와 관점을 소개하고 있다는 점은 분명하다. 허공에 매달린 모빌같이 움직이는 복잡한 이슈를 해석하는 틀로서도 의미가 있다는 판단이다.

이 책을 쓸 수 있도록 끊임없이 지적 자극을 준 현장의 전문가들과 삼성경제연구소 정기영 소장님 이하 임직원들께 감사드린다. 특히 나와 함께 일하고 있는 기술산업실원들에게 감사를 전한다.

다양한 역량과 잠재력을 지닌 그들과의 대화를 통해 항상 많은 것을 배우고 생각을 정리할 수 있었다.

이 책을 쓰기 위해 집중하고 몰입한 시간은 고통스럽고도 즐거웠다. 아직 많이 부족해 문장이나 주장에 거친 부분이 있다. 그러나 그 역시 미래 산업에 대한 고민의 산물로 이해되었으면 하는 바람이다.

2011년 11월

김재윤

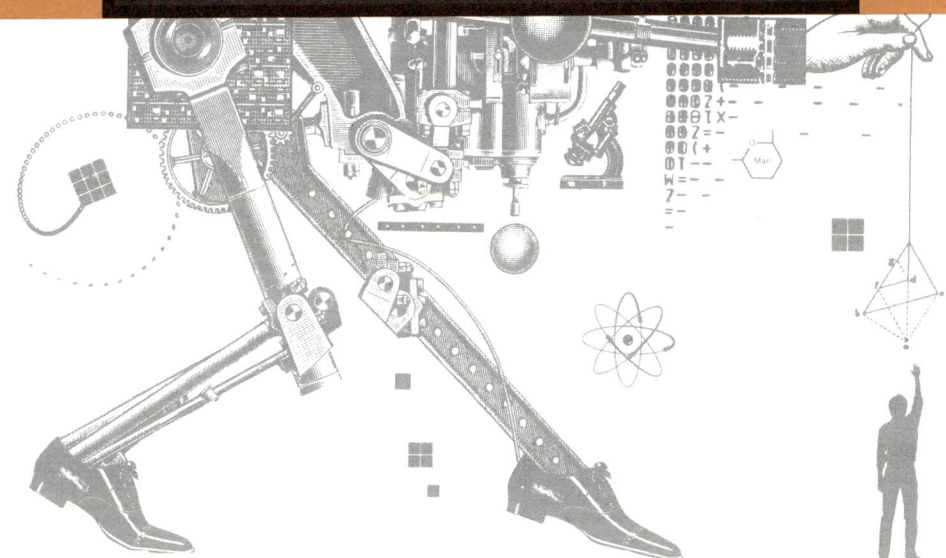

1부

THE CHANGE

심층 진단,
산업계 지각변동

그 **회사**는 어쩌다 **문제기업**이 되었나?

기업의 수명 단축이 어제오늘의 이야기는 아니다. 그러나 최근에는 그 주기가 급격히 빨라지고 있으며, 언론의 스포트라이트를 받던 기업이 불과 1, 2년도 안 돼 문제기업으로 전락하는 경우도 허다하다.

'시가총액 2,000억 달러', '선택과 집중의 모범 사례', '끊임없는 사업구조 변신의 귀재'……. 몇 년 전만 해도 노키아 하면 바로 이런 수식어가 따라붙었다. 그러나 지금은 시가총액과 점유율 모두 지속적으로 하락하면서 위기의 대명사로 인식되고 있다. 10여 년 전만 해도 노키아의 시가총액은 애플보다 40배 정도 많았지만, 지금은 애플의 기업가치가 노키아를 10배 이상 압도하는 형국이다. 스마트폰 사업에서의 부진이 원인이라고들 한다.

그러나 아이폰 출시 시점인 2007년만 해도 노키아의 스마트폰

■ 도표 1-1 노키아와 애플의 시가총액 비교

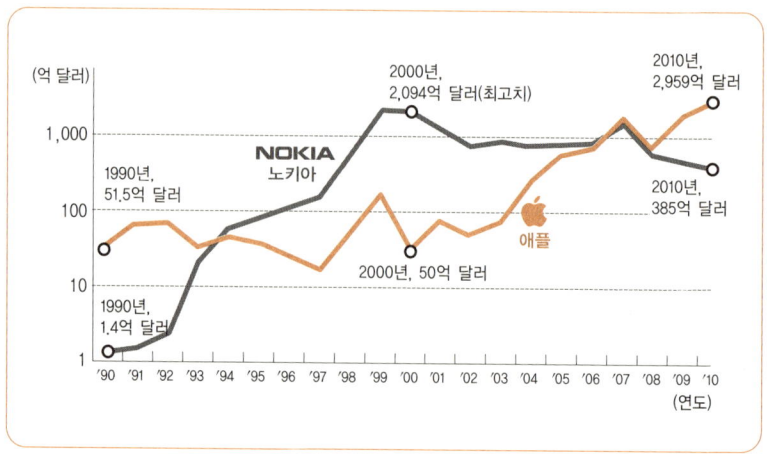

자료: Thomson One.

시장점유율은 40%에 달했다. 노키아는 하드웨어 기업이지만 심비안Symbian이라는 운영체제OS와 오비(Ovi, 핀란드어로 문door이라는 뜻)라는 모바일 플랫폼 서비스를 선도적으로 도입한 기업이기도 하다.

노키아는 결코 폐쇄적이지 않았고 하드웨어만 고집하지도 않았으며 스마트폰에 대한 대응이 늦지도 않았다. 그렇다면 무엇이 문제였을까. 늘 그래왔듯이 우리는, 노키아 위기의 원인이 성공에 도취된 자만심 때문이라고도, 개방형 혁신이 부족해서라고도 한다.

이제 노키아는 CEO 교체를 비롯해 기존의 것을 모두 버리고 새롭게 사업을 정비하고 있지만, 지금의 결과만 놓고 보자면 돌이킬 수 없는 전쟁의 승자와 패자처럼 애플은 세상의 선善이 되었고 노키아는 문제아로 낙인찍힌 듯하다.

일본을 대표하는 기업 도요타도 마찬가지다. 모든 기업에 선망의 대상이 되던 도요타 생산방식과 원가혁신은 2010년 도요타 리콜 사태를 계기로 품질위기의 원인으로까지 거론되고 있다.

무엇이 잘못된 것일까. 전가傳家의 보도寶刀처럼 이야기하는 자만심과 안일 때문일까. 아니면 이런 변화를 만든 또 다른 힘이 있었을까?

영원한 초우량기업은 없다?

《초우량기업의 조건In search of Excellence》의 저자 톰 피터스Tom Peters는 자신이 책에서 초우량기업으로 지목했던 43개 기업 중 3분의 2가 망하거나 그저 그런 회사로 전락하는 데 5년이 채 걸리지 않았다고 말한다.

"초우량기업이란 애초부터 존재하지 않는다"라는 극단적 주장도 있다. 이른바 '초우량기업'이란, 관찰하고 있던 특정 시점에서 좋은 성과와 사례를 보여준 기업일 뿐이라는 것이다. 실제 스탠더드&푸어스S&P 500에 속한 기업의 평균 존속기간을 보면 이런 주장의 타당성을 수긍할 수 있다. 포스터와 카플란(R. Poster & S. Kaplan, 2001)에 따르면 〈도표 1-2〉에서 보듯이 한 기업이 초우량기업으로 존속 가능한 기간이 1920년대에는 50년 이상이었지만 1980년대에는 25년 정도로, 그리고 지금은 10여 년 정도로 단축되고 있다.

■ 도표 1-2 S&P 500 기업들의 평균 존속기간 예상

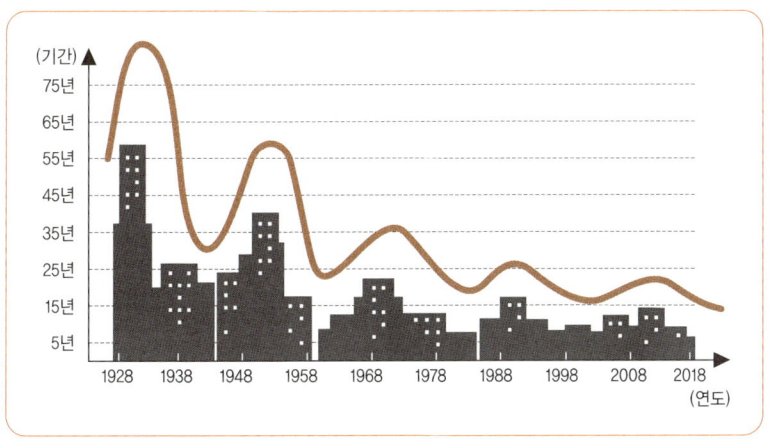

자료: R. Foster and S. Kaplan (2001), *Creative Destruction*, p. 13, Bantam.

속도를 알 수 없는 러닝머신에 올라탄 기업들

왜 기업들의 수명이 단축되고 있는가. 런던 비즈니스 스쿨의 도널드 설Donald Sull 교수가 주장하듯이 활동적 타성active inertia으로 변화에 대응하지 못해서일 수도 있고 경영전략의 오류 때문일 수도 있다. 글로벌 금융위기 같은 예상치 못한 경제적 요인에 의해 기업이 위기를 맞기도 한다. 그러나 이것만으로는 기업들이 최근에 겪는 위기를 모두 설명하기에는 부족하다.

지금 거대기업이 직면한 위기의 가장 큰 원인은 혁신 사이클이 너무나 짧아졌기 때문이다. 혁신은 산업 내에 긴장과 역동성을 창출하고 이는 다시 시장 주도기업이 뒤바뀌는 변화를 야기한다. 그러나 갈수록 혁신의 사이클이 짧아지면서 의사결정의 리스크도 더욱 커진다. 이런 상황이 되면 아무리 위대한 기업이라 해도 스스로

혁신의 속도를 조절하거나 변화의 방향을 바꾸기가 불가능하다. 평지를 걷다가 갑자기 속도를 조절할 수 없는 러닝머신에 올라탄 상황과 유사하다. 게으름을 피우다가는 러닝머신에서 떨어진다. 그렇다고 오버페이스를 해서도 안 된다. 속도가 또 어떻게 바뀔지 모르기 때문이다.

또 빠른 혁신은 제품 및 기술의 범용화를 촉진하여 선발자의 이익을 급격히 축소시킨다. 아무리 기술적으로 뛰어난 상품이라 해도 곧 치열한 경쟁이 뒤따라 충분한 이익을 확보하지 못하는 경우가 많은 것이다. 예를 들어 가정용 DVD 플레이어와 VCR 중 어느 제품이 선발자에게 더 많은 이익을 가져다주었을까? 기술 자체로만 보면 DVD가 훨씬 혁신적인 제품이지만, 정답은 VCR이다. 1980년대와 2000년대의 상황 차이가 이렇게 다른 결과를 만들었다.

질문을 다르게 던져보자. 운동화와 DVD 플레이어 중 어느 쪽이 더 비쌀까? 10년 전에 이런 질문을 했다면 당연히 "DVD 플레이어"라고 답했을 것이다. 그러나 지금은 그 반대 경우가 허다하다. 굳이 나이키나 아디다스 같은 브랜드 운동화가 아니라도 DVD 플레이어보다 비싼 일상소비재는 아주 많다.

사실 DVD는 영화·엔터테인먼트 산업을 바꾼 혁신제품이었다. CD보다 7배가량 고밀도인 정보저장 매체이며, 눈에 보이지 않는 미세한 크기(740nm:0.00074mm)의 홈에 기록된 정보를 초당 3.49m를 이동하며 빛으로 읽어내는 기기, 어느 소비재와도 비교하기 어려운 고정밀 제품이다. 2000년대 초반만 해도 비디오테이프를 몰아낸 주역으로 'DVD 대여업'이라는 신종 업태까지 창출했지만 지금은 별도 저장이 필요 없는 스트리밍 서비스가 확산되면서 거의 사라졌다.

시장의 지도를 바꾸는 수천 배의 기술혁신

비록 인지하지 못했을지라도 지난 30~40년간 산업 전반의 기술혁신은 어마어마했다. 빠른 기술혁신이 제품의 성능은 높이고 가격은 낮추는 발전을 가져왔다. 이런 가속된 혁신의 주역은 바로 IT Information Technology다.

반도체를 보면 지난 40년간 이루어진 혁신의 속도를 가늠할 수 있다. 1961년 2개의 트랜지스터 집적으로 시작된 IC Integrated Circuit (집적회로) 혁명은 2008년 인텔 코어 i7에 이르러서는 7억 3,100만 개의 트랜지스터가 집적된 제품으로 발전한다. 18개월마다 반도체의 집적도가 2배씩 증가한다는 '무어의 법칙'을 언급하지 않더라도 이미 3억 배 이상 집적도가 높아진 것이다. 디램 DRAM 가격도 1979년에는 메가바이트 MB당 5만 달러가량이던 것이 30년이 지난 2009년에는 0.8센트로 낮아졌다. 기존 가격의 625만 분의 1로 떨어진 것이다. 집적도와 가격 모두 상상 이상으로 혁신되었다.

반도체 기술의 발전은 컴퓨터의 혁신으로 이어졌다. 랩톱 laptop 컴퓨터는 1985년 일본의 도시바가 처음 개발했다. 25년이 지난 지금 시중에서 판매되는 일반적 랩톱 컴퓨터를 초기 모델과 비교하면 어림잡아도 성능은 300배 이상 좋아진 반면 가격은 90% 이상 떨어졌고, 무게도 80% 이상 줄었다. 지금은 일상용품이 되어버린 스마트폰도, 1946년에 개발된 무게 30톤 t이 넘는 컴퓨터 애니악 ENIAC과 비교하면 수만 배, 1963년 달 착륙에 성공한 아폴로 11호에 실린

■ 도표 1-3 **무어의 법칙과 트랜지스터 집적도**

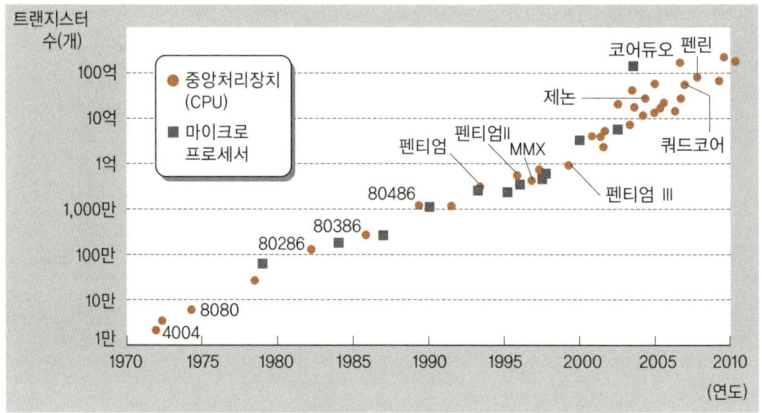

자료: http://en.wikipedia.org/wiki/File:PPTMooresLawai.jpg.

컴퓨터와 비교해도 수천 배 이상 고성능이다.

　이런 숨 가쁜 혁신은 희생자를 만든 동시에 새로운 강자를 탄생시켰다. 불과 20년 전까지만 해도 TV 시장에서 소니는 '특별한 회사' 대접을 받았다. 그 어떤 회사도 소니보다 높은 가격을 책정하기 어려웠다. 그러나 최근 소니의 TV 사업은 수년간 이어진 적자로 사업 철수 이야기까지 나오는 두통거리로 전락했다. 왜 이런 현상이 생겼을까. 이 역시 TV 산업에서 나타난 기술혁신의 결과 때문이다. 소니가 주도하던 브라운관 시대에는 TV 사이즈가 연평균 0.4인치in 정도로 커졌다. 10년이 지나도 평균 4in 커진 제품을 살 수 있었을 뿐 외형적으로나 기술적으로 쉽게 체감할 만한 변화는 없었다. 그러나 2000년대 중반 이후 LCD와 PDP가 등장하면서 평판디스플레이의 사이즈는 해마다 4in 이상 커졌다. 그래서 불과 2~3년만 지나도 10in 이상 큰 제품이 주류를 이루게 된다. 무게는 100kg에 두께가 60㎝ 이상이던 제품이 이전의 20%로 줄어들었다. 여기에 디지털, HDHigh Definition(90만 화소 수준의 해상도), 풀HD(200만 화소 수준의 해상도), LED 등 다양한 화질 혁신까지 이루어졌다. 자세히 설명하지 않더라도 혁신이 가져온 변화를 눈으로 확인할 수 있다. 아주 느릿느릿 변화하던 산업이 갑작스럽게 너무나도 빠른 혁신 사이클을 가진 산업이 되어버린 것이다. 시장은 300억 달러에서 1,000억 달러 규모로 커졌지만, 이 과실의 수혜자는 느린 러닝머신 위를 걷던 소니가 아니었다.

결국 기술발전은 소비자에게는 무한한 혜택을 주었지만 기업에는 점점 더 빠른 혁신과 변화를 요구했다. 그 결과 산업계 내에서 부침이 더욱 심해지고 이것이 시장에서 주도기업을 뒤바꾸는 변화를 가져왔다.

새롭게 떠오르는 경쟁자들의 유형

빠른 기술혁신은 낯선 경쟁자를 출현시킨다. 역사적으로 산업의 주도권 교체는 대개 생각지 못한 낯선 경쟁자에 의해 이루어지곤 했다. 혁신적인 비즈니스 모델, 기술, 아이디어가 기존의 산업질서를 재편하면서 새로운 강자가 부상하는 것이다. 컴퓨터기업 애플이 음악시장에 뛰어들어 MP3[1]의 아이리버, 워크맨의 소니 등을 위협하며 시장 판도를 일거에 바꾼 것이 대표적 예다.

---

[1] MP3는 디지털 영상처리 분야의 국제규격인 MPEG(Motion Picture Experts Group)에서 정하는 오디오 관련 디지털 압축표준인 'MPEG Audio layer 3'를 말한다. CD 정보량 대비 12분의 1 정도로 압축할 수 있어 비교적 손쉽게 통신 네트워크를 통해 음악 등을 전송할 수 있고 저장이 용이하다는 장점으로 음반산업에 구조적 변화를 가져왔다.

산업과 시장의 판도를 바꾸는 경쟁자에도 몇 가지 유형이 있다. 우선은 업종을 넘어 새로운 질서를 만들어내는 강자들이다. 최근에는 산업의 융복합화가 가속되면서 눈여겨보지 않았던 경쟁자들이 이종 업역異種業域으로 들어오는 경우가 많아졌다. 이들이 무서운 것은 업계에서 통용되던 경쟁의 법칙과는 다른 파괴적disruptive이고 낯선 방식으로 시장의 질서를 재편하기 때문이다.

도요타 회장 조 후지오張富士夫는 자사의 가장 큰 잠재 경쟁자로 히타치를 꼽는다 한다. 자동차에서 전자부품의 비중이 높아지고 특히 하이브리드 및 전기자동차 같은 새로운 형태의 자동차가 등장하면서 모터와 전기부품 등에서 다양한 제품 포트폴리오를 구성해놓은 히타치가 무서운 경쟁자로 부상하리라 본 것이다. 마찬가지로 방송국의 가장 큰 위협은 동종 미디어 기업이 아니라 애플이나 유튜브YouTube일 수 있다. 통신업체라면 인터넷 전화의 강자 스카이프Skype를 인수한 마이크로소프트를 경계해야 할지 모른다.

두 번째 유형은 비즈니스 모델을 혁신해 산업의 판도를 바꾸는 강자들이다. 애플을 비롯해 인디텍스, 홍하이Hon Hai 등이 그들이다. 인디텍스는 매출 150억 달러의 의류 브랜드 자라ZARA를 만든 스페인 기업이다. 사양 업종으로 인식되던 의류산업에서 매년 17%의 매출성장, 16%의 영업이익률을 달성하고 있다. 최첨단 산업에 속한 그 어느 기업보다 월등한 성과다. 덕분에 인디텍스의 아만시오 오르테가Amancio Ortega Gaona 회장은 2011년《포춘》이 발표한 글로벌 억만장자 순위에서 7위에 오르기도 했다.

팍스콘Foxconn으로도 알려진 홍하이는 애플을 비롯해 다양한 글로벌 기업의 IT 제품을 생산하는 제조 전문 기업이다. 모든 기업이 브랜드파워만을 강조할 때, 팍스콘은 제조 영역에 특화해 누구보다 싸고 빠르게 제품을 설계하고 생산할 수 있는 역량을 구축했다. 1990년대에 혜성처럼 등장해 불과 20여 년이 지난 지금 연매출 600억 달러에 종업원 92만 명을 둔 공룡기업으로 성장한 비결이다.

일본의 니덱NIDEC도 독특함과 철저함으로 지난 20년간 해마다 13%의 매출성장을 이루어낸 기업이다. 니덱은 전 세계에서 소형 모터를 가장 잘 만드는 기업으로, 전 세계 노트북 하드디스크용 모터의 77%, 휴대폰 진동 모드 모터의 40%를 공급하고 있다. 움직이는 모든 것에 모터가 있으니 모터 시장에서 독점력을 강화해 '움직이는 것'들을 전부 컨트롤하겠다는 비전을 가진 담대한 기업이다.

애플이 그러했듯이 신흥 강자의 부상은 전통적 주도기업의 지위 유지를 어렵게 하기도 하고, 때로는 산업의 가치사슬을 완전히 바꿔놓기도 한다. 또 니덱처럼 독점력을 발휘하며 부가가치의 흐름을 재편하기도 한다. 기업들이 지금까지 해온 사업을, 지금까지 하던 방식대로만 할 수 없는 이유가 바로 여기에 있다.

변신은 생존의 기본조건이다

혁신의 속도가 갈수록 빨라지는 상황에서 기업들이 직면한 가장 큰 경영화두는 '과연 지속적으로 성장할 수 있는가'가 될 수밖에 없다. 이 문제는 기업의 크기나 업력業歷과는 무관하다.

다우존스지수는 115년 역사에서 총 48번 기업 리스트를 변경했다고 한다. 2, 3년에 한 번씩 업종을 대표하는 기업이 바뀐다는 이야기다. 《포춘》이 매년 선정하는 글로벌 500대(100대) 기업 리스트를 보면 1990년대 전반기에는 미쓰비시, 미쓰이, 이토추 등 일본의 상사들이 세계 최대기업의 반열에 올랐다. 자동차기업이 주도하던 시기가 있었고, 유가가 높아지면 정유기업이 우세였다. 2000년대 들어서는 월마트 같은 유통업체가 세계 최대기업으로 부상하는 현상이 나타난다.

혁신이 빠른 전자산업에서는 1980년대까지만 해도 IBM이 독주

■ 도표 1-4 **미국 매출 상위 5대 기업의 변천**

	1955년	1975년	1990년	2010년
1위	GM — 98	엑슨모빌 — 421	GM — 1,270	월마트 — 4,082
2위	엑슨모빌 — 57	GM — 315	포드 — 969	엑슨모빌 — 2,847
3위	US스틸 — 33	포드 — 236	엑슨모빌 — 867	세브론 — 1,635
4위	GE — 30	텍사코 — 233	IBM — 634	GE — 1,568
5위	이스마크 — 25	모빌 — 189	GE — 553	뱅크오브아메리카 1,505

주: 《포춘》 500대 기업을 바탕으로 재구성. 수치는 매출액(억 달러).

하는 체제였으나 이후 인텔, 시스코, 마이크로소프트, 애플 등으로 선도기업(시가총액 기준)이 바뀌어왔다. 결국 기업 본연의 경쟁력도 중요하지만 산업의 부침이 성과를 좌우할 수도 있다는 것이다. 기업들이 미래의 먹거리에 대해 고민하는 이유다.

《하버드 비즈니스 리뷰》의 분석에 따르면 기업의 성장이 급격히 정체 현상을 보일 때 그 원인의 70%는 사업 자체에 문제가 있기 때문이라고 한다. 지금까지 성장을 이끌어오던 사업의 프리미엄이 약화되고 혁신이 둔화되면서 이런 현상이 일어난다는 것이다. 그리고 환경의 변화, 경기 침체, 인력 및 조직 문제 등이 30% 정도 영향을 미친다. 혁신 사이클이 단축되면서 아무리 경쟁력 있고 고성장하는 사업을 가진 기업이라도 어느 순간 급격한 성장하락을 겪을 수 있다는 의미다. 그렇기 때문에 지속성장을 위해서 기업은 끊임없이 혁신이 가능한 새로운 성장 분야를 찾아내야 한다.

■ 도표 1-5 《포춘》 100대 기업들의 성장 추이와 성장정체 요인

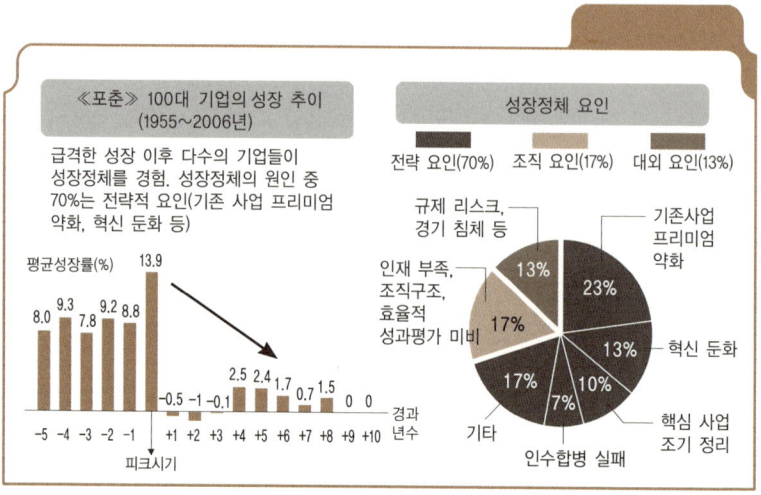

자료: When Growth Stalls (2008.3). HBR.

나일론을 버리고 사이언스 컴퍼니가 된 듀폰

새로운 성장 분야 발굴을 통한 기업의 사업구조 변신은 낯선 이야기가 아니다. 물론 변신이 무조건 성장을 담보하지는 않는다. 그러나 적어도 필요조건은 된다. 실제로 우리가 아는 현재의 업역과는 전혀 다른 출발점을 지닌 글로벌 기업을 어렵지 않게 찾을 수 있다. 세계적인 항공기업체 보잉이 목재사업으로 출발했고, 자동차회사 도요타는 방직기사업에 모태가 있으며, 잘 알려진 대로 노키아의 출발은 종이와 펄프 기업이었다.

좀 더 극적인 사례도 있다. 1802년 화약사업으로 창업한 듀폰은 1930년대 나일론과 테프론 등의 섬유·소재기술을 통해 인류의 생활을 바꾼 기업이다. 그러나 이제 듀폰은 화약사업은 물론 테프론

과 나일론 사업마저 매각하고 '사이언스 컴퍼니science company'라는 전혀 새로운 비전을 내세우고 있다. "듀폰의 200년 역사는 과거와 결별하는 과정의 역사. 성장하는 곳으로 언제든지 떠나는 게 듀폰의 전략"이라는 말이 상징하듯 듀폰은 첨단 전자·기능성 코팅 소재와 농업 분야에서 새로이 사업을 전개하고 있다. 특히 주목되는 영역은 바이오와 농업 분야다. 이미 듀폰은 몬산토에 이어 세계 2위의 종자기업으로 등극했으며, 관련 특허 점유율도 15%에 달할 정도로 막강한 파워를 지녔다.

웨스턴유니온Western Union이라는 회사의 변신도 드라마틱하다. 1851년 전신사업으로 창업해 한때 세계 최대의 전신 서비스 기업으로 올라섰으나, 2006년 금융회사로 완전히 변신한다. 웨스턴유니온 역시 듀폰과 마찬가지로 인류의 생활을 바꾼 혁신사업을 많이 펼친 회사다. 지금도 사용되는 증권시황 표시기인 티커ticker, 팩스와 텔렉스 등도 이 회사를 통해 상용화되었다. 이 회사의 창립자 에즈라 코넬Ezra Cornell은 아이비리그 대학 중 한 곳인 코넬 대학교를 세우기도 했다.

사업을 다시 정의하는 기업들: 도요타, IBM, 도시바

업역을 완전히 바꾸지는 않더라도 사업내용을 확장하거나 주력 분야를 바꾸어 미래에 대비하고 있는 기업도 많다. 자동차기업 도요타는 2001년 인도네시아의 고구마농장 매입을 시작으로 호주와 중국 등지에서 바이오벤처 다섯 곳을 운영하고 있다. 핵심은 기후변화에 대응해 새로운 바이오 연료와 생분해성 플라스틱 등 화이트

바이오white bio 사업 기반을 만들겠다는 것이다. 그뿐만이 아니다. 주택회사인 도요타홈을 자회사로 두고 향후 본격적으로 도래할 전기자동차 시대에 대비하여 전기자동차용 배터리를 가정용 에너지 저장장치로 활용하는 사업을 구상 중이다. 에너지와 자원을 다량으로 사용하는 자동차사업을 전후방으로 확장하면서 에너지의 장기적 활용 분야까지 염두에 둔 비즈니스 모델을 전개하고 있는 것이다.

IBM의 사업 확대는 더 흥미롭다. IBM은 창업 이래 데이터 처리 분야를 벗어난 적이 단 한 번도 없다. 그러나 사업의 내용을 좀 더 자세히 들여다보면 현재의 IBM은 과거의 IBM이 아님을 단번에 알 수 있다. 지금의 IBM은 메인프레임이나 PC를 만드는 하드웨어 기업이 아닌, 소프트웨어 및 솔루션 기업이다. 1999년까지만 해도 하드웨어 관련 매출이 전체의 42%에 이르렀으나 지금은 17%에 불과하고, 그것도 시스템 분야 중 고부가가치 영역만 남았다. 반면 1994년 15%에 불과하던 서비스 매출이 2010년에는 58%를 차지해 IBM의 기업색깔을 바꾸고 있다. 비즈니스 모델 역시 판매에서 서비스 제공으로 변화하고 있다. 이런 변신은 IBM의 비전인 '스마터 플래닛Smarter Planet'으로 구체화된다.

스마터 플래닛은 2008년 11월 IBM의 CEO 샘 팔미사노Sam Palmisano가 주창한 미래 어젠다로, IBM이 지닌 IT 역량을 활용해 지구의 다양한 시스템을 네트워크화·지능화함으로써 효율을 높이겠다는 구상이다. 전통적으로 중시해온 기업 지향 IT 서비스 제공에 머무르지 않고 환경·온난화·교통 등 범지구적 이슈나 문제를 해결

■ 도표 1-6 IBM의 사업내용 확장: 스마터 플래닛

A Smarter Planet

The world is smaller. Flatter. Faster.
We think it can be smarter, too.

IBMers value...
- Dedication to every client's success.
- Innovation that matters – for our company and for the world.
- Trust and personal responsibility in all relationships.

자료: IBM 홈페이지를 참조하여 재구성.

하는 회사가 되겠다는 것이다. 물론 그 과정에서 새로운 사업기회를 만들겠다는 전략이다.

일본 기업들도 최근 들어 사업을 재정의하는 데 열심이다. '100년 기업' 도시바_{東芝}는 1980년대 'E & E_{Energy & Electronics}' 비전 아래, 에너지와 전자 두 영역을 주력 사업으로 육성해왔다. 그러나 전자 부문에서 한국, 대만, 중국의 추격이 거세지자 한때 세계 1위였던 디램과 휴대폰 사업을 매각한다.[2] 반면 2006년 웨스팅하우스의 원자력발전사업을 54억 달러에 인수하는 등 에너지 부문에서의 사업 확장이 활발하다. E&E로 대표되던 기존의 사업 도메인을 에너지·사회 인프라·중전_{重電} 쪽으로 급격히 시프트하고 있는 것이다.

이렇듯 오늘날의 비즈니스 환경은 끊임없는 경쟁, 그로 인한 업역 변화를 요구한다. 사업 철수와 같이 대폭 조정이 불가피한 경우

---

[2] 1980년대 말 세계 최대의 디램 공급업체는 도시바였다. 특히 1메가디램 분야에서는 세계시장점유율이 20%가 넘을 정도로 막강했다. 그러나 2000년대 초반 한국업체가 부상하며 경쟁력이 급격히 약화되자 디램 사업에서 철수하고 낸드플래시 사업에 자원을 집중했으며, 삼성전자에 이어 세계 2위를 유지하고 있다. 휴대폰 사업에서 후지쓰와 합작사를 운영했으나 2011년 지분을 완전히 철수하기로 결정했다.

> ### 비운의 웨스팅하우스
>
> 도시바에 원자력발전 사업을 매각하면서 이름만 남은 웨스팅하우스. 이 회사는 1900년 초만 해도 GE에 필적하는 거대기업이었다. 최초의 표준전쟁이라 할 수 있는 전류전쟁, 즉 교류와 직류 전송 싸움에서 에디슨의 GE를 누르고 교류 표준을 만든 기업이 바로 웨스팅하우스다. 1920년대에는 방송산업의 주역 중 하나였고 원자력 및 발전 분야에서도 탁월한 입지를 지니는 중전기업이었다. 1990년대 중반 이후 CBS 인수를 통해 방송 및 미디어 분야에 재진출했으나 결국 방송 부분은 비벤디(Vivendi)에, 에너지 부분은 도시바에 매각되어 지금은 이름만 남은 회사가 되었다.

도 있지만, 작지만 의미 있게 사업범위를 수정해야 하는 경우도 있다. 기업의 규모나 업종과는 상관없이 모든 기업이 이미 떠안았거나 앞으로 떠안게 될 과제다. 특히 점점 더 거세지고 있는 사업환경의 역동성을 생각하면 기업의 변신은 생존의 기본조건이 된다. 성역으로 여길 수도 있는 사업, 즉 창업의 기반이 되었던 사업이나 상징성이 매우 높은 사업일지라도 과감히 포기할 수 있어야 한다. 과거는 잊고 미래환경에 적합한 새로운 성장의 축, 미래 먹거리를 찾아야 하는 당위성과 절실함을 지녀야 하는 것이다.

잘못 변신해서 실패한 기업들: 시그램, RCA, AT&T

그러나 사업구조 변신이 반드시 좋은 결과로 이어지는 것은 아니다. 오히려 회사의 존립을 더욱 위태롭게 만든 사례도 적지 않다.

특히 유행을 좇아 신규 사업에 진입한 경우에는 더욱 그렇다. 신사업에 대한 이해도 부족한 데다 새로이 진입한 시장의 경쟁도 치열하기 때문이다.

스카치위스키로 우리에게 익숙한 시그램Seagram은 1857년에 설립되어 세계 최대의 주류업체로 명성을 날렸다. 그런데 본업이던 주류 분야의 성장이 둔화되자 1980년대의 M&A 붐에 편승해 기존 사업과 관련 없는 분야로 대대적 사업구조 변신을 꾀한다. 1981년에는 미국의 메이저 정유사인 코노코Conoco 인수전에 뛰어들어 한때는 듀폰의 최대주주가 되기도 했다.[3] 1990년대에는 엔터테인먼트 사업에 진출해 유니버설스튜디오, MCA, 폴리그램(오디오레이블) 등 다양한 사업을 영위했으나 모두 실패하고 비벤디와 코카콜라 등으로 자산이 분할 매각되어 창업 143년 만에 역사 속으로 사라지고 만다.

RCARadio Corporation of America도 변신을 꾀하다 실패한 사례 중 하나다. RCA는 세계 최초로 상업 TV 방송을 시작한 회사이며, 우리가 시청하는 TV 방송표준인 'NTSCNational Television Standards Committee'를 만들기도 했다. 미국의 상업방송인 NBC와 ABC도 RCA의 주도로 설립되었다.

그러나 1970년대에 주력 사업인 가전에서 일본의 공세가 본격화되자 RCA는 비전자 분야로 사업을 다각화한다. 렌터카 업체 헤르츠Hertz, 출판사 랜덤하우스를 비롯해 냉동식품, 카펫, 축하카드업까지 다양한 분야에 진출해 "Rugs, Chickens & Automobile"이라는

---

[3] 시그램이 코노코 대주주가 되자 듀폰이 코노코의 백기사로 인수경쟁에 참여하게 된다. 듀폰이 코노코를 인수하면서, 코노코의 지분을 가지고 있던 시그램이 듀폰의 최대주주가 된 것이다.

비아냥까지 받았다. 그러나 대부분의 사업이 부진을 겪으면서 회사는 결국 몰락의 길을 걷는다. 1986년 GE가 RCA를 인수했으나 산하에 있던 NBC 방송국만 남기고 가전 부문은 프랑스의 톰슨에 재매각한다. 그러다 톰슨마저 사업이 어려워져 현재는 중국의 TCL이 RCA의 브랜드와 자산을 활용하고 있다.

한발 앞서 변신했지만 실패한 경우도 있다. AT&T가 대표적이다. 1984년 미국 정부에 의해 강제로 분할[4]되기 전까지 AT&T는 세계에서 가장 크고 혁신적인 기술을 많이 만든 회사였다. 트랜지스터를 비롯해 휴대전화와 레이더 등 이제는 일상이 되어버린 IT 기술의 근간이 대부분 AT&T의 벨연구소에서 나왔다.

1984년 지역전화사업이 분리되자 AT&T는 1994년 당시 미국 최대 이동통신업체이던 맥카우McCaw를 인수해 무선전화 분야에 진출했고, 1997년에는 지역전화망을 확보하기 위해 TCI와 미디어원Media-One이라는 케이블 방송업체를 인수한다.[5] 케이블망을 통해 시내전화에 대응하면서 통신과 방송의 융합을 시도하겠다는 선구적 발상으로 소위 유무선 전화 및 방송 서비스를 아우르는 트리플 서비스를 제공하겠다는 야심이 있었다. 그러나 시대를 앞서도 너무 앞섰던 이 구상은 실패로 끝나고 만다. 결국 이동통신은 싱귤러Cingular

---

4 1974년 미국 법무부가 AT&T를 상대로 반독점 소송을 제기하면서 시작된 AT&T의 분할은 미국 거대기업 분할의 대표 사례 중 하나다. 법무부와 AT&T는 1984년 AT&T 독점의 근간이 되는 지역전화사업을 장거리전화사업과 분리하기로 조정한다(MFJ: Modified Final Judgement). 이렇게 해서 지역을 연고로 하는 7개의 RBOC(Regional Bell Operating Companies) 혹은 베이비 벨(Baby Bells) 회사와 본사인 AT&T(마 벨Ma Bell이라고도 불렸다)가 탄생한 것이다. AT&T를 인수한 SBC 커뮤니케이션스는 텍사스와 알칸소 등 미국의 남서부 지역을 관장하던 지역의 전화회사였다.
5 1994년부터 1999년까지 약 5년 동안 AT&T는 다양한 분야에서 대형 기업 인수를 추진했다. 맥카우 인수에 115억 달러, MCI에 480억 달러, 미디어원에는 540억 달러, 그리고 1999년에는 IBM의 글로벌 네트워크 사업부 인수에 50억 달러를 썼다.

Wireless에, 케이블 방송은 컴캐스트Comcast에 매각되었고, 남은 AT&T는 자회사였던 SBC 커뮤니케이션스에 흡수된다.

1990년대 후반 거대 인수합병의 상징, 시대를 앞선 비즈니스 모델과 사업융합의 선구자로 스포트라이트를 받았던 기업은 이렇게 역사 속으로 사라졌다. 7명의 노벨상 수상자를 배출한 벨연구소는 프랑스의 알카텔Alcatel 산하로 들어갔고, 수천억 달러의 M&A로 덩치를 키우던 AT&T는 자회사에 흡수되어 이름만 남은 것이다.

기업은 성장을 위해 본능적으로 다양한 변신을 추구한다. 때로는 사업범위를 아예 벗어나기도 하고, 본업과 연관된 분야를 중심으로 다각화를 추진하기도 한다. 하지만 기업의 역사를 보면 이런 노력이 늘 성공을 거두는 것은 아니었다. 어떤 의사결정은 시대를 너무 앞섰고, 어떤 의사결정은 지나치게 유행이나 트렌드만 쫓았기 때문이다.

어느 기업이든 신사업에 대한 열정이나 노력은 크고 높지만 그렇다고 목적을 달성하기는 쉽지 않다. 신사업을 기획하고 추진하는 과정에 성공을 방해하는 요소들이 산재하기 때문이다. 성공적인 신사업을 위해서는 그 모든 장애물과 딜레마를 넘어서야 한다.

기업 변신의 다섯 가지 딜레마

기업의 변신은 미래 유망사업 탐색으로부터 출발한다. 그런데 '유망사업'이라는 것은 다양한 얼굴을 하고 있다. 수십 년 전에 유망사업으로 부각되던 아이템이 여전히 미래사업 리스트에 포함되기도 하고, 수년 전에는 세상을 바꿀 신기술이라고 소개되던 사업이 이젠 흔적도 없이 사라져버린 경우도 비일비재하다. 한마디로 우리가 유망사업이라고 믿었던 것이 생각만큼 유망하지 않은 경우도 많고 생각대로 쉽게 사업화되지 않는 경우도 많다는 것이다. 왜 그럴까. 그 딜레마를 크게 다섯 가지로 정리해볼 수 있다.

딜레마 1. 미래예측의 어려움

유망사업의 시작은 미래예측이다. 하지만 미래예측은 아주 어려운 일이다. 여기에 유망사업의 첫 번째 딜레마가 있다. 〈도표 1-7〉은

■ 도표 1-7 1955년 RCA가 상상한 '20년 후의 가정'

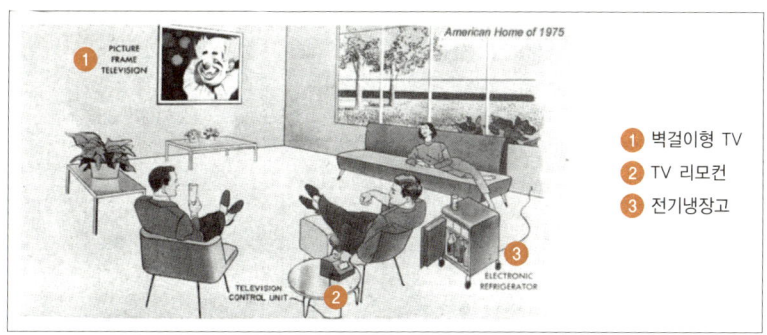

자료: Technician (1955. 10), Tejinder Sandha (2005. 3), 〈LCD TV; growing pains〉, HSBC에서 재인용.

1955년 당시 세계 최고의 테크기업이던 RCA가 20년 후의 일반 가정을 상상해서 그린 것이다. 그림에서 가장 눈에 띄는 것은 거실에 걸린 벽걸이형 TV다(❶). 당시 RCA는 1975년이면 미국의 중산층 가정마다 벽에 거는 평판 TV가 보급되리라고 예상했던 것 같다. 그러나 실제는 어땠는가? 이 예측 시점으로부터 30여 년이 지난 2000년 중반에 와서야 일반 가정에 벽걸이형 TV가 걸리기 시작했다. RCA는 당시 LCD 등에 대한 발명이 있었기 때문에 20여 년의 R&D와 상업화 과정을 거치면 되리라 본 것이다.

그림에서 또 하나 눈에 띄는 것이 있다. TV 컨트롤 유닛, 지금 우리가 리모컨이라고 부르는 것이다(❷). 당시에도 TV 앞까지 걸어가서 채널을 돌리는 것은 번거롭고 귀찮다고 인식해 유선으로 만든 컨트롤 유닛을 생각해냈을 것이다. 이 제품은 벽걸이형 TV와는 달리 무선기술의 발달로 1980년대에 누구나 사용하는 일상품이 되었다.[6]

이 사례는 당대 최고의 테크 기업이라 해도 미래를 정확히 전망하기란 어렵다는 것을 말해준다. 어떤 기술은 생각보다 늦게, 어떤 기술은 예상보다 빨리 실현된다. 이는 '미래'라는 것이 한 사건의 종속변수가 아니라 여러 사건이 복합적으로 인과관계를 맺은 결과이기 때문에 나타난 현상으로 볼 수 있다.

딜레마 2. 전망과 실제 수요의 괴리

2000년대 초반 IT 업계는 유비쿼터스 컴퓨팅ubiquitous computing 붐이 일었다. 사물에 센서를 내장해 사람이 직접 조작하지 않아도 실행되는 자연스러운 컴퓨팅 환경을 제공한다는 개념이다. 다양한 활용 아이디어가 소개되었고 변화된 생활상이 제시되었다.

아침에 눈을 뜨면 온도와 날씨에 맞춰 반응하는 센서가 자동으로 창문과 커튼을 열어주고 아름다운 음악과 신선한 공기가 흐른다. 생각만으로도 그럴듯한 유토피아적 모습이다. "이런 제품이 있으면 좋겠는가?"라고 묻는다면 대부분의 사람들은 "그렇다"라고 답할 것이다. 그러나 질문을 바꾸어 "이런 제품을 돈을 내고 구매하겠는가?"라고 묻는다면, 아마 대부분의 사람들은 "글쎄"라고 답할 가능성이 높다. 새로운 기술, 혁신적 아이디어가 아주 매력적이고 이상적으로는 보이지만 사람들이 구매를 결정할 때는 혁신이 주는 이점benefit들을 좀 더 꼼꼼히 따지기 때문이다. 이것이 바로 신사업이 당면하는 두 번째 딜레마다.

대부분의 혁신 아이디어들은 기술 자체로 보면 매력적인 부분이

---

6 최초의 무선 리모컨은 1956년 당시의 미국의 TV 제조업체 제니스(Zenith)의 로버트 아들러(Robert Adler)에 의해 제니스 스페이스 커맨더(Zenith Space Commander)라는 이름으로 발명되었다.

많다. 그러나 실제 활용면에서 이점이 무엇인지 모호하면 지갑은 열리지 않는다. 사실 센서의 힘을 빌리지 않아도 창문을 열거나 닫는 일은 그다지 번거롭지 않다. 굳이 그 일에 돈까지 쓸 필요가 있겠느냐는 생각이 드는 것이다.

1970년대에는 이런 전망도 있었다고 한다. 21세기가 되면 일주일에 20시간 근무, LA에서 뉴욕까지 21분에 주파, 원자력 배터리로 작동되는 인공핵심장, 종이 없는 사무실 등이 가능하다는 것이다. 지금 보면 실현 가능성이 낮은 전망이지만 언뜻 듣기에는 근사해 보이는 것들이다. 그런데 왜 이런 전망들은 실현되지 못했을까?

우리가 미래를 전망할 때 자칫 비즈니스의 관점보다는 기술 자체의 실현 가능성에 초점을 두기 쉽다. 하지만 철저히 비즈니스의 시각으로 그 사업이 정말로 수요가 있을지, 꼭 필요한 사업이고 기술인지를 먼저 질문해야 한다.

뉴욕과 LA는 2,440마일mil(3,930km)에 이르는 거리이니 초속 3.1km면 21분에 주파가 가능하다. 기술적으로 보면 가능성이 아주 없는 이야기는 아니다. 최근 테스트 비행을 준비 중인 팔콘 HTV-2라는 초음속 항공기는 마하 20(시속 20만 4,500km)이 가능하다고 한다. 뉴욕-LA를 12분이면 주파할 수 있다는 것이다. 그러나 이런 의문이 생긴다. 뉴욕에서 LA까지 21분 만에 가야 하는 사람이 과연 몇이나 될까.

인공핵심장도 마찬가지다. 1964년 미국의 국립보건원NIH: National Institute of Health은 인공심장에 대한 연구개발을 본격화한다. 이식할 수 있는 인공심장을 만들어 심장질환을 치료하기 위해서였다. 이 과제에 원자에너지위원회AEC: Atomic Energy Commission가 참여하면서 인공핵심장에 대한 아이디어가 나왔다. 이 역시 곰곰이 생각해보면 가능성이 아주 없는 이야기는 아니지만 경제적으로 의미가 있을지 생각해보면 확신이 서지 않는다.

이렇듯 유망사업의 두 번째 딜레마는, 왜 필요한가에 대한 근본적 이유rationale가 뚜렷하지 않으면 실패하기 쉽다는 것이다. "그렇게 되면야 좋겠지만 굳이 돈을 내면서까지 구매할 필요가 있는 기술 혹은 아이템인가?" 하는 질문에 정확히 답하지 못한다면 그 사업 아이템은 실제 수요로 이어지지 않을 가능성이 높다.

딜레마 3. 타이밍과 3개의 계곡

세 번째 딜레마는 타이밍timing 문제다. 대개 제품이나 서비스가 혁신적이면 시장에서 성공은 당연하다고 생각하기 쉽다. 그러나 과거 역사에서 그런 제품은 거의 없었다. 오히려 맨 처음 나온 아이디어를 성급히 사업화하려다 실패한 경우가 더 많다.

〈도표 1-8〉에서 보듯이 최초로 제품을 발명한 기업이 시장을 주도하는 업체가 된 경우는 극히 드물다. 아이폰, 아이패드, 아이팟 등도 애플이 처음 만든 제품은 아니다. 태블릿 PC의 전신은 지금은 사라진 그리드시스템스GRiD Systems라는 회사가 1989년에 만든 그리드패드GRiDPad라는 제품이다. 심지어 IBM, 마이크로소프트, 후지쓰 등 대부분의 컴퓨터 회사가 한번쯤은 태블릿 PC에 도전한 바 있다. 하지만 성공적인 시장은 20여 년이 지난 후에야, 애플이라는 후발자에 의해 만들어졌다.

왜 '탈것'은 이노베이션이 더딘가?

미래예측 중 가장 잘 틀리는 것이 운송수단과 관련된 전망이다. 탈것의 핵심인 엔진 등에서 이노베이션이 더디기 때문이다.

그간 엔진에서는 많은 기술혁신이 있었지만 탈것의 형태나 성능을 근본적으로 바꾼 혁신은 아직 없었다. 예를 들어 1910년대 최고의 히트작이던 포드의 모델 T에는 4기통 2,900cc 엔진이 탑재되었고 최고속도는 72km였으며 연비는 리터당 6~9km였다. 1915년에 이 자동차의 가격은 440달러(현재의 가치로 환산하면 약 9,521달러)였다. 지금 수준에는 못 미치지만 가격 대비 성능을 따져보면 100년이라는 시간이 흘렀어도 혁신의 차이는 그리 크지 않아 보인다.

통상 기계나 기구가 포함된 제품은 대개 혁신이 더디다. 가격하락도 크지 않다. 또 사람의 생명과 연관된 부분에서는 혁신의 성과를 보수적으로 적용하는 경우도 많다. 그래서 아주 혁신적인 기술이 나타나더라도 실제 상용화에는 상당한 기간이 걸리거나, 때로는 시장에서 수용되지 않는 경우가 허다하다. 결과적으로 예상보다 더딘 혁신이 일어나게 되고, 기업 입장에서 보면 좀 더 안정적인 예측 속에서 사업을 운영하는 것이 가능해진다. 실제로 《포춘》이 선정하는 500대 기업의 명단 변화를 보더라도 자동차산업이 가장 오랫동안 그리고 꾸준히 상위에 랭크됨을 알 수 있다. 1955년과 2000년 미국의 1위 기업은 모두 GM이었다.

IT만큼 기술이 복잡하지 않은 지퍼, 인스턴트커피, 사진 등도 최초 발명에서 상용화까지 30~50년이 걸렸다. 인스턴트커피는 1930년대에 개발되었으나 본격적으로 상용화된 것은 한국전쟁이 끝난 후였다.

이렇듯 제품의 발명에서 상용화까지는 대개 수년에서 10년 이상

■ 도표 1-8 주도기업의 변화

[이노베이터 ≠ 주도기업]			[발명과 상용화 시기]		
제품	이노베이터	주도기업	제품	개념 도입 연도	상용화 연도
PC	제록스	IBM	항생제	1910	1940 (30년)
VCR	암펙스, 소니	마쓰시타	심박조율기	1928	1960 (32년)
비디오 게임기	아타리	닌텐도, 세가	인스턴트커피	1934	1956 (22년)
			핵에너지	1919	1965 (46년)
인터넷 브라우저	넷스케이프	MS(익스플로러)	사진	1782	1838 (56년)
			지퍼	1883	1913 (30년)
휴대용 계산기	보마	TI	인터넷	1962	1994 (32년)

주: 괄호 안은 상용화에 소요된 기간.
자료: 삼성경제연구소; www.bapc.co.uk

이 걸린다. 혁신 아이디어가 신사업으로 발전하기 위해서는 3개의 계곡을 건너야 하기 때문이다.[7] (도표 1-9)

과학적 발견을 엔지니어링 기술로 제품화하는 '유용성의 계곡'이 그 첫 번째이고, 개발된 제품을 양산 가능한 제품으로 만들어내는 '경제성의 계곡'이 두 번째이며, 마지막은 이 제품을 소비자가 받아들이게 만드는 '수용성의 계곡'이다.

그중 앞의 계곡 두 개는 기술적 문제이기 때문에 파악하기가 용이하지만, 수용성의 계곡은 간과하기 쉽다. 좋은 제품인데 소비자가 알아서 사겠지 하고 생각하기 십상이라는 것이다. 그러나 소비자 입장에서 보면 혁신성이 높을수록 그 제품의 용도나 목적에 대해 정확히 알기 어렵다. 도대체 무슨 제품인지, 어디에 쓰는 물건인

---

[7] 일본 경제산업성(2005. 5). "나노 벤처기업 실태조사".

■ 도표 1-9 **시장과 기술의 벽**

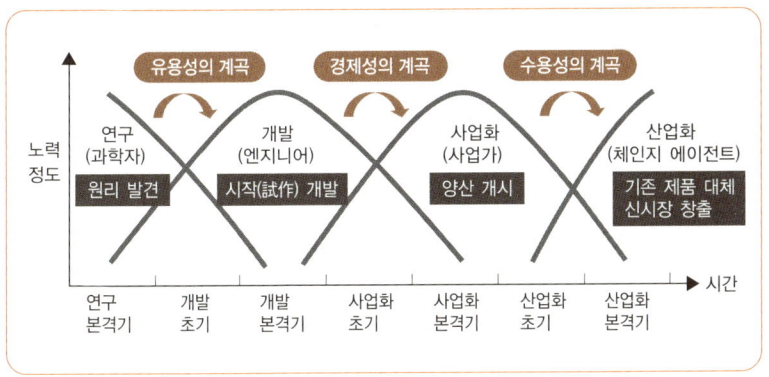

자료: 일본 경제산업성 (2005. 5). "나노 벤처기업 실태조사".

지, 어떤 효용이나 가치를 주는지 모르는 것이다. 때문에 수용도가 낮을 수밖에 없다.

이를 극복하려면 소비자에게 제품의 개념을 설명하고 가치를 알리며 차별성을 강조해야 하는데, 여기에도 함정은 있다. 초기 제품들은 품질이나 기술 수준이 조악해 소비자를 충분히 설득하기 어렵다. 기술혁신의 속도가 빠른 경우, 소비자들은 좀 더 안정화되고 성능이 개선된 제품을 기다리려는 경향도 있다. 결국 시간이 필요하다는 이야기다.

이보다 더 큰 허들은 심리적 저항감이나 습관이다. 왜 아직도 '종이'라는 정보매체가 유효할까. "나는 여전히 종이의 느낌이 좋다"로 설명되는 그 무엇인가가 많은 사람의 마음속에 존재하기 때문이다. 이 역시 새로운 기술의 확산을 막는 것으로 볼 수 있다. 종이가 아닌 디지털 매체를 사용하면 다양한 부가기능을 사용할 수 있는데다 환경 문제 해결에도 도움이 되고 비용도 절감할 수 있다고 이

또 하나의 허들, '규제'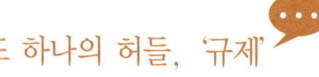

1865년 영국에서는 '적기조례Red Flag Act'라는 법교통이 제정된다. 차량 속도를 교외에서는 시간당 4mil, 도심에서는 2mil로 규제하는 것이 이 법안의 골자다. 특히 세 명의 승무원이 타야 하고 그중 한 명은 차량의 전방 55m에서 붉은 깃발을 흔들어 차량이 오고 있음을 알려야 한다는 내용을 포함하고 있다. 당시 핵심 교통수단이었던 마차를 보호해 사고를 막기 위함이었지만 이 법안으로 인해 영국의 자동차산업은 독일과 프랑스보다 뒤처지게 된다. 지나친 규제가 태동하는 신사업과 기술혁신의 발목을 잡은 것이라고 할 수 있다.

성적으로는 알고 있지만 감성적으로는 수용이 되지 않는 것이다.

결국 많은 유망사업은 생각보다 큰 희생을 거쳐야만 본궤도에 오를 수 있다. 기업들은 기대를 갖고 투자를 하지만 이것이 성과로 연계되기 쉽지 않다는 딜레마에 빠지게 된다.

딜레마 4. 기술혁신의 불연속

네 번째 딜레마는 기술혁신의 불연속 때문에 초기 의도나 제품의 콘셉트가 무용지물이 될 가능성이다. 특히 기술혁신이 빠른 신산업에서 이런 경우가 빈번하다. 획기적인 기술이라고 생각했던 기술이 엉뚱한 분야에서 나온 기술에 의해 묻히기도 하고, 기존 기술이 더 빠른 혁신을 함으로써 신기술을 뛰어넘는 일도 생긴다. 특히 새로운 기술이 앞서 언급한 경제성의 계곡을 넘지 못한 경우에는 이런 현상이 더 자주 나타난다.

1980년대 후반 가전업계는 녹음을 할 수 있는 디지털 오디오 경쟁을 시작했다. 당시 소니는 워크맨의 성공, CD의 표준화로 대중용 오디오 시장의 중심으로 부상했다. 여세를 몰아 1987년 녹음 가능한 디지털 오디오 포맷인 DAT Digital Audio Tape를 선보인다. 폭 4mm의 자기 테이프에 디지털 방식으로 음악을 녹음할 수 있는 최초의 가정용 디지털 오디오가 탄생한 것이다. 소니는 DAT를 통해 카세트테이프 시장을 전면 대체해 CD와 같은 새로운 황금알을 낳겠다는 구상이었다. 이에 위기를 느낀 마쓰시타(현재는 파나소닉)와 필립스는 1992년 기존의 아날로그 카세트테이프와 호환이 되면서 디지털 방식으로도 녹음이 가능한 오디오 포맷인 DCC Digital Compact Cassette를 출시한다.

양 진영은 과거 베타와 VHS의 싸움처럼 치열한 표준경쟁에 돌입했다. 특히 DCC는 기존의 카세트테이프와 호환된다는 점을 강점으로 내세우며 DAT 진영을 공략했다. 이 과정에서 소니는 한발 더 나아가 카세트 방식이 갖는 순차검색의 문제를 해결할 수 있는 디스크 방식의 디지털 녹음매체인 MD MiniDisc를 출시하며 탈脫 테이프라는 화두로 시장의 판도 변화를 꾀했다.[8] 1996년이 되자 MD에 밀려 DCC가 시장에서 사라지고 디지털 녹음 기능의 오디오 시장은 MD가 주도하는 것처럼 보였다. 그러나 불과 2년 후인 1998년 기계적 작동이 전혀 필요치 않는 새로운 형태의 디지털 오디오인 MP3가 출시되면서 워크맨 이래 CD, MD로 이어지며 확고부동한 경쟁우위

---

[8] 테이프의 경우는 노래를 선곡하려면 앞뒤로 순차적으로 돌려가면서 찾아야 하지만(sequential access), 디스크 매체는 단번에 선곡된 트랙으로 이동이 가능하다(random access).

모토로라의 이리듐 프로젝트는 왜 실패했나?

1987년 당시 세계 최대 휴대폰 제조업체 모토로라는 780㎞ 지구 상공에 위성을 띄워 전 세계 어디서나 자유롭게 이동통신 서비스를 받을 수 있는 사업을 구상한다. 위성의 수는 77개(나중에는 66개로 재설계). '이리듐'이라는 프로젝트명도 원자번호 77에서 유래한 것이었다. 1997년 15개국으로부터 약 47억 달러를 투자받아 위성발사가 시작되었고, 1998년 11월 1일 서비스가 개시된다. 언론과 IT 업계의 스포트라이트 속에 사업이 시작되었으나, 당초 예상을 크게 밑도는 수준의 가입자 수로 서비스 개시 1년 만인 1999년 8월 회사는 파산에 이른다.

왜 이런 현상이 생겼을까. 이동통신시장의 기술혁신 때문이다. 1990년대 중반 이후 디지털 이동통신 서비스가 본격화되면서 지상의 이동통신망이 급격히 확충된다. 위성의 의미가 퇴색된 것이다. 특히 가격이 문제였다. 우리나라 경우를 예로 들면 휴대폰은 단말기 가격만 453만 원이었고 가입비 15만 원, 월 기본료는 7만 5,000원, 통화료는 국내가 분당 1.48달러, 국제는 평균 4.54달러였다. 무선호출기도 단말기 110만 원, 월 사용료가 15만 원에 이르렀다.

이동통신환경이 아날로그에서 디지털로 빠르게 변화하던 시기에 이리듐은 아날로그 환경에서 설계된 비즈니스 모델로 대응한 셈이다. 결국 60억 달러가 투자된 이리듐 사업은 2001년 투자금의 2,400분의 1 수준인 2,500만 달러에 매각되어 서비스가 재개되었다.

를 지켰던 소니와 일본의 오디오 업계는 급격하게 위축되었다. 절대로 무너질 것 같지 않던 성벽이, 전혀 예상치 못한 소기업(MP3를 최초로 상용화한 다이아몬드 멀티미디어)의 일격에 와해되고 만 것이다.

TV에서도 마찬가지 현상이 일어났다. 아날로그 TV의 최강자 소니는 브라운관 이후의 기술로서 LCD보다는 OLED Organic Light

Emitting Diode가 적합하다고 생각했다. 이유는 명확했다. 당시 기술 수준에서 보면 LCD는 응답 속도나 시야각이 나빠서 스포츠 등 빠른 움직임을 포착해야 하는 영상의 재현이 어려웠고 화질도 브라운관보다 떨어졌다. 당연히 고품질을 지향하는 회사답게 LCD를 건너뛰고, 다소 불확실하지만 기술 잠재성이 큰 OLED에 전력한다. 그러나 결과는 정반대로 나타났다. LCD는 여러 기술적 문제를 하나씩 해결하면서 저가격화를 이루어 평판 TV의 중심 디스플레이로 자리잡은 반면 OLED는 기술적 난제에 경제성도 확보하지 못해 사업이 지연된다. 결국 너무 먼 미래의 혁신기술에 투자했던 소니는 TV에서 시장우월적 지위를 잃게 된다. 이 역시 기술의 불연속적 변화가 만들어낸 현상으로 볼 수 있다.

딜레마 5. 복잡하게 얽혀 있는 이해당사자들

마지막 딜레마는 복잡성complexity 문제로, 얼마나 많은 이해당사자가 있는지, 당사자 사이에 책임accountability의 경계가 분명한지 등을 말한다. 이해당사자가 많으면 그만큼 사업 진행이 더디다. 비즈니스 모델을 만들기도 쉽지 않다. 특히 사업을 바라보는 시각이나 목적이 다양해 조정비용이 많이 들 수밖에 없다. 혁신이 빠른 분야에서는 사업 자체의 론칭마저 불투명해질 수 있다. 유헬스U-health 서비스 사업이 그런 예다. 병원, 기기업체, 통신업체, 보안업체, 보험사, 정부 등 다양한 이해당사자들이 있으며 이들은 각각 다른 목적과 기대로 사업을 바라볼 것이다.

　주도권을 두고 갈등이 생겨 닭이 먼저냐, 달걀이 먼저냐 하는 시비가 일 수도 있다. 문제가 발생해 책임소재를 따지는 일이 뒤따르면 사업은 더더욱 꼬이게 된다. 물론 이런 과정을 잘 해결하면 그 자체가 경쟁업체에 진입장벽으로 작용할 수도 있다. 애플이 수많은 콘텐츠 제공업체와의 협력을 통해 아이튠스iTunes를 만듦으로써 독보적인 경쟁우위를 가질 수 있었던 것이 그 사례다.

지금까지 유망사업에 뛰어들 때 겪는 딜레마 다섯 가지를 이야기했다. 이 외에도 사생활 보호를 위한 소비자운동 등 당초 생각지도 못한 장애물을 만나는 경우도 있다. 어떤 경우든 유망사업 추진은 성공 가능성이 그리 높은 게임이 아니라는 점만은 분명하다. 오히려 실패 가능성이 더 크다. 그럼에도 신사업은 장밋빛으로 포장되는 경우가 많다. 그리고 상황이야 어떻든 신사업을 추진하는 사람은 항상 낙관적이고 긍정적이어야 하며, 할 수 있다는 자신감에 차 있어야 한다고들 말한다. 맞는 말이다. 다만 우려되는 점은 많은 기업이 지나치게 낙관적 가정 아래서 사업을 기획하고, 차별화되지 않은 비즈니스 모델과 전략으로 사업을 추진하는 경우가 많다는 것이다. 게다가 기업 간 경쟁이 치열해지면 앞뒤 보지 않고 쫓기듯 의사결정을 하는 경우도 잦다.

추진력은 매우 중요하지만 수많은 딜레마와 허들이 있는 신사업의 속성을 생각하면, 신사업이야말로 전략이 필요한 분야라 할 수 있다. 그래야 남들과 차별화된 시각으로 신사업을 재해석할 수 있고 영리하게 경쟁의 축을 만들어갈 수 있기 때문이다. 신사업을 추진하는 사람에게 추진력 못지않게 필요한 것이 사고와 지략인 이유다.

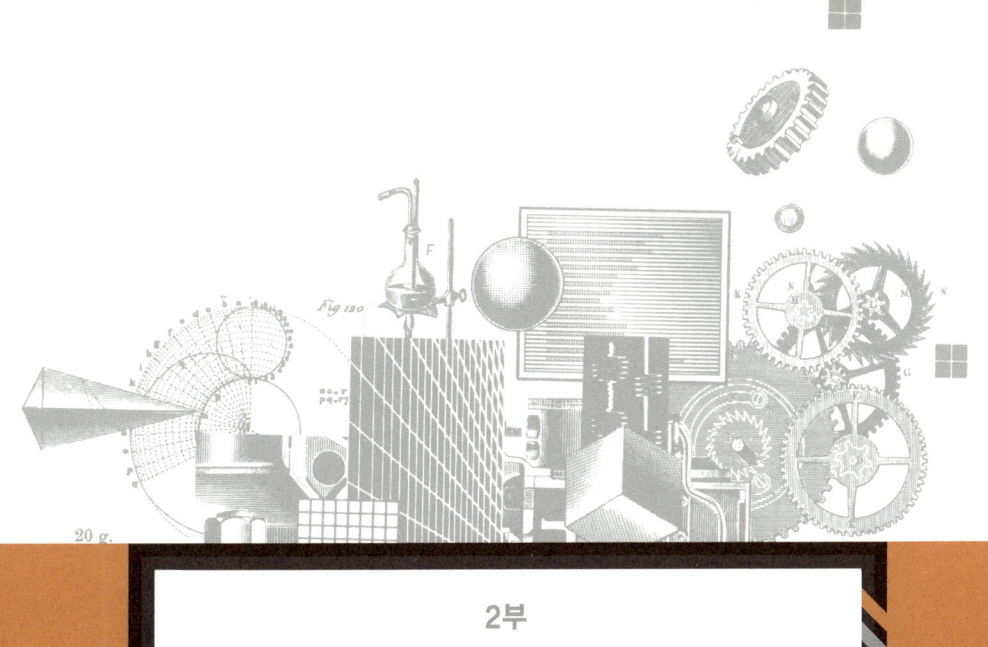

2부
THE CHANGE

3대 메가트렌드와
신사업의 탄생

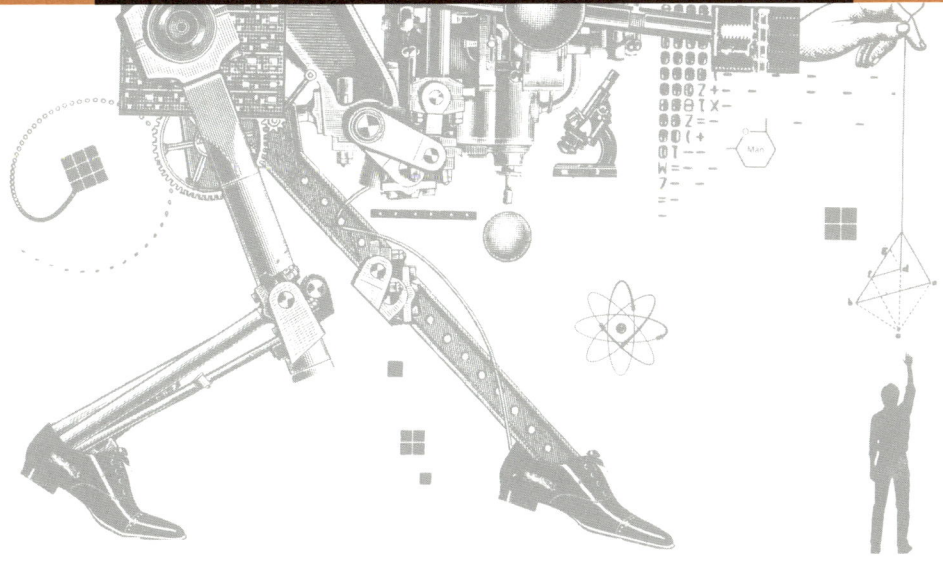

왜 다시 **메가트렌드**인가?

CEO들은 세상에 없는 새로운 아이디어를 원한다. 그러나 지금과 같은 정보의 홍수 시대에 난생 처음 듣는 사업 아이디어란 아마 존재하지 않을 것이다.

하늘 아래 새로운 것이 없다면 남들은 무엇을 하는지 조사해보는 것도 방법이다. 그들도 같은 고민을 했을 것이고 여러 단계의 논의와 심사숙고를 거쳐 그러한 사업 방향이 나왔을 것이기 때문이다.

글로벌 기업들이 생각하는 미래 유망 분야는?

지멘스Siemens나 IBM은 회사 차원에서 심도 깊게 미래를 연구하고, 여기서 아이디어를 얻어 유망한 사업 분야를 발굴하고 있다. IBM은 사내외의 전문가들을 동원해 '글로벌 이노베이션 아웃룩Global Innovation Outlook'이라는 세션을 운영한다. 각 분야 최고의 전문가들이 상호 피드백과 논의를 거쳐 앞으로 5년, 10년 후의 유망사업 분야를 발굴하고 이것을 회사의 비전이나 신사업으로 구체화하는 것이다. 지멘스도 "픽처 오브 더 퓨처Picture of the Future"라는 보고서를 통해 지멘스가 바라보는 미래의 사회·기술·비즈니스 환경을 정리하고 여기서 도출된 테마를 중심으로 사업 방향을 정한다.

그렇다면 글로벌 기업들이 비전으로 제시하는 유망 분야는 무엇일까? 크게 에너지, 건강, 인프라스트럭처 세 가지로 요약할 수 있다. 분야 간 경중이 있을 수는 있지만 글로벌 기업들이 추구하는 미래는 이 세 가지로 요약된다.

IBM은 교통, 금융, 건강, 인프라, 물 등에 IT 기술을 적용해 새로운 서비스와 솔루션을 제공하는 것을 미래사업의 핵심 키워드로 삼고 있다. 지멘스는 에너지, 헬스케어, 인프라스트럭처 부문의 개척자를 지향하고 있다. 현재의 사업구조를 봐도 이러한 포트폴리오가 확고하다. 특히 세부사업으로 수처리, 조명사업, 풍력발전, 중전 등 에너지 및 환경에 대한 사업역량을 강화하고 있고, 최근에는 빌딩사업을 새롭게 도메인에 추가했다.

생태를 뜻하는 '에콜로지ecology'와 GE의 슬로건인 '이매지네이션 앳 워크imagination at work'를 결합한 '에코매지네이션Ecomagination'은 GE가 계획하는 친환경사업의 모토다. GE 역시 환경, 헬스케어, 인프라스트럭처 등 세 가지를 사업의 핵심 축으로 삼고 있는데, 특히 환경사업에 200억 달러 이상을 투자하고 헬스케어 부문에는 300억 달러를 투자해 2015년까지 100개 이상의 혁신적 신제품을 만들겠다는 구상이다. 이런 의미에서 GE는 '헬시매지네이션Healthymagination'

IBM이 뽑은 미래 유망 분야: Next -5

IBM은 매년 말 '향후 5년 내에 실현될 유망 기술 다섯 가지5 innovations in the next 5years'를 선정해 발표하고 있다. IT, 에너지, 환경, 의료 등 다양한 문제를 다루며, 이를 통해 미래 생활상과 연구개발 및 비즈니스 모델의 방향을 제시한다. 2008년에는 5년 후의 미래 기술로 '음성을 알아듣는 브라우저' 등이 뽑혔고, 유전자 검사 가격이 획기적으로 낮아지면서 질병 예상 및 진단 분야에서 혁신이 이루어지리라는 전망도 나왔다. 그 후로 3년이 흘렀지만 IBM이 2008년에 제시한 이 5개 아이템의 실현 가능성은 지금도 여전히 높아 보인다.

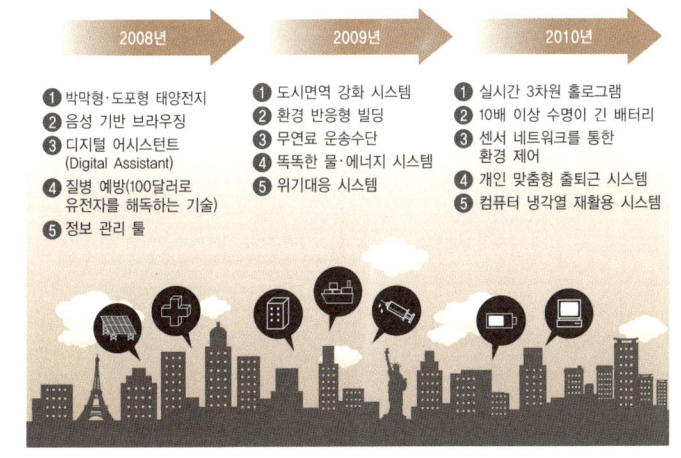

이라는 새로운 용어도 만들었다.

좀 다른 경우이기는 하지만 커피전문점 스타벅스도 원두 구매부터 최종소비에 이르는 과정에서 발생하는 윤리·환경 문제 등을 해소하겠다는 의미로 '함께 나누는 지구Shared Planet' 운동을 추진하고

■ 도표 2-1 글로벌 기업들이 생각하는 미래 유망 분야

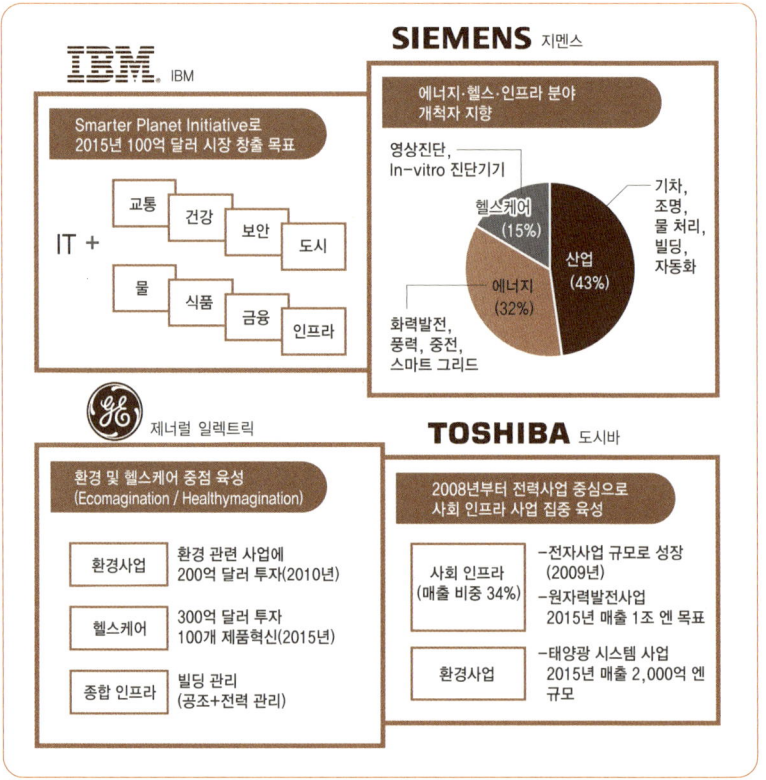

자료: 각 사 홈페이지를 참조하여 재구성.

있다. 원두의 구매 과정에서는 공정무역과 친환경제품 등을 고려하고 소비 과정에서는 물과 컵의 재활용 확대, 매장 내의 에너지 절감 등을 관리의 포인트로 삼고 있다. 궁극적으로 범지구적 이슈인 기후변화에 대응하고 개발도상국의 커피 농가에도 도움을 주는 등 지구와 이웃을 보호하고 지키는 일에 적극 동참하겠다는 것이다. 비록 선언적 측면이 강하기는 하지만, 스타벅스가 환경과 에너지를 미래의 키워드로 삼았다는 점은 눈여겨볼 필요가 있다.

모두가 자동차를 가리킬 때 도로에 주목하라

이런 전망들을 보면 우리가 이미 미래 유망사업을 다 꿰뚫은 것처럼 여겨질 수도 있다. 우리 주변의 일상적 정보만 잘 취합해도 유망사업에 대해 대략은 알 수 있기 때문이다. 그러나 다시 자문해보자. "우리는 과연 그 유망사업에 대해 제대로 알고 있는가?"

우리는 밖으로 나타나는 것이 전부라고 생각하는 경향이 있다. 외부로 표출된 결과의 원인이나 본질, 그리고 그것을 만든 전후맥락context에 대해서는 이해하지 못하면서 말이다. 유망사업도 마찬가지다. 에너지, 건강, 인프라스트럭처. 이 세 가지는 어떤 의미에서 보면 결과다. 따라서 맥락을 제대로 이해하지 못하면서 결과만 두고 이야기하는 것은 아닌지 깊이 생각해봐야 한다.

20세기 초반 자동차가 상용화되자 기업들은 앞 다투어 자동차 관련 사업에 투자했다. 당시 모든 사람이 자동차 자체는 물론 각종 부품과 타이어 등 자동차 연관 산업의 붐을 예상했다. 하지만 칼 피셔 Carl Graham Fisher라는 사람의 생각은 좀 달랐다. 사람들이 자동차에 관심을 보이며 투자할 때 그는 도로에 눈을 돌렸다. 자동차가 발명되면 반드시 필요한 것 중 하나가 도로라고 생각했기 때문이다. 1931년 피셔는 미국 최초의 동서 횡단도로인 링컨 하이웨이Lincoln Highway를 건설했다.

사실 통행료를 받지 않는 도로를 만든다는 것은 비즈니스의 관점에서는 별 매력이 없다. 실제로 헨리 포드Henry Ford는 피셔가 하는 일을 못마땅해했다고 한다. 도로 건설은 정부가 하는 일이라는 이유에서였다.

그러나 비즈니스맨으로서 피셔는 또 다른 구상을 하고 있었다. 바로 부동산이었다. 자동차가 보급되고 도로가 만들어진다는 건 곧 오지의 개발 가능성을 의미한다. 피셔의 생각은 적중했다. 그는 남북 종단도로인 딕시 하이웨이Dixie Highway를 건설하면서 플로리다의 마이애미비치를 개발해 어마어마한 부를 축적한다. 결국 피셔는 자동차 붐이라는 결과만이 아니라 그 현상의 전반적 의미와 파급효과를 생각했던 것이다. 많은 사람이 똑같은 정보를 얻었지만 피셔는 그 맥락을 파악함으로써 차별화된 유망사업을 발굴해낼 수 있었다.

1980년 한국 정부는 과외금지 조치를 내린다. 이런 변화를 당시 사람들은 어떻게 받아들였을까. 과외 아르바이트를 하던 대학생들은 아마도 생계를 걱정했을 것이고, 학부모는 자녀의 대학 입시를 걱정했을 것이다. 무관심 속에 흘려버린 사람도 있을 테고, 정부의 강압적 조치에 분개한 사람도 있을 것이다. 이때 웅진그룹 창업자 윤석금 회장은 그 변화가 미칠 파장에 대해 며칠을 고민했다고 한다. 당장은 규제 때문에 과외를 못하겠지만 분명 수요는 사라지지 않을 것이라 판단했다. 수요는 있는데 방법은 없는 상황. 그러면 방법을 바꾸면 되지 않을까.

윤 회장은 유명 강사의 강의 테이프를 녹음해서 판매하는 사업을 구상한다. 이것이 오늘날 웅진그룹의 모태가 된 교육사업이다. 많은 사람이 신문과 뉴스 등에서 똑같은 정보를 접하지만 그 정보를 어떻게 비즈니스화하느냐는 결국 문제의 본질에 대한 고민과 해석에 달린 것이다.

변화의 맥락과 문제의 본질을 짚어라

찬찬히 살펴보면 우리 주변에도 새로운 비즈니스를 만드는 변화는 일상적으로 나타난다. 2010년부터 2011년까지 이어진 겨울은 유난히 추웠다. 2011년 1월 한 달간 서울에서 영상기온을 기록한 날이 거의 없었다고 한다. 여기서도 마찬가지로 어떤 사람은 경제걱정을 했을 테고 또 다른 사람은 날씨를 탓하며 짜증을 부렸을 것이다. 혹은 겨울 스포츠를 제대로 즐기게 되었다며 좋아한 사람도 있었을 것이다. 신사업 기획자라면 어떤 생각을 해야 할까. 우선은 추위가 비즈니스에 어떤 영향을 미칠지부터 생각하는 것이 출발점이다.

맹추위가 기승을 부리자 당장은 재래시장 위축을 우려하는 목소리가 많았다. 연료비 상승에 대한 우려도 있었다. 모두 단기적이고 눈에 보이는 이슈들이다. 좀 더 생각을 해본다면 지하상가나 돔구장 같은 실내공간에서 비즈니스 수요가 늘어나리라는 예상이 가능하다. 테마파크 종사자들도 실내 놀이시설의 필요성을 느꼈을 것이다.

유난히 추운 겨울은 나무의 생육에도 변화를 가져온다. 한파에 식물이 죽어버릴 수도 있고 그렇진 않더라도 성장발육이 부진할 수 있기 때문이다. 농업 관계자라면 과일값이나 묘목값의 변화를 예측할 수 있어야 한다. 사업기회가 생길 수 있다는 의미다. 실제로 초봄에 들이닥친 한파로 포도와 복숭아 등의 묘목이 냉해를 입어 수확량이 감소할 것이라는 보도가 있었고, 주변을 봐도 얼어 죽은 정원수를 쉽게 발견할 수 있었다. 이처럼 '추위'라는, 모두에게 동일하게 주어진 정보에 대해서도 생각하기에 따라 여러 형태의 사업 아이디어가 나올 수 있는 것이다.

이런 측면에서 보면 "유망사업은 변화의 본질을 파악하여 비즈니스 아이디어로 만들어가는 과정"이라고 할 수 있다. 특히 앞서 이야기한 몇 가지 사례는 모두 크건 작건 변화의 본질에 대한 고민이 있었다. 자동차라는 새로운 도구가 나타났고, 과외금지라는 낯선 환경이 주어졌으며, 기상이변이라고 할 정도의 기후 불규칙성이 생겨났다. 이것이 무엇을 의미하는가, 어떤 발상으로 그것을 비즈니스화할 수 있는가 하는 일련의 사고 속에서 신사업이 만들어지는 것이다.

다만 문제는 비즈니스 환경에서는 너무 많은 변화가 지극히 복잡하게 일어난다는 점이다. 변화인 듯 보이지만 실은 단편적인 하나의 사건에 지나지 않는 경우도 있고, 그 반대의 경우도 있다. 미미한 변화가 있는가 하면 거대한 파장을 몰고 오는 변화도 있다. 따라서 변화가 신사업의 핵심이라면 적어도 몇 가지 기준을 가지고 그 변화의 양상을 들여다볼 줄 알아야 한다.

최근 산업계에는 이슈가 넘쳐난다. 인과관계가 분명하여 판단이 쉬운 문제도 있는 반면 방향을 가늠하기 어려운 이슈도 많다. 더욱이 이런 이슈들에 관련된 정보나 주장은 많아도 그 해석은 쉽지 않다.

앞서 언급했듯이 우리는 어떤 변화가 일어났을 때 원인이 아니라 결과로만 그것을 해석하려는 경향이 있다. 그러나 최근 산업계에서 일고 있는 변화의 바람은 그 외형만으로는 설명하기가 매우 어렵다. 2010년 우리 사회에 큰 충격을 준 '스마트폰의 출현'에 대해 생각해보자.

　스마트폰의 출현은 우리에게 많은 질문을 던졌다. 세상에 어떤 변화가 생길지, 사람들의 생활은 어떻게 바뀔지, 사라지는 것은 무엇이고 새로 나타나는 것은 무엇일지, 누가 수혜를 받을지 같은 문제들이다. 애플의 우위가 과연 지속될지도 뜨거운 관심사이며, 당신이 애플의 CEO라면 지금의 국면을 이용해 어떤 전략을 구사할지 등 수많은 질문이 꼬리에 꼬리를 문다.

　이런 질문들에 제대로 답하기란 쉽지 않다. 이슈 자체가 답을 하기 어려운 성격이어서 그렇기도 하지만, 보다 근본적으로는 여러 문제가 서로 물고 물리는 관계여서 그렇다. 하나의 변화나 사건만 가지고 미래를 볼 수는 없는 것이다. 또 크기나 영향이 각기 다른 수많은 변화 중 무엇을 중심으로 해석할 것인가도 중요하다. 이런 점에서 우리에게는 변화를 보는 기준이 필요하다.

변화를 읽는 세 가지 기준: 속도, 양, 지속성

첫 번째 기준으로, 변화의 속도를 살펴야 한다. 변화는 여러 형태로 나타나지만 가장 먼저 주목할 것은 속도다. 예측했던 속도이거나 적응 가능한 속도라면 크게 우려할 것은 없다. 비즈니스 관점에서 오히려 더 두려워하고 주의 깊게 살펴야 하는 것은 너무 급작스럽거나 너무 더뎌 인지하지 못하는 변화다.

　전자의 경우는 기업들이 변화에 대응하는 시스템을 만들기도 전에 세상이 이미 새 패러다임으로 전환될 수 있기 때문에 위험하다. 그러나 더 주의를 당부하고 싶은 변화는 후자다. 느린 변화는 대개

방심하기가 쉽지만 아무리 느린 변화라 하더라도 임계점에 이르면 돌이킬 수 없는 사태로 발전하기 때문이다. 갑자기 물이 뜨거워지면 바로 피하지만 서서히 뜨거워지는 물에서는 무감각하게 앉아 있는 것과 마찬가지다.

두 번째 기준으로 삼아야 할 것은 변화의 양이다. 변화의 양이라고 하면 다소 모호하게 들릴지 모르겠다. 간단히 말해, 변화가 미치는 범위 혹은 변화 대상의 수 number다. 수천 명에게만 영향을 주거나 의미를 갖는 변화와 수억 명에게 영향을 주는 변화는 다른 것이다. 전자는 간과할 수 있지만 후자는 반드시 고민해야 한다.

또 변화의 범위가 특정 분야 혹은 지역인 경우가 있고, 전 산업에 미치는 경우가 있다. 이 역시 후자에 더욱 주목해야 한다. 내가 알지 못하는 사업이나 산업에서의 변화가 내 비즈니스의 개념까지 바꾸고 경쟁 패턴도 변화시킬 수 있기 때문이다. 제한적 트렌드나 국지적 변화는 기업이 선택적으로 대응하면 되지만, 변화의 양이 큰 이슈는 생존의 위협이나 발전의 기회가 될 수 있다는 점에서 반드시 고려해야 할 변수다.

마지막 세 번째 기준은 변화의 지속성이다. 변화는 대개 시간의 축에서 살펴보아야 한다. 시간이 지나 자연스럽게 소멸되는 변화가 있는가 하면, 어떤 변화는 시간이 갈수록 증폭되기 때문이다. 기업에 새로운 사업기회로서 의미를 갖는 변화는 당연히 지속성 있는 변화다. 그런데 그 대목을 판단하기가 가장 어렵다. 환경이 너무나 빠르게 변하고 있으며 그 진폭 또한 대단히 크기 때문이다.

유망사업의 사례로 떠오르는 것은 많지만 그것이 일시적 현상인

> ### 사례 연구의 함정
>
> 우리는 흔히 좋은 사례 하나가 100번의 설명보다 임팩트가 있다고 생각한다. 맞는 이야기다. 그러나 사례는 양날의 칼과 비슷하다. 하나의 결과가 나타나기까지 수많은 맥락이 그 과정 속에 숨어 있기 때문에 자칫 결과만 주목하면 오히려 독이 될 수 있다. 다수의 원인이 하나의 결과를 만들었는데도 단순히 특정 사건만 떼어내 함부로 적용하는 것은 위험하다. 본질에 대한 왜곡이 생길 수 있어서다. 특히 이면에 얽힌 이야기가 많을수록 사례 오용의 가능성은 커진다. 맥락을 충분히 이해하지 못했다면 사례를 다룰 때 좀 더 조심스러워져야 한다.

지 아니면 근본적 변화인지 판단하기는 쉽지 않다. 우리가 접하는 많은 변화는 지속성 여부에 대한 판단이 보류된 채 우리에게 전달되고, 때로는 지나치게 과장되거나 포장되기도 하기 때문이다. 작은 노이즈처럼 보이는 사건이 큰 트렌드를 반영하는 경우도 있고, 그 반대의 경우도 허다하다. 결국 변화에 대한 통찰력을 갖는 것이 정답이겠지만, 쉽지 않은 이야기다.

정리하면, '빠르면서 크고 지속적인 변화' 혹은 '느리지만 지속적이며, 영향력이 큰 변화'에 주목해야 한다는 것으로 요약할 수 있다. 이런 변화를 잘 종합한다면 그것이 바로 메가트렌드가 될 수 있다.

신사업 창출의 관점에서 본 미래

미래 트렌드에 대한 연구는 다양한 곳에서 이루어지고 있다. 세계적 석학, 글로벌 기업, 연구기관 등에서 다가올 세상의 변화를 다각도로 전망한다. 전망의 목적과 접근법에 따라 차이가 있지만, 대부분의 미래예측은 기술, 사회, 소비자의 변화를 기술記述하고 이를 바탕으로 미래의 변화를 몇 개의 시나리오로 전개한다. 회사원 혹은 가정주부의 하루를 영화나 다큐멘터리 형식으로 설명함으로써 다가올 미래를 시각화하는 식이다. 이런 시나리오를 작성하는 데는 미래학자와 기술예측가의 조언이 필수적이다. 단지 상상만으로 미래를 전망할 수 없고 단편적 지식만으로 추측하기도 어렵기 때문에 다방면에 걸친 전문적 식견과 지식이 필요하다.

2002년에 개봉된 스티븐 스필버그 감독의 〈마이너리티 리포트〉는 과학기술의 미래와 그로 인한 생활의 변화를 가장 잘 표현한 영화로 평가받는다. 접는 디스플레이가 사용되고 사람들의 움직임이 실시간으로 체크되며 개인별 맞춤 광고가 등장한다. 대용량 메모리와 홀로그램 기반의 디스플레이가 사물을 입체적으로 보여주고, 날아다니는 자동차처럼 탈것에도 많은 변화가 나타난다. 기계가 사람의 생활을 통제하는 모습도 보인다. 공상과학 소설을 원작으로 한 이 영화가 이처럼 정확하게 미래 기술 변화를 표현할 수 있었던 것은 피터 슈워츠Peter Schwartz 등 미래학자들의 자문 덕택이었다. 자동차의 미래와 IT의 변화를 사실적으로 묘사하기 위해 스필버그 감독은 1999년부터 싱크탱크를 구성하여 미래학자 수십 명의 치밀한 자문을 받아 워크숍을 실시했고 그 결과 2054년의 생활상을 실감나게 그려낼 수 있었다.

이처럼 미래를 예측할 때는 다방면의 전문가들이 미래에 대해 스토리텔링을 하고, 여기서 공통적으로 나타나는 이슈와 테마를 묶

학제적 논의와 토론을 통한 미래연구: TED

TED란 1984년 미국에서 설립된, 미래를 연구하는 전문가 운영조직을 말한다. TED는 기술(Technology), 오락(Entertainment), 디자인(Design)을 뜻하는데, 매년 다양한 분야의 전문가들이 모여 다가올 미래사회의 이슈를 발제하고 토론하는 워크숍을 개최하고 있다. 여기서 제시된 주요 아이디어로는 1984년에는 터치스크린, 1998년에는 전기자동차, 2005년에는 소셜미디어가 있었다. 2010년의 주제는 '지금 세상에 필요한 것(What the world needs now)'이었다. TED 자체가 기업활동에 직접적 영향을 주지는 않지만 다양한 분야의 전문가들이 학제적 토론과 논의를 통해 미래 어젠더를 제시한다는 점에서 주목할 필요가 있다.

어 미래 10년 혹은 20년의 메가트렌드를 도출한다. 그런데 메가트렌드도 찬찬히 살펴보면 사용 목적이나 관점에 따라 다양한 형태로 기술됨을 알 수 있다. '창조 사회' 같은 개념으로 미래사회를 설명하기도 하고, 양극 체제의 시작이나 달러화 몰락 같은 정치경제적 이슈가 중심 테마가 되기도 한다. 혹은 '프로슈머prosumer의 등장'과 같이 소비자의 변화를 중심에 두는 경우도 있다. 관점에 따라 트렌드의 최종 이미지는 다른 듯해도, 미래사회에 대한 전망 자체는 크게 다르지 않다. 관점의 차이, 경중의 차이가 있을 뿐이다.

그러면 '신사업 창출'이라는 관점에서 미래를 이야기한다면 어떤 스토리텔링이 가능할까. 우선 비즈니스 이슈가 중심이 되어야 하고, 손에 잡히는 변화가 전제되어야 한다. 또 일시적이고 지엽적인 변화보다는 누가 봐도 수긍이 가는 큰 변화의 흐름을 포착해야 한다. 이런 맥락에서 향후 10년간 산업과 기업에 영향을 미치는 큰 흐름에는 어떤 것들이 있을까?

2010년 시점에서 산업계의 가장 큰 화두는 '스마트폰'과 '중국'이었다. 스마트폰으로 대변되는 IT 및 모바일 혁명이 경영방식, 비즈니스 모델, 조직구조 그리고 산업에 어떤 영향을 미칠 것인가, 좀 더 넓게 보면 '스마트'라는 키워드가 도처에 확산되고 있는데 이것이 의미하는 바는 무엇이고 우리의 산업이나 경쟁 구도에 어떤 변화를 가져올 것인가 등이 뜨거운 이슈였다.

'중국' 이슈도 마찬가지였다. 분명 중국의 산업이나 기술 경쟁력이 급신장하면서 한국은 물론 전 세계 산업에 지각변동을 일으키고 있는데, 이런 변화가 의미하는 것이 무엇인가에 대한 고민이 있었다. 따지고 보면 애플의 부상도 중국의 제조력과 결합되어 나타난 비즈니스 모델이라 할 수 있다.

그러나 곰곰이 생각해보면 이들 두 가지 요소는 변화의 인과가 비교적 분명하고, 그것이 미치는 범위도 상대적으로 제한적이다. 누구나 쉽게 수긍하며 변화로 인한 유불리有不利를 파악할 수 있다는 의미다.[9]

거대 신사업을 예고하는 3대 메가트렌드

인과관계가 분명하지 않아서 우리가 쉽게 인지하지 못하는 중에

---

[9] 이런 이유로 중국의 부상이나 IT 빅뱅 같은 메가트렌드는 여기서는 다루지 않기로 한다. 특히 신산업이라는 관점에서 보면 두 가지 모두 그 영향이 제한적이라서 깊이 다루지 않더라도 전체적 트렌드 흐름을 읽는 데는 문제가 없을 것으로 판단된다.

산업을 바꾸고 새로운 시장을 만들어낼 만한 변화는 없을까? '느리지만 지속적이며, 영향력이 큰 변화' 말이다. 앞서 살펴본 글로벌 기업들의 미래사업, 그리고 우리 주변에서 나타나고 있는 다양한 사건과 이벤트를 종합해보면, 미래의 산업 지형에 영향을 줄 다소 느리지만 지속적이며 영향력이 큰 메가트렌드는 다음 세 가지로 요약할 수 있다.

3대 메가트렌드의 첫 번째는 인구구조demography의 변화다. 인구는 곧 시장이며 모든 변화를 만드는 기본변수다. 두 번째는 도시화urbanization다. 도시화가 우리 생활과 그로 인한 산업 지형을 크게 바꿀 것이다. 세 번째는 기후변화climate change다. 기후변화 자체에 대해서는 여러 논란이 있지만 비즈니스 관점에서 기후변화는 산업과 비즈니스 모델에 큰 변화를 미칠 것이 분명하다. 이 세 가지가 미래의 산업구조와 형태를 바꿀 키워드다.

그렇다면 이 세 가지 메가트렌드에서 파생될 신사업으로는 어떤 것이 있을까? 가장 먼저 떠올릴 수 있는 것이 에너지, 헬스케어, 인프라스트럭처 세 분야다. 이들은 앞서 살펴본 것처럼 글로벌 기업들도 공통적으로 말하는 미래 유망 분야이며 3대 메가트렌드와 정확히 매치되는 항목들이다. 어찌 보면 너무 당연해서 기업이 반드시 대응해야 하는 사업이다.

이 밖에도 3대 메가트렌드는 많은 맥락을 함축한다. 그 맥락을 주의 깊게 읽으면, 간과하기 쉽지만 새로운 기회가 될 수 있는 다른 비즈니스를 발굴할 수 있다. 예상 가능한 사업은 다음 여섯 가지다. 에이징솔루션 사업, 1~2인 가구 대응 사업, 안安 비즈니스, 도심형 서

■ 도표 2-2 3대 메가트렌드의 도출 과정

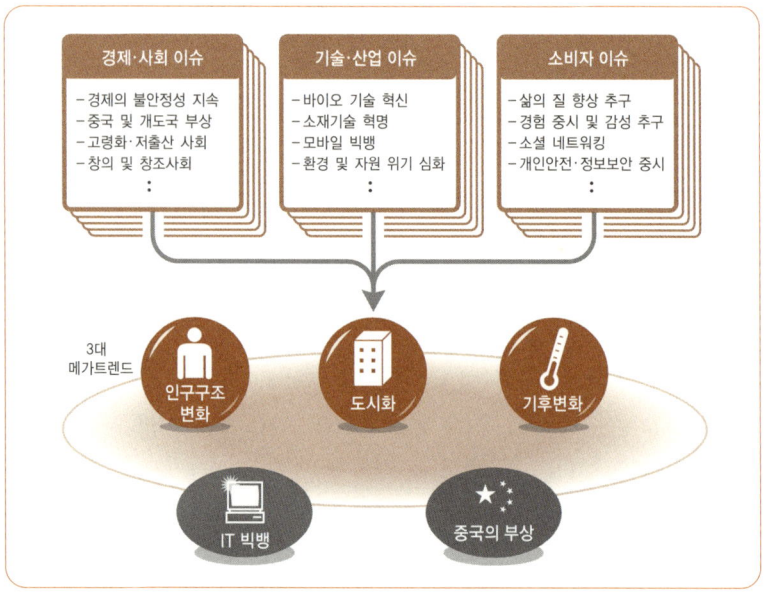

비스업, 에너지 효율화 사업, 그리고 식량 비즈니스가 그것이다.

　이렇게 보면 3대 메가트렌드로부터 반드시 주목해야 할 3대 신사업 분야와 미래에 성장 가능성이 높은 여섯 가지 유망사업 등 총 9개의 미래사업을 도출할 수 있다. 이에 2부에서는 우선 3대 메가트렌드를 설명하고 거기에서 필연적으로 도출되는 3대 신사업을 자세히 소개한다.

인구구조 변화와 헬스케어 사업

미래 변화의 가장 큰 동인動因은 인구구조의 변화다. 인구는 시장을 만드는 기본 요소다. 인구구조가 변한다는 것은 시장이 변한다는 뜻이고, 이는 산업구조와 기업의 경쟁 방식이 근본적으로 변한다는 의미다. 그러므로 모든 미래 연구에서 가장 먼저 고려해야 할 요소가 바로 인구구조 변화다.

늙어가는 지구, 더 빨리 늙어가는 한국

과거 인구 변화의 핵심 키워드는 인구 폭발이었다. 1804년 10억 명에 도달한 세계인구가 20억 명에 이르는 데는 123년이 걸렸으나, 1960년대 이후부터는 12~14년마다 10억 명씩 늘어났다. 그러나 이러한 인구 변화는 큰 이슈가 아니다. 지난 10년간은 9억 명이 늘어났지만 앞으로 40년간은 인구증가가 24억 명 정도에 그칠 것이라는 전망 때문이다. 현재 인구 문제의 핵심은 고령화다.

UN에 따르면 2006년 전 세계 65세 이상 고령인구는 5억 명이었는데, 2030년이면 10억 명을 넘어 전체 인구의 13%가 될 것이라 한다. 특히 수년 내에 고령인구 비중이 5세 이하의 유아 비중을 추월해, 흔히 말하는 '늙어가는 지구'가 될 것으로 보인다. 고령화에서 가장 주목할 이슈는 특히 개도국에서 고령화가 심화된다는 점이다. 2006년부터 2030년까지 개도국의 고령인구 증가율은 140%로 같은 기간 선진국의 고령인구 증가율 51%에 비해 2배 이상 높은 것으로 나타난다.

그중 우리나라의 고령화 속도는 세계에서 가장 빠르다. 통상 전체 인구에서 65세 이상 인구 비중이 7%가 넘으면 고령화사회, 14%가 넘으면 고령사회, 그리고 20% 이상이면 초고령사회로 구분한다. 인구통계에 따르면 한국은 세계에서 가장 빠르게 고령화사회로 진입했고 이미 고령사회로 가는 과정에 있다. 2018년에는 고령사회가 될 것이며, 2026년에는 초고령사회가 될 것으로 예상된다.

프랑스가 115년 만에 고령화사회에서 고령사회로 넘어갔고, 미국이 73년, 이웃 일본도 24년이 걸렸던 데 비하면 우리의 변화 속도는 무서울 정도다. 사회 시스템이 인구구조의 변화에 적응하기도 전에 고령화·고령·초고령 사회로 진입하고 있는 것이다.

고령화로 인해 생산가능인구(15~64세)가 부양해야 하는 고령인구의 비중도 급격히 높아지고 있다. 세계 최고령국 일본은 2025년이 되면 생산가능인구 2명이 노령인구 1명을 부양해야 한다고 한다. 우리나라도 이미 2000년에 노령인구 부양비율이 10%를 넘어섰

■ 도표 2-3 국가별 고령화 속도와 추이

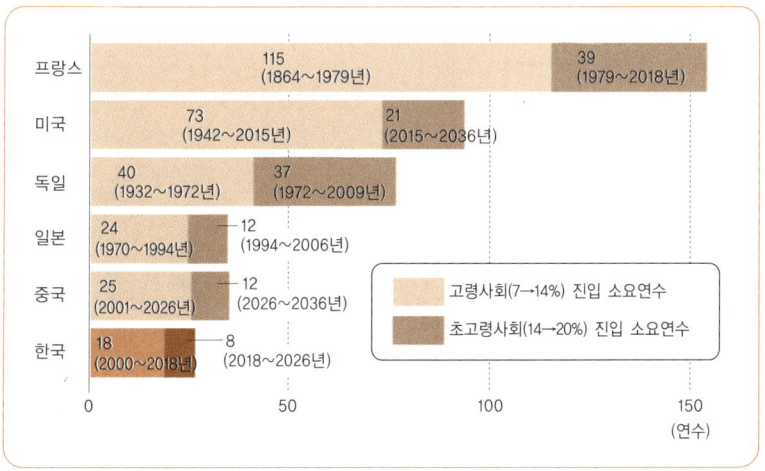

자료: 통계청 (2006). "장래인구추계결과"; UN Population Database.

고, 2010년 현재는 15% 수준이다. 2037년이 되면 우리도 2명이 1명을 부양해야 할 것으로 예상된다. 결국 일할 수 있는 사람은 점점 줄고, 사회가 부양해야 하는 사람의 수는 더욱 늘어난다는 의미다. 당연히 가계 저축률은 하락하게 되고, 이것이 경제성장의 둔화로 이어질 수 있다. 인구 고령화로 인해 사회의 역동성이 전반적으로 떨어지게 된다. 특히 주목할 국가가 중국이다. 인구규모가 큰 데다가 고령화 속도도 빠르기 때문이다. 심지어 2040년이 되면 중국이 오히려 미국보다도 노령인구 부양비율이 높아질 수 있다. (도표 2-4)

중국의 고령화는 산업의 미래에 여러 의미를 내포한다. 우선 인구수의 문제이다. 2035년 중국의 60세 이상 인구 예상치는 3억 8,000만 명으로 미국 인구보다 많고, 우리나라 인구의 8배, 일본 인구의 3배다. 2050년이 되면 전 세계 고령인구의 20% 이상이 중국인

■ 도표 2-4 주요국의 노령인구 부양비율 추이 및 전망

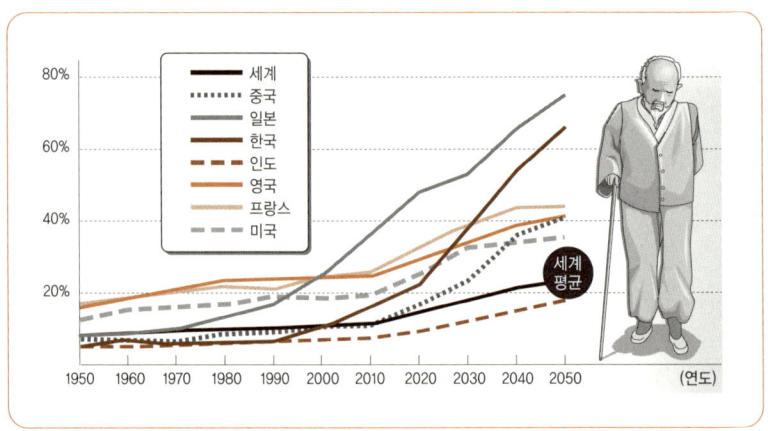

자료: UN.

일 것이라는 전망도 있다. 특히 1979년 1가구 1자녀 정책이 채택된 이후 출산율은 낮은데 경제성장과 더불어 수명은 늘어나면서 고령화가 가속되고 있다.

다음으로 주목할 것은 '가난한 고령화'다. 소득이 낮은 상태에서 고령화가 진행되는 것이다. 미국은 1인당 국민소득이 약 1만 2,000달러일 때, 일본은 약 1만 7,000달러 수준일 때 고령인구 비중이 8%를 넘어섰으나 중국은 6,382달러 수준에서 8%를 넘어섰다. 충분한 저축이 이루어지지 못한 상태에서 고령화가 진행되어 사회보장 시스템 부족 등의 문제가 예상된다.

한편 80세 이상 초고령인구의 증가도 눈여겨볼 대목이다. 2000년만 해도 80세 이상 인구는 약 7,000만 명으로 전 세계 인구의 1% 수준이었지만 2050년이 되면 약 3억 8,000만 명(세계 인구의 4%)으로 증가할 전망이다(UN. World Population Aging). 특히 중국은 약 1억 명

■ 도표 2-5 노인 비율이 8%일 때 각국의 1인당 GDP 비교

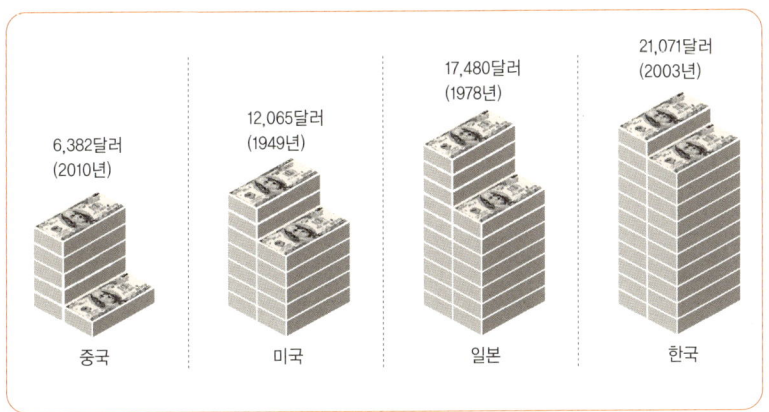

자료: Jackson, R. (2010). China's Long March to Retirement Reform. CSIS.

의 초고령인구를 가진 나라가 될 것이고, 인도가 약 5,000만 명, 미국이 약 3,000만 명의 초고령인구 보유국이 될 전망이다. 참고로 100세 이상 인구도, 2000년에는 전 세계적으로 18만 명 수준이었으나 2050년이 되면 320만 명으로 증가할 것이라고 한다. 사람들의 수명이 꾸준하게 늘어나 이로 인해 그동안 인류가 경험하지 못한 사회로 진입하게 된다는 의미다. 은퇴연령, 가족제도, 사회보장제도, 의료 시스템 등 거의 모든 사회 시스템이 60~70세 전후의 수명을 기준으로 설계되어왔기 때문이다.

저출산이 가져온 사회변화

고령화와 맞물려 있는 또 다른 인구 문제가 저출산이다. 이 역시 우리의 산업 형태를 바꾸는 기제가 된다. UN 자료를 보면 통상 출산율은 소득수준에 따라 큰 차이를 보인다. 선진국의 경우 출산율이

기대수명

인구증가와 고령화의 원인 중 하나는 장수명화다. 산업혁명과 더불어 생활환경이 개선되고 섭생과 의료기술이 발달해 수명연장이 이루어지고 있다. 청동기·철기 시대 신생아의 기대수명은 26세에 지나지 않았다고 한다. 영유아의 사망이 많았던 탓이다. 로마 시대에도 이 같은 상황은 크게 개선되지 않았다. 당시 15세 청소년의 기대수명은 37년으로 평균 52세 정도에 사망한 것으로 분석된다. 그러나 산업혁명이 이루어지고 20세기에 접어들면서 신생아의 기대수명이 50~65세로 급격히 늘어난다. 영유아 사망률이 매우 낮아진 덕분이다. 2010년 현재는 신생아 기준으로 기대수명이 67.2세에 이른다.

1.66명인 반면, 최빈국의 경우 4.41명으로 여전히 높은 출산율을 보이고 있다. 〈도표 2-6〉을 보면 1인당 소득 5,000달러를 전후로 급격히 출산율이 저하됨을 알 수 있다. 특히 1인당 소득이 1만 달러 이상으로 올라가면 선진국과 비슷한 수준으로 출산율이 낮아지는 것으로 나타난다.

현재 5.1명으로 가장 높은 출산율을 보이고 있는 사하라 이남 지역이나 2.73명인 인도 역시 소득 증가에 따른 출산율 변화가 예상된다. 여기서 주목할 부분은 서구 국가의 경우 1980년대 이후 출산율 저하가 더는 진행되지 않는 패턴을 보이는 반면 아시아, 그중 한국과 중국의 출산율은 급격히 저하되고 있다는 것이다. 특히 우리나라는 이미 알려진 바와 같이 1960년대 6.0명에 이르던 출산율이 2010년 현재 1.24명 수준으로 OECD 국가 중 가장 낮다(인구보건복

■ 도표 2-6 출산율과 소득의 관계

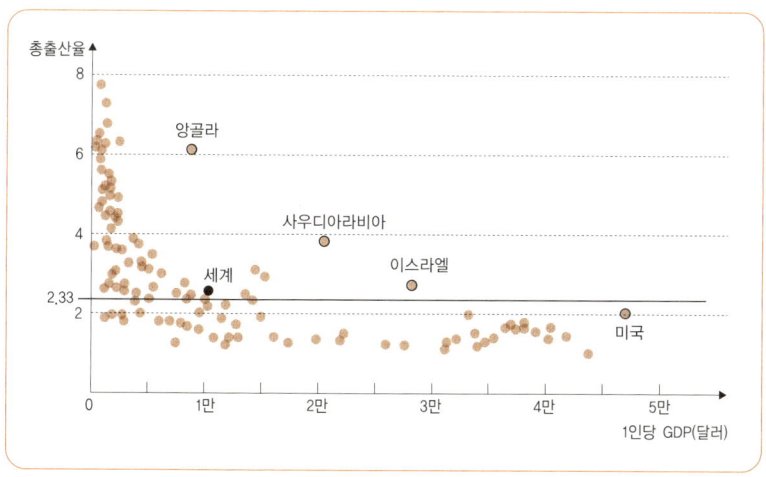

자료: http://en.wikipedia.org/wiki/File:TFR_vs_PPP_2009.svg 참조.

지협회, 〈2010 세계 인구 현황 보고서〉).

저출산에 따른 문제는 우리나라에서도 점점 구체화되고 있다. 2011년 2월, 저출산으로 인한 내수시장 침체를 견디지 못하고 32년 역사를 가진 유아복 회사가 파산했다는 보도가 있었다. 또 초등학생의 수가 급감하고 있으며 대학교들도 학생 충원에 골머리를 앓고 있다는 내용의 기사를 자주 보게 된다.

통계청 데이터를 보면 만성적 공급 부족(학생 수〉대학 정원)에 시달려왔던 대학교의 경우, 2002년 수급 균형이 이루어진 이후부터는 학생수가 급격히 감소하고 있다. 2030년이 되면 18세 인구가 40만 명으로 2011년의 58% 수준으로 줄어들 것이라 한다. 교육과 부동산시장 등 베이비부머 중심으로 설계되고 운영되던 산업이나 시스템이 전면적으로 변하지 않으면 안 된다는 의미다.

■ 도표 2-7 　대학 입학생 수와 18세 인구 추이

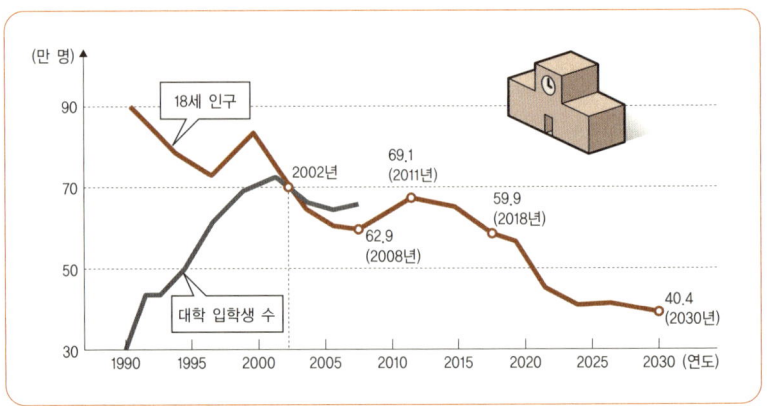

자료: 통계청 블로그, http://blog.naver.com/hi_nso?Redirect=Log&logNo=130041906415.

　우리보다 저출산을 먼저 경험한 일본도 그동안 경험하지 못한 변화를 겪고 있다. 어린이들로 붐비던 테마파크, 젊은 인구의 보금자리였던 신도시 지역의 아파트 상가가 문을 닫는 경우가 많고 긴자의 세이부 백화점도 중장년 고객이 급감하면서 폐업했다고 한다. 또 1994년부터 2004년까지 약 10년 동안 초중고 교사만 6만여 명이 실직할 정도로 저출산이 고용 및 산업 구조에 미치는 영향은 지대하다.

베이비부머의 은퇴와 소비 패턴의 변화

최근에 나타나는 인구구조의 또 다른 특징 중 하나는 세대 구분이 명확해지고 있다는 것이다. 사회·경제·기술의 빠른 발전은 서로 다른 세대에 태어난 사람들 간의 가치관·감정·소비 패턴 차이를 확대하고 있다.

　세대를 구분하는 용어는 다양하다. 제2차 세계대전 이후 출생자

■ 도표 2-8 한국·미국·일본의 베이비붐 세대 비교

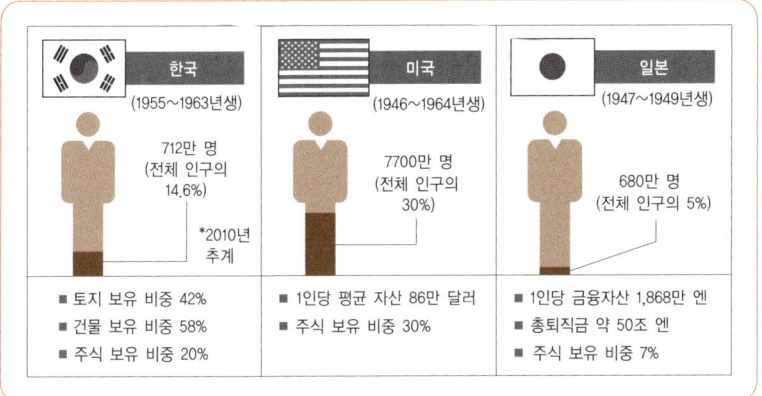

자료: 현대경제연구원.

들을 가리키는 베이비부머를 비롯해, 기술발전 이후에 출현한 세대를 지칭하는 X세대, Y세대, Z세대 등 다양한 구분이 있다. 특정 지역이나 국가에서 나타나는 것으로는 우리나라의 386세대, 중국의 바링허우(八零後, Post-80s이라는 의미로 1980년 이후 태어난 세대를 이르는 말) 등도 있다.

특히 주목해야 할 것이 이들 각 세대 간에 연령 간격은 좁아지는 데 반해, 의식의 차이는 훨씬 단절적이라는 점이다. 오죽하면 이런 우스갯소리도 있다. 조선시대 사람과 베이비부머의 가치관 차이와 베이비부머와 Y세대의 가치관 차이 중 어느 쪽이 더 크냐고 하면 많은 사람이 후자라고 이야기한다는 것이다. 불과 수십 년의 격차지만 너무 많은 생각의 차이가 존재한다는 이야기다. 이러한 급격한 세대격차는 가치관, 즉 소비 패턴의 변화를 만들기 때문에 산업구조나 제품의 라이프사이클에도 큰 변화를 야기한다.

세대를 규정하는 이슈 중 크게 고려할 것이 베이비부머의 은퇴다. 미국의 경우 제2차 세계대전 시기부터 한국전쟁 이후까지 광범위한 세대에 걸쳐 베이비부머가 존재하며, 우리나라도 한국전쟁이 끝난 뒤부터 1963년 사이에 태어난 베이비부머가 약 700만 명 있다. 특히 미국은 이들이 전체 인구의 30%에 달할 정도로 거대한 인구 집단을 형성하고 있어, 베이비부머의 은퇴로 인한 경제적·사회적 파장이 매우 클 전망이다.

일본에서도 2007년부터 이른바 단카이團塊 세대(1947~1949년에 태어난 일본의 베이비부머)의 정년퇴직이 본격화하면서 여러 가지 논란이 제기되고 있다. 단카이세대는 일본경제의 고도성장을 담당한 세대로서 이들의 은퇴가 산업경쟁력 약화로까지 이어진다는 우려가 대표적이다. 일본 조선산업의 퇴조 원인의 하나로 단카이 세대의 퇴직과 그로 인한 숙련된 노하우의 손실을 꼽는 이들도 있다. 실제 2005년 일본 조선업계 숙련공의 평균연령이 53세에 이르고 있어 우리와는 10년 이상 연령 차이를 보이고 있다. 숙련공 은퇴는 기술이 경험에 의해 체화되는 기계 및 장비 관련 산업에서 특히 중요한 문제다.

베이비부머 은퇴의 또 다른 문제는 소비 패턴에도 큰 변화를 가져온다는 점이다. 통상 은퇴를 하면 현직에 있을 때보다 소비지출을 5분의 1로 줄인다고 한다. 게다가 기대수명이 길어졌다는 사실도 소비를 위축시키는 요인이 되고 있다. 소비가 위축되면서 성업을 이루던 업태마저 도산하는 일이 속속 나타나고 있다. 특히 우리나라는 베이비부머들이 은퇴에 대비해 자산을 충분히 축적해놓지

■ 도표 2-9 가구주의 연령대별 자산 보유 비중 및 부동산 소유 현황

가구주 연령대별 자산 보유 비중	부동산 소유 현황(50~59세)
■ 부동산 ■ 저축 ■ 기타 자산	■ 주택 ■ 주택 이외 ─○─ 부동산

가구주 연령대별 자산 보유 비중 (%)
- 전체: 부동산 76.8, 저축 20.4, 기타 2.7
- 30세 미만: 부동산 39.5, 저축 53.6, 기타 7.0
- 30~39세: 부동산 64.4, 저축 31.2, 기타 4.4
- 40~49세: 부동산 74.7, 저축 22.3, 기타 3.0
- 50~59세: 부동산 79.8, 저축 17.6, 기타 2.6
- 60세 이상: 부동산 84.4, 저축 14.2, 기타 1.4

부동산 소유 현황(50~59세) (억 원)
- 전체: 주택 8.85, 주택 이외 12.76, 부동산 21.6
- 30세 미만: 주택 1.67, 주택 이외 2.14, 부동산 3.0
- 30~39세: 주택 3.0, 주택 이외 8.6, 부동산 11.6
- 40~49세: 주택 8.25, 주택 이외 14.35, 부동산 2.26
- 50~59세: 주택 13.25, 주택 이외 16.47, 부동산 29.72
- 60세 이상: 주택 13.14, 주택 이외 13.93, 부동산 27.07

자료: 통계청, KOSIS.

못한 상태고, 축적한 것이 있다 해도 부동산에 편중되어 있어 소비 여력이 급격히 낮아질 가능성이 높다. 최근에 논란이 된 하우스 푸어house poor(집을 소유하고 있지만 무리한 대출로 실질 소득이 떨어져 가난하게 사는 사람들)와 부동산 가격의 하락 가능성 등이 모두 베이비부머 은퇴와 연관된 이슈라 볼 수 있다.

신사업 1

헬스케어
사업

고령화로 인해 가장 주목받는 사업 분야는 '헬스케어'이다. 늙어가는 지구, 가속화되는 고령화는 헬스 관련 서비스의 고객층을 지속적이고 장기적으로 확대할 것이다. 평균수명이 늘어나 개인들의 의료 서비스 의존 기간이 길어지게 되고, 이것이 헬스케어 사업의 성장을 견인하고 있다.

  헬스케어 사업은 의료 서비스, 의료·건강기기, 제약 부문을 모두 포괄하는 개념으로 2009년 기준으로 약 3조 2,000억 달러 규모에 이르는 것으로 분석된다. 이 중 병원, 의료유통 등 서비스 분야가 2조 2,000억 달러로 전체의 68% 정도를 차지하고, 제약 부분이 8,000억 달러, 의료기기가 2,000억 달러를 상회한다. 헬스케어에 대한 사람들의 지출 확대가 지속되는 추세를 감안하면 2015년에는 약 5조 달러 이상의 시장이 형성되리라 기대된다.[10]

■ 도표 2-10 GDP 대비 헬스케어 지출 증가율

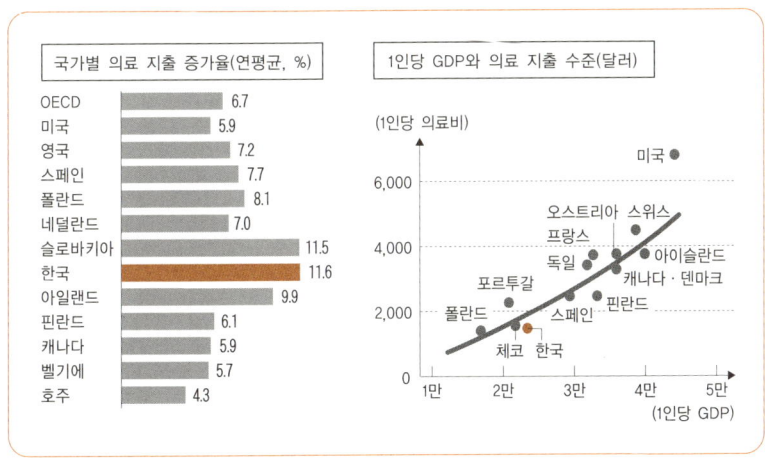

자료: OECD, Healthdata 2010; Mckinsey Global Institute (2008), Accounting for the US Healthcare: A new look at why Americans spend more.

〈도표 2-10〉에서 보듯이 헬스케어에 대한 지출은 GDP에 연동되어 높아진다. 특히 GDP 대비 의료 지출 수준은 GDP 증가율을 크게 상회하는 것으로 나타난다. OECD 평균으로 헬스케어 지출 증가율은 6.7%이며, 한국은 11.6%로 세계 어느 나라보다도 높다. 이는 경제가 성장하는 수준보다 더 가파르게 의료 서비스 지출이 늘어난다는 뜻이고, 바꾸어 생각하면 헬스케어 사업이야말로 지속적 매력을 지닌 분야라는 의미다.

헬스케어의 터닝포인트는 비용 절감기술

의료사업의 미래 이슈와 터닝포인트는 무엇일까? 크게 세 가지 이

---

10 고유상 외 (2011. 1. 19). "헬스케어 산업의 메가트렌드와 한국의 기회". 《CEO 인포메이션》 788호, 삼성경제연구소.

좋은 유망사업이란?

좋은 유망사업은 어떤 특징이 있을까. 그런 사업을 쉽게 찾는 방법은 무엇일까. 정확한 규칙은 없지만 일반적으로는 시장규모, 성장성, 내부 역량 등을 감안한다. 덧붙여 다음 조건(Criteria)들도 좋은 유망사업인지 검증하는 데 도움이 된다. 우선, 지불주체가 분명한가를 따져봐야 한다. 아무리 좋은 사업도 지불주체가 불분명하거나 혼재되어 있으면 비즈니스 모델을 만들기가 쉽지 않다. 더욱이 기존에 없던 지출이 요구되는 사업이라면, 시장 성장이 예상보다 더딜 가능성이 크다. 반면 소비자나 정부가 기왕에 지출하는 항목이라면 상대적으로 저항이 적다. 지불주체를 살필 때 간과해선 안 되는 이슈는 돈을 내는 사람과 쓰는 사람이 일치하는가 여부다. 만약 일치한다면 가격이나 효용에 민감할 것이고 그렇지 않은 경우는 유행이나 브랜드 등이 중요한 변수가 된다. 둘째 조건은 사업의 확장성이다. 즉 소득이 높아지면 지출을 줄이는 사업인지 확인해야 한다. 당연히 소득보다 지출의 비중이 커지는 사업이라야 미래에도 유망사업이 될 수 있다. 실제로 어떤 사업은 역U자형 커브의 지출 형태를 갖는다. 즉 어느 시기까지는 가파르게 지출이 늘다가 어느 시점부터는 감소한다는 이야기다. 셋째로 기술이나 비즈니스 모델을 통한 혁신이 가능한지를 검토해야 한다. 즉 지속적 혁신을 통해 수요를 재창출할 수 있는지를 고려해야 한다. 한마디로, 소비자가 제품이나 서비스를 얼마 만에 교체하는지 분석해 교체주기를 단축할 수 있는 사업이면 유망사업이라는 것이다. 휴대전화와 TV를 비교하자면 휴대전화가 더 빈번하게 혁신이 일어나는 제품이다. 소비자들이 자주 제품을 바꾸기 때문에 꾸준히 시장이 창출된다. 이 외에도 최근에는 '명분 있는 사업'도 유망하다고 평가받는다. 환경·건강·에너지 분야와 같이 범지구적 이슈를 해결한다는 명분을 가진 사업이 그 반대의 경우보다 훨씬 유리하다는 것이다. 이런 맥락에서 보면 헬스케어 사업은 명분, 확장성, 혁신성 그리고 지불주체의 명확성 등에서 상당히 매력 덩어리인 사업이다.

슈가 있다. 그동안의 의료사업이 고가, 선진국, 진단 및 치료 중심이었다면, 미래의 의료사업은 중저가, 개도국, 유전자 맞춤형 분석이 키워드가 될 것으로 보인다.

우선 의료사업이 당면할 가장 큰 이슈는 비용 문제일 가능성이 크다. 수명 연장으로 사람들의 의료의존도가 지속적으로 늘어날 수밖에 없어, 개인이나 정부 모두 의료비 지출 증가에 큰 부담을 느끼게 될 것이다. OECD에 따르면, 2009년 기준으로 미국은 소득의 약 17%를 의료비로 지출한다. 1인당 약 8,000달러를 의료비로 쓰는 셈이다.

우리나라 역시 의료비 지출이 가파른 상승세다. 한국의 1인당 의료비는 2000년 약 54만 원에서 2008년에는 137만 원으로 2.5배 증가했다. 2009년 기준으로는 의료 지출이 GDP의 6.9% 수준으로 아직 OECD 평균 9.5% 수준보다 낮다. 이는 향후 의료비 지출이 지속적으로 늘어날 수 있다는 뜻이다. 이러한 증가세는 2010년에 이미 적자로 전환된 건강보험 재정에 심각한 타격을 가할 수 있다. 더구나 이것이 시작 단계일 뿐이라는 데 문제의 심각성이 있다.

그렇다면 재원을 늘리면 문제가 해결될까. 그 역시 해답이 아닐 수 있다. 초고령화로 의료 서비스가 필요한 기간은 점점 늘어날 것이고, 새롭게 출현하는 질병들이 의료비 상승을 부추길 것이기 때문이다. 생애의료비 지출 현황에 따르면, 2006년 기준 1인당 7,000만 원가량을 생애의료비로 지출했는데, 그중 60% 이상은 61세 이후에 지출하는 것으로 나타났다.

결국 미래 헬스케어 사업의 첫 번째 이슈인 비용 문제를 해결할

■ 도표 2-11 2006년 한국의 생애의료비 지출 현황

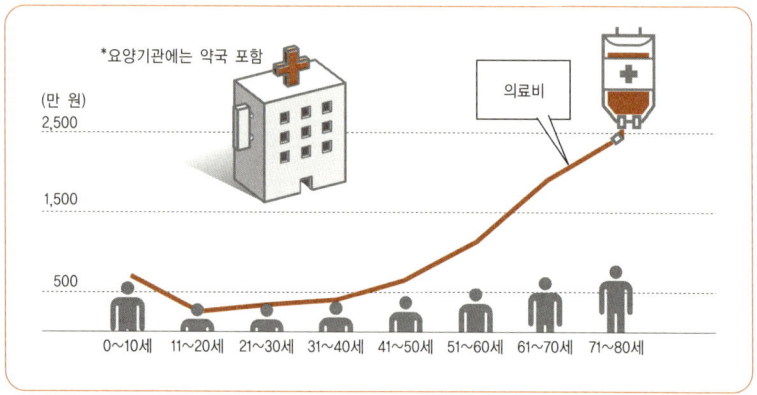

자료: 아이비타임스 (2010). "한국인 평생 의료비의 절반 이상을 60세 이후에 지출". http://kr.ibtimes.com/article/news/20100513/3925316.htm.

거의 유일한 방법은 기술뿐이다. 기존의 헬스케어 사업에서 첨단 의료기기 개발과 서비스 경쟁이 핵심이었다면, 앞으로는 여기서 더 나아가 경쟁력 있는 가격으로 의료 서비스나 제품을 제공하는 일이 관건이라는 것이다.

대표적으로 거론되는 유망 기술 중 하나가 유헬스U-health다. 유헬스는 다양한 센서, 전자기기, 네트워크 기술을 활용해 언제 어디서나 의료 서비스를 제공한다는 개념이다. 다소 추상적인 면이 있고 상용화하는 데는 아직 장애물이 있지만, 24시간 모니터링이 필요한 만성질환자나 상시적 간병이 필요한 노령자 등에 적용하면 비용 측면에서 효과를 거둘 것으로 예상된다. 또 유헬스 서비스를 활용해서 손 쓸 수 없는 상태로 병을 키우지 않고, 사전에 꾸준한 모니터링으로 예방하면 병원 내원 횟수도 줄이고 의료비 지출도 낮출 수 있을 것이다. 실제 원격으로 환자를 모니터링할 수 있다면 만

성질환자의 의료비를 27% 정도 절감할 수 있다는 연구도 있다.[11] 이를 우리나라 전체에 적용하면 2006년 기준으로 연간 1조 5,000억 원을 줄일 수 있다고 한다.

이런 추세에 맞추어 다양한 의료정보 수집을 위한 센서 기술이 발전하고 있다. 체내 이식이 가능할 정도의 초소형 칩을 개발하거나, 변기와 속옷 등 생활용품 속에 의료 센서를 내장하는 방법 등이 거론되고 있다. 여기서 중요한 것은 환자가 의식하지 못할 정도로 자연스럽게 의료 관련 정보의 모니터링이 이루어져야 한다는 것이다. 그렇게 해야 번거로움은 최소화하면서 상시적으로 모니터링을 수행할 수 있기 때문이다. 실제로 나이키와 필립스 등은 의류에, 건설업체인 다이와 하우스는 주택의 화장실에 의료 센서를 설치해 당뇨, 체온, 맥박 같은 기본 의료정보를 모니터링하는 시스템을 구상하고 있다.

또 모바일 및 디지털 기술과 접목된 소형·저가 의료기기와 솔루션 도입도 이루어지고 있다. GE는 2010년 휴대폰 크기의 초경량·초소형 초음파 진단기기를 만들었다. 태블릿 PC, 이동통신기술을 결합해 상시적으로 진단할 수 있게 만든 저가 솔루션이라고 할 수 있다.

제약 분야에서도 같은 현상이 나타나고 있다. 블록버스터급 의약품의 특허가 만료되면 그 복제약을 만들어 가격을 낮추는 것이다. 주목할 것은 비아그라나 콜레스테롤 저하제인 리피톨 등의 특허가

---

11 Johnston B. et al. (2000). Outcomes of the Kaiser Permanente Tele-Home Health Research Project. Arch Fam Med, Vol 9. 〈CEO 인포메이션〉 602호에서 재인용.

2011~2014년 사이에 집중적으로 만료된다는 것이다. 유통 등의 문제가 있기는 하지만 글로벌 제약기업의 성역으로 여겨지던 제약 분야에서도 저가화 바람이 불어 새로운 변화를 일으킬 것으로 보인다. 복제약이나 바이오시밀러biosimilar 개발 비즈니스를 주목해야 할 이유다.

이상에서 본 것처럼 고령화로 인한 미래 의료사업의 가장 큰 화두, 즉 산업의 구조를 바꿀 첫 번째 동인은 기존 사업체보다 혁신적으로 싼 가격에 헬스케어 서비스를 제공하는 것이다. 그런 기술이나 제품, 그리고 비즈니스 모델을 제공하는 업체가 기존 헬스케어 사업의 구조를 바꾸는 새로운 승자가 될 수 있다 하겠다.

무한한 잠재력을 가진 개도국의 헬스 산업

두 번째 이슈는 헬스케어 사업에서 개도국의 영향력이 점점 더 커질 것이라는 점이다. 지금까지 의료시장은 선진국 중심이었다. 경제규모가 큰 선진국의 의료비 지출 비중이 GDP의 10% 정도로 높은 반면, 개도국은 3~4% 수준으로 매우 낮았기 때문이다. 그러나 개도국의 인구구조 변화와 경제성장을 감안하면 개도국이 향후 헬스케어 사업의 구조 변화에서 핵심 역할을 할 수 있다. 우선 시장 관점에서 보면 급속한 고령화가 진행되고 있는 중국 등이 성장의 기폭제가 될 것으로 예상된다.

중국은 전 세계에서 고령인구가 가장 많고, 경제성장 속도도 빠르기 때문에 우선적으로 주목해야할 시장이다. 중국에는 지금 약 30만 개의 의료기관이 있다고 알려졌는데, 이들이 새로운 의료기

■ 도표 2-12 **국가별 제약산업의 규모 및 전망**

(단위: 억 달러)	2006년	2009년	2013년	2006~2013년 성장률
세계시장	6,430	8,370	10,890	7.8%
미국	2,740	3,000	3,290	2.6%
중국	100	250	520	26.6%
한국	100	140	190	9.6%
인도	70	115	180	14.4%
한국·중국·인도 합계(비중)	270(4.2%)	505(6.0%)	890(8.2%)	18.6%

주: 각 연도별 IMS health 데이터를 바탕으로 삼성경제연구소가 분석.
자료: 고유상 외 (2011. 1. 19). "헬스케어 산업의 메가트렌드와 한국의 기회". 〈CEO 인포메이션〉 788호. 삼성경제연구소.

기 보급 등 현대화에 시동을 걸기 시작하면 관련 시장은 무궁무진하게 확대될 것이다. 2006년부터 2013년까지 제약산업의 성장률을 보면 미국시장이 2.6%인 반면 중국은 26.6%이고 인도는 14.4%다. 세계시장 평균인 7.8%보다 2배 이상 성장이 예상되는, 매우 전망 좋은 시장이다. 우리나라도 같은 기간 중 9.6%의 성장이 예상되어 아시아 지역의 헬스케어 시장 확대는 분명한 추세로 보인다.

개도국 헬스케어 시장의 성장은 제품 및 기술의 저가화 동향과 밀접한 연관이 있다. 시장의 니즈와 기술 트렌드가 일치하기 때문이다. 최근 개도국에서 의료 관련 기술혁신이 활발하다는 점도 주목할 만하다. 개도국에서는 선진국과 달리 경쟁력 있는 가격으로 상품과 서비스를 공급해야 성공하기 쉽고, 실제로 그런 점을 공략한 현지 기업들이 글로벌 시장에서 두각을 나타내기 시작했다.

중국의 신흥 의료기기업체인 민드레이Mindray가 급성장한 것도 이런 이유다. 1991년에 설립된 중국의 민드레이는 중저가 의료기기 사업을 기반으로 글로벌 기업으로 성장했다. 2009년에는 매출 6.3억 달러, 영업이익 1.4억 달러, 종업원 6,000명에 이를 정도로 세계적 기업으로 성장했고, M&A 등을 통해 선진국의 영업망까지 확보하는 중이다. 초기에는 선진국의 고가 의료기기가 습도나 먼지가 많은 중국의 의료환경에 부적합하다는 점을 공략 포인트로 삼았다. 특히 중저가 의료기기 사업을 통해 중국시장에서의 입지를 공고히 하는 한편 기술개발로 제품 경쟁력을 제고하는 전략을 구사한다. 전체 종업원의 25%가 연구개발 인력일 정도로 기술기업의 입지를 강화하고 있다. 민드레이 외에도, GE와 필립스 등 글로벌 기업 역시 현지에 연구개발 센터를 설립하고 개도국에 대응하는 제품개발을 추진하는 등 발 빠르게 움직이고 있다.

제약 분야에서는 인도가 세계적 경쟁력을 갖추고 있다. 약 2만 개 이상의 제약업체가 있고, 특히 복제약 분야에서는 세계 최대 규모를 자랑한다. 산업성장률도 14%대로 전 세계 제약산업의 성장률 7%대를 크게 상회한다. 2009년 약 100억 달러 수준이던 산업규모가 2015년에는 215억 달러로 성장할 전망이며, 특히 연간 18% 이상 고성장하는 글로벌 복제약시장에서 인도의 위상이 확고해질 것으로 예상된다.[12]

최근에는 중국도 바이오 및 제약 분야에서 강국으로 떠오르고 있다. 매출 5억 달러 이상인 제약업체가 21개이며, 기초과학 역량

---

12 YES Bank & OPPI, "Pharmaceutical Industry - Vision 2015".

에서도 영국과 일본에 필적할 수준으로 성장하고 있다. 생명과학 분야의 SCIEScience Citation Index Expanded급 논문도 1997년에는 세계 24위였으나 2008년에는 미국, 일본, 영국에 이은 4위국으로 부상했다. 특히 유전자 해독 및 분석 분야에서는 세계 최고 수준으로 평가 받는다. 베이징지놈연구소BGI, Beijing Genomics Institute는 157대의 유전자 분석기를 도입해 전 세계에서 가장 저렴하고 신속한 유전자 분석 서비스를 제공한다.

중국 정부의 바이오 및 제약 산업에 대한 육성 정책도 확고하다. 12차 5개년(2011~2015년) 규획에 따르면 신약개발에 약 1,000억 달러를 투자해 2015년까지 암, 관절염, 당뇨병 등 중대 질병 분야에서 치료제를 개발하겠다는 포부다. 배후의 거대한 시장 그리고 과학 기술 인력을 결합하면 글로벌 시장을 주도하는 기업의 탄생도 가능하다고 보는 것이다.[13]

유전자 분석 기술의 발전으로 의료 개념 변화: 치료에서 관리로

헬스케어 사업에서 가장 기대되는 혁신 분야는 유전자 관련 영역이다. 거듭되는 기술혁신으로 개인의 유전자 분석 비용이 크게 하락하고 있기 때문이다. 1990년대만 해도 개인 유전자에 대한 지놈 분석 비용이 30억 달러에 달해 과학 실험용 외에는 활용이 어려웠다. 그러나 최근 컴퓨팅 기술의 비약적 발전 덕분에 지놈 분석 비용이 1만 달러 수준으로 낮아졌고, 2014년경이 되면 이른바 '100달러

---

13 최진영 (2011. 6. 22). "중국 제약산업의 경쟁력 전망과 대응방안". 〈삼성경제연구소 창립 25주년 기념 심포지엄 2020 CHINA 자료집〉.

지놈 시대'가 열릴 전망이다. 1990년대에 비하면 3,000만 분의 1 수준으로 가격혁신이 이루어진 것이다. 실험 소요시간 또한 20년 전만 해도 15년이던 것이 2014년에는 4시간으로 단축되리라 예상된다.

이러한 비용 및 시간의 혁신은 의료 패러다임을 획기적으로 바꿀 전망이다. '증세가 나타난 후 치료'하던 것에서 '질병의 사전 예측 및 관리'가 가능해진다. 즉 치료cure에서 관리care로 의료의 개념 자체가 바뀌는 것이다. 개인별로 맞춤형 의료 서비스 및 치료제 처방도 가능해지며 이것이 의료비용 절감으로 이어질 수 있다.

미국의 지놈 분석 서비스 업체인 23앤드미23andMe는 혈액 등을 통해 개인별로 질병과 연관된 유전자를 분석해 암과 치매 등 주요 질환의 위험도를 예측하는 서비스를 제공한다. 예를 들어 "당신과 같은 유전자형에서는 100명 중 15.7명이 알츠하이머가 발병하며, 발병률이 일반인 11.4보다 37.7% 높습니다" 같은 형태로 정보를 제공하는 것이다. 이 서비스는 아직 정확도가 낮지만, 데이터베이스가 지속적으로 축적되고 지놈 분석 비용이 좀더 낮아지며, 분석 관련 기술혁신이 계속 이루어진다면 강력한 비즈니스 플랫폼으로 성장할 것이다. 특히 이런 분석을 바탕으로 유전자치료제 개발 및 관련 서비스로 확장될 여지도 높다.

주목할 점은, 지놈 분석은 확률이기 때문에 정보처리업과 유사한 성공 조건을 갖는다는 점이다. 데이터가 쌓일수록 정확도가 개선된다는 측면에서 그렇다. 23앤드미가 구글의 투자를 받고, 하버드 대학과 공동으로 10만 명의 지놈 해독 프로젝트를 수행하는 이유도 같은 맥락에서 이해할 수 있다.

질병 진단 방식의 진화

20세기 초까지만 해도 문진 등을 통해 병을 진단해왔으나, 청진기가 개발되면서 소리로 환자의 몸속 상태를 진단하는 것이 가능해졌다. 최근에는 영상 진단기기를 통해 몸속을 측정하고 분석한다. '100달러 지놈 시대'가 되면 지놈 분석이 혈액검사처럼 일반화될 것이다. 이렇게 된다면 소위 4P 의약품도 가능하다. 즉 개인화되고(Personalized), 예측 가능하며(Predictive), 예방 가능하고(Preventive), 환자가 참여하는(Participatory) 의약품이 만들어지는 것이다. 그러나 개개인의 질병에 대한 예측과 예방은 유전자 이외에도 생활습관, 섭생 등 다양한 요인이 결합되므로 실현되기까지는 여전히 상당 시간이 필요할 것으로 보인다.

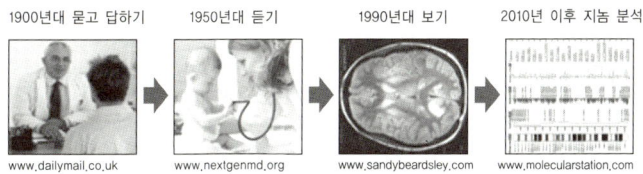

자료: 최진영 (2010). "개인 유전자 해독 시대의 패러다임 변화와 신사업 기회". 〈SERI 경영노트〉 69호.

● 인구구조 변화가 예고하는 또 다른 유망사업
☞ 에이징솔루션 사업 142쪽
☞ 1~2인 가구 대응 사업 153쪽

2부 | 3대 메가트렌드와 신사업의 탄생 89

도시화와 인프라스트럭처 사업

도시화가 어제오늘 일은 아니다. 이언 모리스Ian Morris 같은 연구자는 기원전 8000년경 시리아에 있던 인구 500명의 도시 무레이베트Mureybet를 인류 최초의 도시라고 주장한다. 인구 1만 명 이상의 도시가 출현한 것은 지금부터 대략 5,000~6,000년 전 중동 지역으로 추정한다. 이후 왕조가 생겨나면서 고대나 중세에도 도시로의 인구 집중이 일어났다. 특히 18~19세기에 산업혁명기를 거치면서 오늘날과 같이 근대적 인프라가 갖추어진 도시가 탄생했다.

도시의 세기: 새로운 거대도시의 출현

도시에 대한 정의는 국가마다 다르다.[14] UN에서는 인구 10만 명 이상, 인구밀도가 제곱킬로미터당 150명 이상인 지역을 도시로 정의한다. 우리나라는 2만 명, 일본은 3만 명, 미국은 2,500명, 노르웨이는 인구 200명 이상을 도시로 정의한다. 도시를 인구수로만 명확히 정의하기는 어렵다는 것이다. 그럼에도 여기서 도시화를 미래의 핵심 메가트렌드로 주목하는 이유는 인구 100만 명 이상인 거대도시의 등장이 활발하고, 이는 수많은 사업 기회를 제공하기 때문이다. 특히 지금은 도시화의 주무대가 구미 지역에서 아시아, 아프리카 등 개도국으로 옮겨가고 있다. 선진국의 대도시들도 도시를 살 만한 곳으로 바꾸기 위해 다양한 형태의 도시재생 프로젝트를 추진하면서 도시 간의 경쟁이 본격화하고 있다는 점도 이슈가 된다.

1800년대에는 전 세계 인구의 3%만 도시에 거주했지만 2007년부터는 도시인구가 농촌인구를 넘어서기 시작했고, 이런 현상은 앞으로도 지속되어 2020년이 되면 전체 인구의 57%가 도시에 거주할 것이라고 UN은 예상한다. 아울러 38년마다 도시인구가 2배씩 증가할 정도로 변화가 클 것이라고 한다. UN이 2000년대를 "도시의 시대Urban Millennium"라고 칭한 이유다.

우선 주목할 것은 대도시화 현상이다. 흔히 도시를 구분하는 방법으로 인구 1,000만 이상은 메가시티, 500만 이상은 슈퍼시티, 100만 이상은 대도시라고 명명한다. 1940년대까지는 세계에 하나뿐이던 메가시티가 1985년에는 9개, 2004년에는 19개가 있었고 지금은 24개 존재한다. 메가시티로 성장할 가능성이 있는 슈퍼시티도 35개나 있다.

현재 세계 최대 도시는 도쿄(3,579만 명)이고, 인도의 뭄바이(2,178만

---

14 도시라는 표현에는 행정구역상의 물리적 영역인 도시(city)의 개념과, 거주와 생활 등 정치·사회적 영역을 의미하는 도시 지역(urban)의 개념이 혼재되어 있다.

세계 최대 도시의 변천사

기원전에는 이집트의 알렉산드리아(40만~100만 명), 중국의 장안(약 40만 명), 이라크의 바빌론(25만 명) 정도가 세계적 도시였다. 로마 제국이 부상하면서 서기 300년 정도까지는 인구 100만 명인 로마가 세계 최대 도시의 자리를 차지했다. 로마 제국이 쇠퇴하면서 당나라 수도 장안(현재 시안)이 세계 최대의 도시가 되었고, 이라크의 바그다드 역시 100만 명 수준의 글로벌 도시가 된다. 서기 1000년부터 1800년까지는 중국의 도시들이 세계적 규모를 과시했다.

그러나 산업혁명이 시작되면서 런던이 베이징을 제치고 세계 최대의 도시가 된다. 20세기 초반에는 미국이 세계의 중심국이 되면서 뉴욕의 시대(1925년, 777만 명)가 열린다. 그로부터 40년이 지난 1965년 도쿄의 인구가 1,500만 명이 되면서 뉴욕은 세계 1위 자리에서 물러난다. 현재 세계 최대 도시는 여전히 인구 3,579만 명의 도쿄다.

한편 역사상 최초로 인구 100만 명이 거주한 도시는 로마였고 최초의 1,000만 명 도시는 뉴욕으로 기록된다. 여기서 눈에 띄는 점은 산업이나 문명의 주도권이 움직이면서 세계 최대 도시들도 명암이 갈렸다는 것이다. 로마에서 중국을 거쳐 영국으로, 그리고 미국, 일본으로 세계 경제의 움직임에 따라 대도시의 변천이 이루어진 것이다. 또한 산업혁명 이전까지 거의 1,800년간은 세계 어느 도시의 인구도 150만 명 수준을 넘지 못했다는 점도 눈에 띈다. 이런 의미에서 거대도시의 탄생은 산업혁명으로 인한 인프라 및 도시 시스템 정비에 힘입은 결과로 추정할 수 있다.

자료: http://en.wikipedia.org/wiki/List_of_largest_cities_throughout_history를 토대로 작성.

명), 멕시코시티, 상파울로, 뉴욕 등이 1,900만 명 수준으로 그 뒤를 잇는다. 2025년이 되면 중국의 상하이·베이징·충칭, 인도의 델리

·캘커타, 방글라데시의 다카 등이 인구 2,000만 명 이상의 거대도시로 부상하리라 예상된다. 모두 아시아 개도국의 신흥 도시들이다. 또 DR콩고의 킨샤사Kinshasa가 1,676만 명으로 아프리카 최대 도시로 성장이 예상되며 나이지리아의 라고스와 이집트의 카이로가 그 뒤를 이을 전망이다.

대도시화 현상은 다양한 산업적 함의를 내포한다. 오늘날과 같은 거대도시가 출현한 것은 운송수단 발전, 통신이나 전력 등 기반 인프라 공급, 대형 고층건물 건설 등과 같은 기술적 발전이 이루어졌기 때문이다. 바꾸어 말하면 대도시, 특히 거대도시의 출현이 고급 기반시설에 대한 수요를 키운다는 의미다. 인구가 100만 명 이상은 되어야 공항이나 지하철 같은 현대적 도시 인프라를 구비할 수 있다는 이야기다. 백화점이나 쇼핑센터가 들어서려면 20만~30만 명 정도의 인구가, 대학이 들어서는 데는 30만~40만 명 정도가 필요하고, 100만 명쯤 되면 경기장과 방송국 등 도시의 기본 인프라가 들어서는 데 별 지장이 없다고 한다.[15]

시장의 관점에서도 대도시를 눈여겨볼 필요가 있다. 전 세계 인구에서 대도시(인구 100만 명 이상) 인구가 차지하는 비중은 21%에 불과하지만 GDP 비중은 48%에 이른다. 이들 도시만 제대로 공략해도 세계시장의 절반을 차지할 정도로 잠재성이 크다 하겠다. 특히 대도시는 세계적 유행을 창조하고 선도하는 역할을 하기도 한다.

---

[15] 안건혁 (1997). 〈자족적 신도시의 적정규모에 관한 연구〉. 대한국토도시계획학회.

미래에는 아시아와 아프리카의 대도시가 부상

도시화의 두 번째 이슈는 신흥개도국의 도시화다. 그동안 도시화가 주로 선진국 중심의 현상이었다면, 앞으로 나타날 도시화는 역동적으로 경제가 성장하고 있는 개도국에서 나타날 것이다.

이들 지역에서는 도시로의 인구집중이 매우 빠르게 나타나고 있다. 예를 들어 오사카나 LA 같은 선진국 도시는 슈퍼시티에서 메가시티로 성장하는 데 30여 년이 걸린 반면, 인도의 델리는 불과 10년 만에 인구 1,000만의 메가시티가 되었다. 컨설팅 회사 BCGBoston Consulting Group는 앞으로 20년간 전 세계 농촌인구 중 14억 명이 도시로 이동할 것이라고 분석한다. 이 가운데 13억 명은 개도국 인구다.

UN도 2010년에는 아시아와 아프리카 지역의 도시인구가 세계 도시인구의 62%였지만, 2040년이 되면 72%까지 증가할 것으로 보고 있다. 특히 인구 100만 이상의 대도시도 이들 지역을 중심으로 크게 늘어나리라고 예상한다. 〈도표 2-13〉에서 나타나듯이 2005~2015년까지 100여 개의 신흥 대도시가 생겨날 것으로 보이는데, 대부분은 아시아와 아프리카 도시일 것으로 전망된다.

이들 개도국 대도시에서 창출하는 소득도 빠르게 증가할 전망이다. 2010년부터 2025년까지 약 15년의 기간 동안 아시아·아프리카 도시의 GRDPGross Regional Domestic Product(지역내총생산)는 연평균 7% 이상 성장해 20조 달러 이상 증가할 것으로 보인다.[16] 전 세계 도시 전체 GRDP 증가분의 69%를 차지할 정도로 큰 규모다. 개도국 도시의 경제가 세계 어느 곳보다 유망하다는 뜻이다. 불확실성이 높은 신흥국시장을 공략할 때 대도시를 우선순위에 두어야 하는 이

■ 도표 2-13 도시인구의 변화와 100만 명 이상 도시

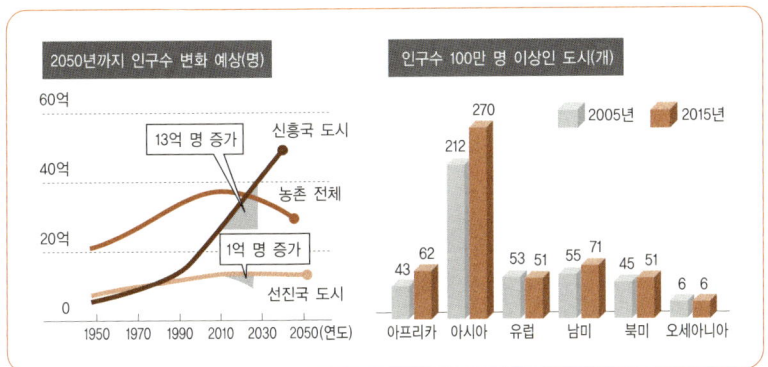

자료: BCG (2010. 9). Winning in Emerging-Market Cities(왼쪽); UN(오른쪽).

유다.

한편 신흥국은 부족한 도시 인프라와 그로 인한 슬럼화 문제에도 직면하고 있다. 2005년 기준으로 아시아 지역에만 약 6억 명의 슬럼 지역 거주자가 있다고 한다(UN, 〈CEO 인포메이션〉 617호에서 재인용). 세계에서 두 번째로 큰 도시인 인도 뭄바이에 "인도 제1의 금융도시"라는 명明과 "아시아 최대의 슬럼가"라는 암暗이 공존한다는 이야기다.

뭄바이는 1k㎡ 지역에 30만여 명이 거주할 정도로 주거시설 부족과 질병 및 치안 등 도시화에 따른 부작용이 발생하고 있다. 또 인구는 빠르게 증가하는 데 비해 상하수도 같은 기초 인프라는 매우 미흡한 상황이다. 그러나 재원 부족으로 인구증가 속도에 대응해 인프라를 구축하기가 어렵고, 이 때문에 오히려 인프라 보급률이

---

16 이원희 외 (2011. 6. 8). "신흥국 도시의 부상과 인프라 사업기회". 〈CEO 인포메이션〉 807호. 삼성경제연구소.

■ 도표 2-14 권역별 GRDP 전망

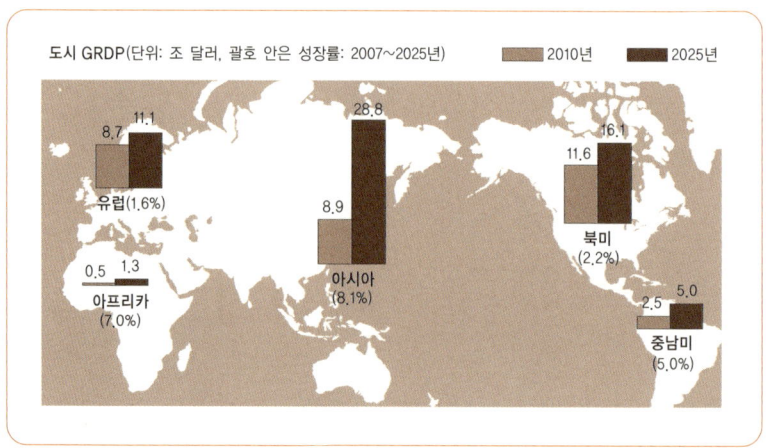

주: 도시 GRDP는 인구 50만 명 이상 도시를 분석 대상으로 한 것이며, 아프리카 지역은 GRDP 데이터 확보
   가 가능한 22개 도시만 포함.
자료: PwC (2009), UK Economic Outlook을 토대로 삼성경제연구소 분석.

지속적으로 낮아지는 악순환이 일어나고 있다. 예를 들어 아프리카 도시의 상수도 보급률은 1995년 50%에서 2005년 39%로 역행하는 현상까지 나타났다고 한다. 인프라 부족과 인구 과밀화에 따라 질병의 빠른 확산도 우려되고 있다.

똑똑한 도시 만들기 경쟁도 본격화

도시화의 마지막 이슈는 선진국 도시의 리노베이션과 이에 따른 도시 간의 미래 인프라 경쟁이다. 최근 선진국 도시들도 경쟁력을 고민하고 있다. 선진국의 주요 거대도시들이 2차 산업혁명기에 건설된 탓에 인프라와 시스템이 매우 낡았기 때문이다. 런던과 뉴욕의 지하철은 만들어진 지 약 150년이나 지났다. 상하수도나 빌딩도 50~100년 이상 지나 낡은 것이 많다. 도심에는 교외나 해외로 빠

■ 도표 2-15 아프리카 도시 지역 인프라 보급률

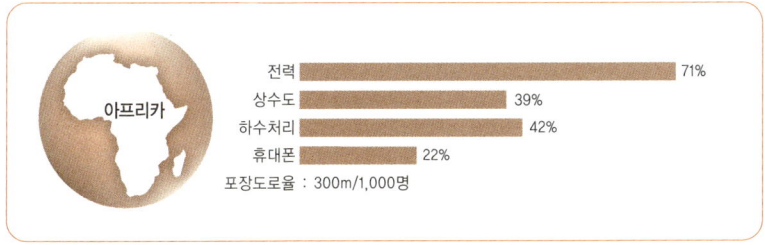

자료: World Bank (2010), Africa's infrastructure-A time for transformation.

져나간 공장시설이며 슬럼화된 주거시설이 산재해 있다.

결국 도시화 이슈는 개도국이든 선진국이든 새로운 기술과 혁신의 성과를 접목해 효율적이고 쾌적한, 경쟁력 있는 도시를 만드는 것이며, 앞으로 이 과정에서 많은 사업기회가 생길 전망이다. IBM이나 지멘스 같은 기업이 인프라에 IT 기술을 접목해 에너지 효율이 높고 스마트한 미래형 도시 솔루션을 제안하는 것도 같은 맥락이다. IBM은 '스마터 시티즈 챌린지Smarter Cities Challenge' 프로그램을 가동 중이다. 2011년부터 2013년까지 전 세계 100개 도시에 지능형 인프라를 구축하기 위해 5,000만 달러 규모의 장비와 인력을 지원하겠다는 구상이다. 지멘스도 2011년 3월, 기존의 도시 관련 사업을 '인프라스트럭처 앤드 시티즈Infrastructure and Cities'라는 신설 사업부로 통합하고 도시 관련 사업을 본격 전개하고 있다.

한편 개도국 도시들도 선진국 도시와 경쟁할 수 있는 수준으로 고도화된 인프라 투자를 하고 있다. 대표적으로 중국은 상하이, 우한 등 대도시를 중심으로 스마트시티smart city 도입을 적극 추진 중이다. 아직 실효성이나 경제적 효과가 분명하지는 않지만 IT 기술을 접목한 전력 및 교통 시스템 등의 도입을 서두르고 있다. 이들 도시는 애초 설계 단계에서 최신 교통망과 통신 시스템 및 미래도시의 개념을 도입하는 경우가 많다. UAE에서 시도되고 있는 탄소제로 도시인 마스다르시티Masdar City가 대표적이다.[17] 200억 달러 이상을 투입해 인구 5만 명 수준의 규모로 쓰레기 처리와 에너지·교통 시스템 등에서 발생되는 탄소를 재활용하거나 순환시키는 미래도시를 만든다는 구상이다.

이를 위해 기존의 자동차와는 다른 형태의 새로운 교통수단 도입도 검토되고 있다. 실현 가능성이나 경제성에 대한 논란이 있지만, 신흥 도시에서도 과감하고 혁신적인 기술과 아이디어의 도입이 본격적으로 시도되고 있음을 상징적으로 나타내는 사례라 하겠다. 최근 일고 있는 신흥국 도시들의 마천루 경쟁도 같은 맥락으로 이해할 수 있다.

결국 선진국의 도시는 인프라 개선을 통해 매력적이고 경쟁력 있는 도시로 탈바꿈을 시도하고 있고, 개도국의 도시들, 특히 경제성장률이 높은 중국이나 중동의 도시들은 선제적이고 모험적인 아이디어를 접목한 도시개발을 추진하고 있다.

이 때문에 일부에서는 도시 간 미래 인프라 경쟁이 본격화하는 시대로 접어들었다는 시각도 있다. 과거에는 국가 단위의 인프라, 즉 국가 단위의 경쟁력이 중요했으나, 인구와 경제가 도시로 밀집되면서 도시가 경쟁의 지표로 인식되고 있다는 것이다.

---

[17] Masdar는 아랍어로 자원(source)을 의미한다.

마천루의 저주?

1900년대 초에는 세계에서 가장 높은 빌딩조차 200m를 넘지 못했다. 대성당 등 종교건물의 높이가 대략 150m였다. 그러나 2차 산업혁명기를 거치면서 뉴욕을 중심으로 마천루[18] 경쟁이 본격화되었다.

세계 최고(最高) 높이의 빌딩은 그 국가나 도시의 경제적 성공을 상징하는 것으로 간주되기도 했으나, 그 이면에는 이른바 '마천루의 저주(skyscraper curse 혹은 Skyscraper Index)'도 있다. 이는 1999년 투자은행 DKW(Dresdner Kleinwort Wasserstein)의 분석가인 앤드루 로렌스(Andrew Lawrence)가 지난 100년간의 사례 분석을 통해 얻은 가설로, 세계 최고 높이의 빌딩을 건설하면 경제위기가 닥친다는 내용이다. 경기가 최고조일 때 초고층 건물의 투자가 이루어지고 경기침체기가 닥칠 즈음 완공이 되면서 이런 현상이 나타난다는 논리다. 가장 최근의 예로는 두바이의 '버즈 두바이'가 그렇다. 828m, 162층 높이의 세계 최고 빌딩으로 마천루의 아이콘이었으나, 준공하자마자 금융위기가 닥치면서 두바이는 어려움을 겪게 되었고, 빌딩 이름도 '브르즈 칼리파'로 바뀌게 된다.

뉴욕의 싱거빌딩(Singer Building, 186.6m) · 메트로폴리탄 생명빌딩(213.4m)과 1907년의 금융공황, 1930년대 엠파이어스테이트 빌딩(381m)과 대공황, 그리고 1970년대 뉴욕의 세계무역센터(417m) · 시카고의 시어스 타워(442m)와 오일쇼크, 말레이시아의 페트로나스 타워(451.9m)와 아시아 금융위기, 타이완의 타이페이 101(509.2m)과 IT버블 붕괴 등 초대형 빌딩 건설을 전후해 세계경제의 환경변화가 있어왔던 것은 사실이다.

그럼에도 신흥국을 중심으로 초고층 빌딩에 대한 투자계획은 식지 않고 있다. 특히 중국은 상하이에 상하이타워(632m), 텐진에 골든 파이

---

[18] 마천루(skyscraper)란 얼마나 높은 건물을 말할까? 여기에 대한 정확한 정의는 없다. 초기에는 80m 이상의 건물을 지칭했지만 미국과 유럽에서는 통상 150m 이상의 건물을 지칭한다. 높이 300m 이상의 건물은 이와 별도로 초고층(supertall)이라는 용어를 쓰기도 한다(위키피디아 참조).

낸스 117(Goldin Finance 117, 600m) 건설을 추진하고 있는데, 맥킨지(McKinsey)는 앞으로 20년간 중국에 약 5만 개의 마천루가 지어질 것으로 예상한다.

참고로, 높이 100m 이상 건물은 홍콩이 2,354개로 가장 많다고 한다. 2위는 뉴욕으로 794개가 있는데, 1위와 격차가 크다. 서울은 282개로 세계에서 아홉 번째로 고층건물이 많은 도시다.

자료: 위키피디아를 참조하여 작성.

인프라스트럭처 사업

도시화와 관련된 가장 중요한 사업기회는 인프라스트럭처infrastructure 분야다. 도시는 주거시설을 비롯해 다양한 형태의 인프라가 필요하다. 이 가운데 전력, 물(상하수도), 통신, 교통 등이 도시의 근간을 이루는 핵심 인프라로, 이와 관련된 사업들이 거대산업으로 부상할 가능성이 높다.

급성장하는 전 세계 인프라스트럭처 시장

우선 주거 부분을 보면, 신흥국의 경우 갑작스런 인구의 도시 유입으로 주택 부족 문제가 심각해지고 있다. 특히 서민용 주택이 문제다. 중국이 2011년부터 5년간 매해 1,100만 채의 주택을 공급하겠다고 한 것도 그래서다. 우리나라 전체 주택수가 1,700만 호인 것을 감안하면 엄청난 규모다. 나아가 서민용 저가주택을 향후 5년간

■ 도표 2-16 향후 20년간 인도의 중장기 도시개발 투자 계획

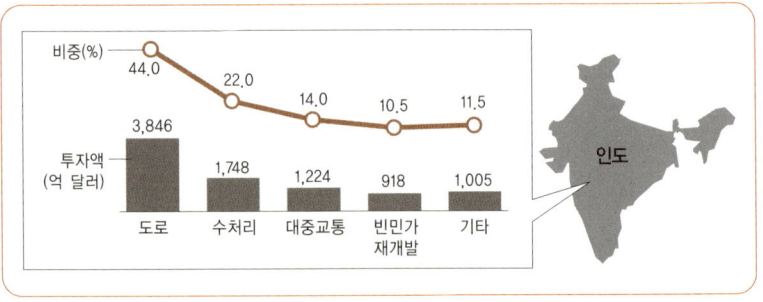

자료: 이원희 외 (2011. 6. 8). "신흥국 도시의 부상과 인프라 사업기회". 《CEO 인포메이션》 807호, 삼성경제연구소.

3,600만 채 공급한다는 것이 중국의 구상이다. 이러한 주택 보급 확대는 도료, 시멘트, 철근에서 유리에 이르는 다양한 주택 관련 소재 산업의 수요 확대를 가져올 것으로 예상된다. 또 가전, 가구 사업에도 새로운 성장의 기회가 된다.

한편 대도시의 슬럼화 문제가 심화되고 있는 인도는 2011년 3월 향후 20년간 빈민가 재개발에 918억 달러를 투자한다는 계획을 밝혔다. 이를 포함해 인도 정부는 도시 인프라 개선을 위해 총 8,742억 달러를 투자한다고 한다. 도시화와 인프라 개선이 이루어지지 않는 한 경제성장이 어렵다는 판단으로 도로 및 상하수도, 대중교통 등에 대한 집중 투자를 계획하고 있는 것이다.

개도국뿐만 아니라 선진국의 인프라 리노베이션을 위한 투자도 계속 확대될 전망이다. OECD는 전 세계 인프라 시장을 연간 1.6조 달러 이상으로 전망한다. BCG도 2005~2030년에 상하수도·전력·교통 인프라 분야에서만 약 41조 달러의 인프라 수요가 예상된다고 분석한다. 상상하기 힘든 거대한 규모의 시장이 형성된다는 의

■ 도표 2-17 전 세계 인프라스트럭처 시장 전망(2005~2030년)

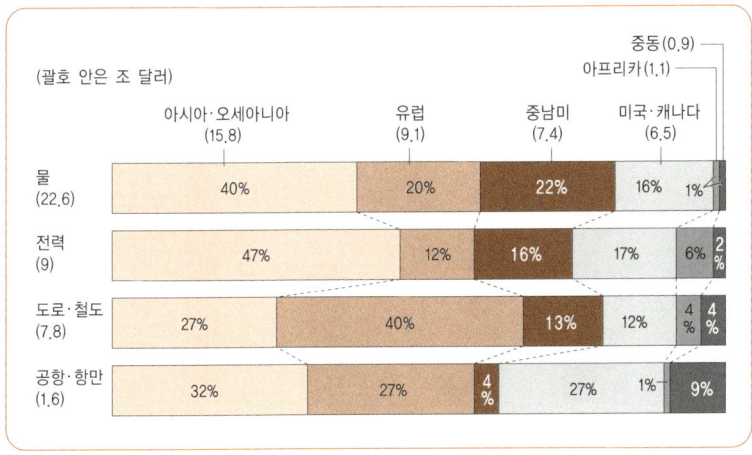

자료: BCG.

미다. 지역별로 보면 아시아와 오세아니아가 15.8조 달러로 39%를 차지하고, 북미나 유럽 등 선진국에서도 15.6조 달러로 비슷한 시장 규모를 보이고 있다. 선진국의 노후화된 인프라에 대한 리노베이션 수요가 그만큼 많다는 이야기다.

무궁무진한 전력 수요

4대 인프라 중 가장 주목할 것은 전력과 물이다. 〈도표 2-18〉에서 보듯이 2011년부터 2030년까지의 인프라 투자 규모를 비교하면 통신 인프라를 제외하고는 성장률이나 규모가 꾸준히 증가함을 알 수 있다. 통신 인프라는 초기에 망 건설이 완료되면 그 후로는 투자 규모가 급격히 줄어들지만 전력, 교통, 상하수도 관련 인프라는 인구 유입에 따라 지속적 투자와 개선이 필요하기 때문이다.

일반적으로 소득수준이 높아지면 사람들의 생활습관이 바뀐다.

■ 도표 2-18 분야별 인프라 투자 규모 전망(연평균)

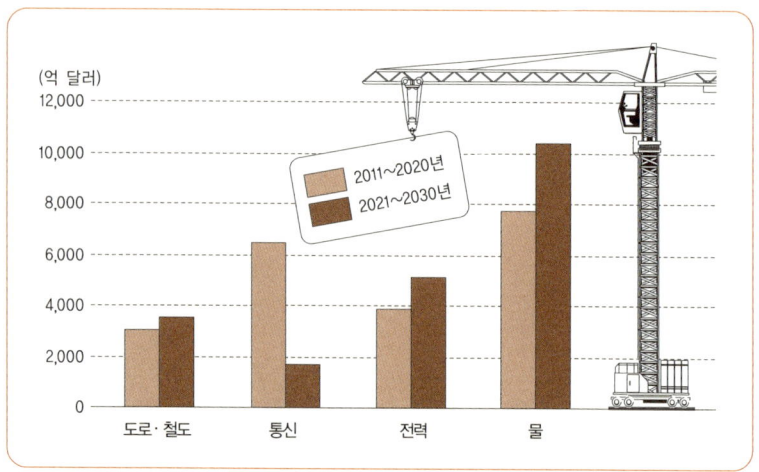

자료: OECD (2006). Infrastructure to 2030을 토대로 삼성경제연구소 재추정.

더 깨끗하고 위생적인 환경을 요구하게 되고 오염 없는 에너지원에 대한 수요가 많아진다. 그에 따라 물과 전기의 수요 또한 늘어나게 된다. 교통 인프라 수요도 이와 유사한 측면이 있다. 소득 증가에 따라 자동차 보급이 늘어나면 도로, 철도, 공항, 항만 등에서도 수요가 꾸준히 늘어날 수밖에 없다.

먼저 전력을 살펴보자. 전력 사용량은 생활습관, 기후대 등에 따라 달라지지만 산업구조나 소득수준에 따른 영향이 무엇보다도 크다. 2008년 기준으로 1인당 일평균 전력 사용량을 보면 한국이 약 25kWh, 일본은 약 23kWh 수준이고 미국은 예외적으로 39kWh다. 한국이 소득수준에 비해 전력 사용량이 높은 것은 전기 사용이 많은 제조업 비중이 크기 때문이다.[19]

반면 중국은 약 7kWh, 인도는 약 2kWh 수준으로 한국 대비 각각

■ 도표 2-19 전력 소비(2008년)와 전력가격(2009년 ppp)

국가	중국	인도	인도네시아	브라질	파키스탄	방글라데시	나이지리아	멕시코	한국
인구 순위	1	2	4	5	6	7	8	11	25
총인구 (억 명)	12.39	11.66	2.4	1.99	1.76	1.56	1.49	1.11	0.49
1인당 소득 (ppp달러)	5,969	2,834	3,821	10,040	2,449	1,449	2,255	14,117	27,306
전력 사용량 (kwh/일)	7.04	2.02	1.70	6.95	1.43	0.63	0.39	6.36	24.8
전력 가격 (ppp달러/kwh)	2.3	3.8	6.1	4.0	4.7	6.3	15.9	6.1	3.0

주: ppp는 구매력 기준 소득, kWh=시간당 킬로와트.
자료: http://en.wikipedia.org/wiki/Electric_energy_consumption.

28%, 8% 수준이다. 중국의 생활수준이 점차 높아지고 인도의 산업화가 본격화하면 전력수요가 상상을 넘어설 것으로 예상할 수 있는 대목이다.

인구 순으로 상위 20개국 중 1인당 사용량이 하루에 10kWh 미만인 나라가 16개국이다. 특히 인도네시아, 파키스탄, 방글라데시, 나이지리아 등 1억 명 이상의 인구를 가진 나라의 전기 사용량은 아직 인도 수준에도 못 미친다. 그뿐 아니라 전 세계 인구의 20%인 14억 명(이 가운데 사하라 이남 지역이 12억 명으로 85% 차지)은 여전히 전기를 전혀 공급받지 못하고 있다. 이들 나라에서도 전력수요가 늘어날 가능성이 매우 높다.

전력 분야에서 선진국이 겪는 가장 큰 문제는 망의 노후화 문제다. 세계 최초로 전력망을 구축한 미국은 60%가 25년 이상 지난 망

---

19 우리나라 전력의 51%는 산업용으로 사용된다. 이는 일본의 31.5%, 프랑스의 32.6%, 미국의 24.0%보다 월등히 높다. 중국은 전체 전력의 67.8%가 산업용이다.

세계 최초의 근대적 인프라 사례

세계 최초의 전기 공급망은 토머스 에디슨이 뉴욕에서 1880년대 초반에 부설했다. 당시 전기는 화력발전으로 생산했고, 직류(DC: direct current) 체계로 전송했다. 뉴욕에는 2006년까지도 60여 명의 고객이 DC 전력을 사용했으나, 2007년에는 공급이 완전 중단되었다.

런던 지하철(London Underground)은 1863년부터 운행되기 시작했다. 초기 런던 지하철은 증기 기관차였기 때문에 환기시설 등이 별도로 필요했다고 한다. 또 지하도의 깊이도 얕았고 지상 구간도 많았다. 1890년대부터 본격적으로 고심도 지하철이 건설되기 시작한다.

영국의 뉴리버(New River) 사는 1613년 40mil의 수로를 만들어 리(Lea) 강으로부터 취수해 런던에 가정용 상수도 서비스를 제공한다. 1805년에는 주철관이 개발되면서 대도시의 상수도 서비스가 본격화된다. 특히 1815년부터 가정에서 발생하는 오물을 템스 강에 버릴 수 있게 되면서 강의 오염이 심화되었고, 1858년 여름에는 급기야 '대악취 사건(The Great Stink)'이 발생하게 된다. 이는 템스 강에 버린 오폐수에서 발생한 악취가 의사당까지 퍼지면서 사회적 이슈가 된 사건인데, 이후 본격적으로 하수도 정비가 시작되어 근대적 하수 처리 시설이 도입된다.

이고, 30만mil의 송전로 중 2000년 이후 건설된 망은 668mil에 불과할 정도로 전력 인프라가 낡았다. 지난 30여 년간 전력망 투자가 지속적으로 감소한 데 따른 결과다. 송배전 손실률도 7.8%로 한국의 4%에 비해 높고, 연간 정전 시간도 137분에 이른다. 우리나라의 17분, 프랑스의 61분보다 훨씬 길다. 2003년 미국은 동북부에서 발생한 대정전 사태로 5,000만 명이 거의 이틀간 전기 공급을 받지 못하는 피해를 입은 바 있다. 당시 피해액이 40억~60억 달러로 추산된다.

　국가 전력망의 상호연동이 취약하다는 것도 문제다. 미국 전력망은 캘리포니아 등 서부 지역, 텍사스, 중동부 등 세 개의 전력 시스템interconnection으로 구성된다. 그런데 이들 시스템 간에 상호연동성이 낮아 한쪽에서 전력 과부족이 생기더라도 제한적으로 전기를 보낼 수밖에 없는 상황이다. 특히 전력을 생산하는 사업자 수가 3,000개에 이를 정도로 다양하고, 소유 형태도 개인에서 공공까지 이르는 등 복잡한 구조다.

　일본도 비슷한 문제가 있다. 2011년 3·11 대지진으로 도쿄전력의 원자력발전이 중단되면서 일본도 초유의 계획정전을 실시한 바 있다. 일본의 전력망은 동일본과 서일본으로 나뉘는데, 사용하는 주파수가 달라(동일본은 50Hz, 서일본은 60Hz) 한쪽에서 전력 부족이 생겨도 제한적 규모(2011년 기준 100만kW)로만 연동이 가능하다. 결국 전력 부문은 절대적 사용량 증가로 인한 시설용량 확대가 필요하다는 점과 더불어 노후화된 망의 개선, 네트워크의 구조적 문제 등 이중삼중의 난제에 직면해 있는 상황이다. 바꾸어 말하면 그만큼 기회가 많은 시장이다.

늘어나는 물 수요, 부족한 물 공급

전력과 더불어 최대 인프라 시장을 형성하는 것이 물이다. 현재 전 세계 물의 97%는 바닷물 형태로 존재한다. 나머지 3%인 담수 중에는 남북극의 빙하와 얼음 형태로 존재하는 것이 69%, 지하수가

30%다. 우리가 바로 사용할 수 있는 호수나 강의 물은 전체의 0.9%에 불과한 것이다. 이마저 각종 오염으로 사용이 제한되며, 여기에 지역적 불균형까지 더해져 물 스트레스가 점차 커지고 있다.

실제로 UN은 2007년 약 10억 명이던 물 부족 인구가 2050년에는 50억 명으로 늘어나리라 예상한다. 2015년만 되어도 이미 물 사정이 악화되어 안정적이면서도 깨끗한 물을 공급받는 인구는 지금보다 훨씬 줄어들 것이라는 전망이다. 이러한 물 부족 사태는 기후변화 탓도 있지만 산업화와 도시화 등 생활의 변화에서 기인한 바도 크다.

그런데 우리가 생활하는 데 필요한 물의 양은 얼마일까? 1kg의 소고기를 생산하는 데는 15t 정도가, 가죽제품 1kg을 생산하는 데는 16t이, 청바지 1kg을 생산하는 데는 11t 정도가 필요하다고 한다. (도표 2-20)

식량 생산에도 어마어마한 물이 필요하다. 담수 사용량의 69%가 농업용으로 사용되는데, 특히 사람이 하루에 섭취하는 식량을 생산하려면 약 3t의 물이 필요하다고 한다.[20] 또 산업용으로 사용되는 21%를 제외한 9%가 식수, 취사, 위생 및 정원용 등 가정용으로 사용된다. 일반적으로 가정에서 필요한 물의 양은 하루에 1인당 50ℓ 전후라고 한다.

물의 사용은 국가별 기간산업의 종류와 기후 특성에 따라 달라진다. 예를 들어 인도는 농업용으로 수자원의 86%가 사용되고 산업

---

[20] 하루에 식수로 사용하는 물은 2~5ℓ 정도로, 농업용으로 사용되는 물의 1,000분의 1 수준이다.

■ 도표 2-20 1kg 생산에 소요되는 물의 양

자료: IBM.

용은 고작 5%가 사용된다. 미국은 산업용이 46%, 가정용이 13%다.

도시화의 진전은 생활습관과 식습관을 바꾸어 물 수요 자체를 크게 늘린다. 특히 가정용 및 산업용 물 수요가 증가할 것이다. 물뿐만 아니라 정수·하수 인프라 수요도 함께 늘어난다는 점에 주목해야 한다. 중국은 베이징과 톈진 등 인구 1,000만 명 이상 대도시가 속속 등장하면서 물의 수요가 급증하고 있지만, 수자원 고갈로 물이 도시 성장의 장애로까지 인식되고 있다.

세계은행World Bank은 현재와 같은 도시화와 산업화 추세가 지속되면 2020년에는 약 3,000만 명의 중국인이 물 부족때문에 이주를 해야 하는 상황이 될 수 있다고 경고한다. 660개의 중국 도시 중 절반이 물 부족으로 어려움을 겪고, 이로 인해 1억 6,000만 명이 물 스트레스를 받을 것이라고 한다. 또 중국은 남쪽과 북쪽 지역 간의 물 불균형 문제가 심각한데, 국토의 37%인 양쯔 강 이남이 수자원의 81%를 보유하고 있고, 광활한 북부는 수자원이 크게 부족하다. 도시 지역 지하수의 90%, 강과 호수의 75%가 오염되었다는 점도 이슈다. 이런 이유로 중국 정부는 남북수조南北水調, 즉 남부 지역의 물을 북부의 공업 및 도시 지역에 공급하기 위한 수로사업을 추진하고 있다. 중국 공산당은 2011년 과제로 수리水利 문제를 제시하고, 향후 10년간 4조 위안을 투자할 계획이라 밝히고 있다.

인프라스트럭처 사업의 키워드: 스마트, 파이낸싱, 솔루션
인프라스트럭처 사업은 단순히 토목이나 엔지니어링 분야에 국한되지 않는다. 규모, 복잡도, 사회적 니즈 등이 다양해지면서 거대한 복합사업으로 발전하고 있다.

인프라 사업의 첫 번째 핵심 키워드는 '스마트'다. '스마트'란 IT 기술을 융합하여 똑똑하고 에너지와 환경에 대한 부하가 적은 인프라스트럭처를 만든다는 개념이다. 스마트시티(혹은 U-시티), 스마트그리드, ITSIntelligent Transportation System(지능형 교통 시스템) 등이 그 예가 되겠다. 이들의 공통적 지향점은 IT 기술을 적용해 스스로 사고하고 판단하는 미래형 인프라를 만드는 것이다.

스마트시티는 교통, 전력, 방범 등 다양한 도시 기능을 최적화·효율화하는 다소 종합적이고 추상적인 개념이다.[21] 반면 스마트그리드는 전력망의 지능화를 통해 부하 최적화를 달성하고 다양한 신에너지원에 대응하는 시스템을 만들겠다는 것으로, 대상과 범위의 구체성이 있다. 전력망의 노후화와 정전 등으로 인한 불편과 경제적 손실, 발전소 건설에 따른 추가 비용, 발전 과정의 온실가스 배출 문제 등 스마트그리드에서는 비용과 손익이 분명하다. 만약 미국이 스마트그리드를 도입한다면 2030년까지 화력발전소 66기에서 배출된 양만큼의 온실가스를 줄일 수 있다는 연구도 있다.[22] 이 때문에 스마트그리드는 선진국에서 가장 중요시하는 스마트인프라 기술의 하나다.

ITS는 도로에 다양한 센서를 이식해 차량과 도로, 차량과 운전자, 차량과 차량의 통신을 통해 도로혼잡을 효과적으로 제어하는 기술이다. 이 역시 에너지 효율을 높이고 혼잡에 따른 사회적 비용을 절감한다는 명확한 목표가 있다. 서울시정개발연구원에 따르면 서울의 교통혼잡 비용은 2007년 기준으로 7조 원에 달한다. 스마트 교통 인프라 설치의 경제적 인센티브가 충분하다는 이야기다. 그런데도 보급이 더딘 이유는 움직이는 자동차와 움직이지 않는 도로를 모두 지능화하지 않는 한 효과가 반감된다는 문제 때문이다. 특히 자동차는 연식이 다양해 일괄적으로 지능화하기가 어렵고 이동이 자유로워 국지적으로 시행해서는 큰 효과를 기대할 수 없다는 점도 한계로 작용한다.

인프라 사업의 두 번째 핵심 키워드는 파이낸싱이다. 투자수요는 많지만 자원부국을 제외하면 대부분의 국가가 재정적으로 여유롭지 못하기 때문이다. 아프리카 콩고의 수도 킨샤사는 1인당 예산이

---

21 스마트시티는 기존의 도시에 적용하기보다는 신흥 도시를 건설할 때 적용되는 경우가 많다. 이 때문에 중국이 가장 적극적으로 도입을 추진 중이다. 파이크 리서치(Pike Research)는 2020년까지 스마트시티 구축에 중국이 1,000억 달러 이상을 지출할 것으로 전망한다.
22 US Department of Energy (2010. 1). "The Smart Grid: An Estimation of the Energy and CO_2 Benefits".

1달러 수준에 불과하고, 나라 인구가 1,200만 명인 라고스도 1인당 예산이 3달러 수준이기 때문에 인프라 개발은 불가능에 가깝다. 따라서 국가가 공급해오던 인프라를 민간이 공급하는 형태로 바뀌고 있고, 이 경우 파이낸싱 등을 포함한 비즈니스 모델의 설계 능력이 사업의 관건이 된다. 근래 우리나라의 SOC 투자에 글로벌 금융기업들이 참여하는 것도 비슷한 맥락으로 이해할 수 있다.

최근 중동지역에서는 석유나 가스 자원을 바탕으로 한 인프라 개발이 활발하고, 아프리카에서는 코발트, 망간 등 광물자원 개발과 연계된 인프라 투자가 본격화되고 있다. 이런 맥락에서 보면 유가의 움직임이나 광물자원의 가격이 개도국 인프라 투자의 향방에 중요한 가늠자가 될 수 있겠다. 실제로 2003년과 2006년 사이 약 2.5조 달러 규모의 자원수출 대금이 자원소비국에서 14개의 자원 부국으로 이전되었다고 한다.[23] 이들 자금은 중동 등 자원부국의 인프라 및 산업설비 투자에 활용되었고, 이것이 제2의 중동 건설 붐을 만드는 동인이 되었다.

사우디아라비아는 2007년부터 2024년까지 약 6,000억 달러를 투입해 석유화학공장 등 대형 플랜트를 건설할 방침이며, 주거시설 및 사회 인프라 관련 투자에도 적극적이다. 중동 지역에서만 2007~2012년에 총액 기준 1.3조 달러에 달하는 2,000여 개의 건설 프로젝트가 진행 중이다.

인프라 사업의 마지막 키워드는 솔루션이다. 다양한 사업이 유기

---

23 김득갑 (2008. 5. 6). "자원시대에 어떻게 대응할 것인가?". 한국수출보험공사.

적 융합을 통해 하나의 솔루션을 제공해야 한다는 것이다. 특히 인프라 사업은 금융, 건설, 엔지니어링, 플랜트, IT, 기계 등이 융합된 종합 비즈니스이므로 다양한 산업군을 아우르는 세심한 모델 설계가 필요하다.

> ● **도시화가 예고하는 또 다른 유망사업**
> ☞ 안安 비즈니스 165쪽
> ☞ 도심형 서비스업 179쪽

기후변화와 신재생에너지 사업

기후변화는 세계적으로 가장 뜨거운 이슈 중 하나다. 여기에는 온난화, 화석연료 고갈, 이상기후 등 다양한 세부 안건들이 맞물려 있다. 이 문제를 바라보는 개도국과 선진국의 시각이 상반되고, 시민사회단체와 기업 역시 엇갈린 논점을 갖고 있다.

온난화 패러독스: 한랭화인가 온난화인가

1975년 4월 28일자 《뉴스위크》는 "차가워지는 세계the Cooling World"라는 커버스토리에서 지구의 온도가 낮아지는 한랭화를 경고했다. 이 기사에서 1945~1968년에 북반구의 지표면 평균온도가 0.28도 낮아졌고, 특히 1964~1972년에는 만년설 면적이 대폭 증가해 미국에 도달하는 태양광이 1.3%나 감소했다고 분석한다. 빙하기로 가는 여정의 6분의 1을 통과했다는 진단까지 덧붙였다. 가장 우려했던 것은 한랭화로 농업 생산량이 크게 줄고 이로 인해 기근이 발생할 수 있다는 점이었다. 한랭화로 영국의 작물재배 기간이 2주 정도 단축된다는 분석도 제시했다. 북극의 빙하에 검은 재를 덮어 얼음을 녹이자는 이색적인 주장이 등장하기도 했다.

지구온난화가 큰 문제로 부상한 요즘 시각에서 보면 엉터리 같은 이야기로 들리겠지만 불과 35년 전에 있었던 일이다. 그렇다면 지난 35년간 지구에 대체 무슨 일이 있었던 것인가. 한랭화 문제가 왜 지금은 온난화 문제로 바뀌어 전 지구가 몸살을 앓고 있는가.

지구온난화 문제에는 사실fact, 주장, 믿음이 혼란스럽게 뒤얽혀 있다. 자연과학, 경제학, 사회학, 정치학과 관련된 다양한 지식과 이론이 혼재되어 있기도 하다. 그중 두 가지 대조적 주장을 살펴보자. 우선 한쪽에는 지구인들이 자발적으로 소비를 줄여 온난화를 해결하자는 그룹이 있고, 또 한쪽에는 지구에 거대한 기구를 설치하거나 대류對流 조작을 통해 온도를 낮추자는 지구공학geoengineering적 입장이 있다.

화산 분출 가스인 이산화황을 성층권에 뿌려 지구 온도를 낮추자는 구상이 바로 지구공학적 입장의 한 사례다. 지구공학자들은 이 주장의 근거로 화산 폭발 시 지구에 큰 온도 변화가 있었다는 점을 들고 있다. 1815년 인도네시아의 탐보라 화산이 폭발했을 때 여름이 없었다고 할 정도로 지구의 기온이 낮았으며, 1991년 필리핀의 피나투보 화산이 폭발했을 때도 2년간 지구온도가 0.6도 낮아졌다는 것이다.

오존층 연구로 1995년에 노벨상을 받은 네덜란드 화학자 파울 크뤼천Paul Crutzen은 하늘에 닿는 굴뚝Chimney to the sky을 만들어 매년 지구에서 배출되는 2억t의 이산화황 중 10만t만 성층권에 뿌리면 온난화 문제를 해결할 수 있다고 주장한다. 수억 달러만 투자하면 온난화 문제가 해결된다는 것이다.

한편 지구는 자체적으로 안정화되는 경향이 있기 때문에 별로 걱정할 필요가 없다는 주장도 있다. 온난화가 남극의 빙하를 녹이면 철 성분이 바다로 유입되어 이곳에 식물성 플랑크톤이 번성하게 된다. 이 식물성 플랑크톤이 이산화탄소를 고착화해 온실가스 문제를 해결한다는 주장이다. 어느 주장이든지 극단에 가깝다.

온난화를 온도의 관점이 아닌 기후변화의 관점으로 보면 문제가 오히려 단순해질 수 있다. 지구의 온도가 장기적으로 오르거나 내리는 것에 초점을 맞추는 것이 아니라 기후의 변동성이 높아진다는 사실 자체에 주목하는 것이다. 전자의 경우는 앞서 살펴보았듯이 상당히 오랜 시간을 두고 관찰해야 하는 이슈이기 때문에 당장 피부에 와닿지 않을 수 있고, 예외 현상이 발생하면 논지 자체가 흐려질 가능성도 높다.[24] 반면 후자로 문제를 재정의하면 온난화나 한랭화 모두를 포괄하면서도, 현실적이고 대안이 필요한 이슈가 될 수 있다. 변동성이나 변화가 생기면 어떤 형태이건 대응이 필요하고, 거기에서 새로운 사업 기회를 만들어낼 수 있기 때문이다.

---

24 예를 들어 2010년과 2011년 겨울 한반도에는 28년 만에 가장 긴 기간인 39일 동안 평년 기온을 밑도는 한파가 있었다.

> ### 소 트림을 줄이는 기술 개발도 신사업
>
> 반추동물이 온난화의 주범이라는 가설도 있다. 이산화탄소보다 20배 이상 온실가스 효과를 가져오는 메탄이 반추동물, 특히 소가 트림할 때 공기 중으로 배출된다는 것이다. 이 때문에 소 트림을 12%만 줄여도 자동차 50만 대가 배출하는 온실가스를 절감하는 효과와 맞먹는다는 주장도 나오고 있다. 캐나다에서는 트림을 25% 줄이는 소를 개발했다고도 하고, 사료 회사들은 트림이 덜 나오는 사료 개발을 시도하고 있다는 이야기도 들린다.

점점 더 늘어나는 화석에너지 사용

기후변화의 원인으로 가장 크게 지목되는 것은 화석에너지 사용이다. 사용량을 줄이자는 목소리가 높지만, 이와 관련해서도 논란은 적지 않다. 우선 화석연료의 문제는 최근 급속히 이루어진 신흥국들의 산업화·도시화·인구 증가의 관점에서 들여다봐야 한다. 도시화와 산업화는 당연히 화석연료 사용을 증가시킬 수밖에 없고 이산화탄소를 비롯한 온실가스 배출 역시 크게 늘리기 때문이다.

우선 몇 가지 자료를 통해 에너지 이슈를 살펴보자. 현재 개도국은 전 세계 에너지의 52%를 소비하여 이미 OECD 총사용량을 추월했다. 특히 아시아 신흥국의 에너지 소비가 전체의 28%를 차지하는데 그 비중이 빠른 속도로 커지는 추세다. 이들 지역의 도시화, 소득 증가와 맥을 같이하는 것이다. 이는 에너지 사용 억제가 쉽게 해결되기 어려운 문제라는 뜻이기도 하다. 편차가 있기는 하지만

■ 도표 2-21 전 세계 에너지 소비량

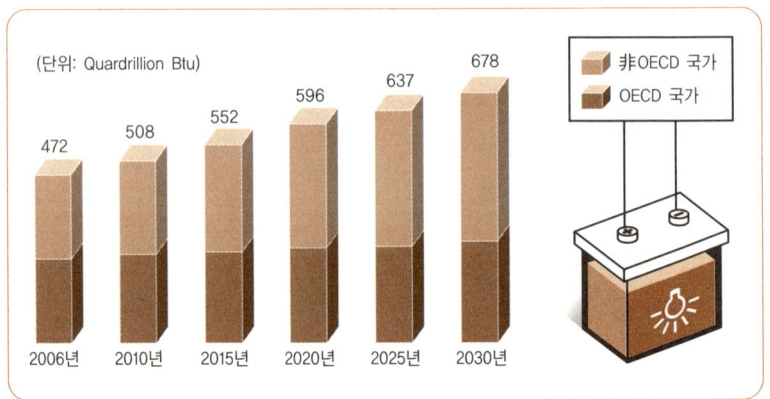

주: Quardrilion은 10¹⁵승으로 1,000조. Btu(British termal unit)는 물 1파운드의 온도를 1°F 올리는데 필요한 열량.
자료: EIA.

에너지 역시 물이나 전력과 마찬가지로 소득이 높아질수록 사용량도 늘어나는 패턴을 보이기 때문이다.

특히 제조업 비중이 높은 국가는 산업화 과정에서 에너지 사용량이 급격히 늘어나게 마련이다. 과거 우리나라가 그랬고, 현재는 중국이 비슷한 경로를 따르고 있다. 개도국의 1인당 에너지 소비가 현재 OECD의 절반 수준만 되더라도 미국과 유럽이 소비하는 석유의 7배에 해당하는 에너지가 추가로 필요하다고 한다. 어마어마한 에너지 수요가 생기는 것이다.

화석연료는 에너지원 자체로도 의미가 있지만 모든 소재산업의 기반이 되기 때문에 단기간에 화석연료 사용 제로인 경제체제로 전환하기란 불가능에 가깝다. 의류, 휴대폰, 안경 등 개인소지품의 70% 이상이 석유화학 기반 소재로 만들어지고, 자동차나 항공기 같은 제품도 화학 소재 비중이 10% 이상이다. 화학 소재 역시 소득

■ 도표 2-22 소득에 따른 나라별 에너지 소비

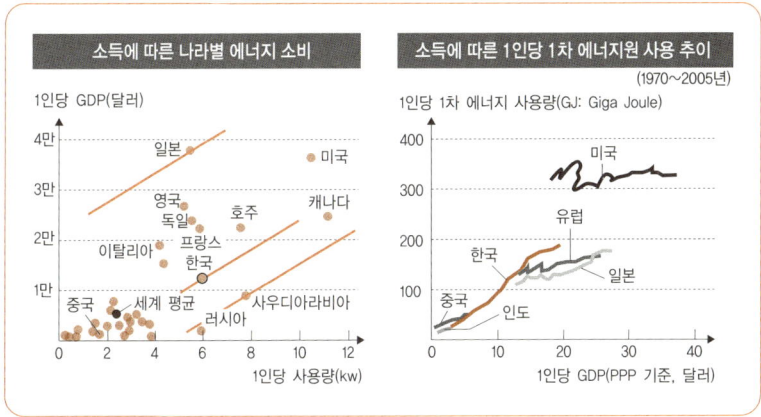

자료: 위키피디아를 참조해 작성.

이 늘어나면 사용량이 증가하는 패턴을 보인다. 고분자 화학 소재 소비량은 선진국이 1인당 100kg, 신흥국은 30kg 정도를 사용하고 있어 소득이 올라감에 따라 소재 또한 수요가 지속적으로 증가할 것이라 예상할 수 있다. 종합하면 화석연료는 단순한 에너지원 이상의 산업적 의미와 비중을 갖는다고 할 수 있다. 다만 에너지의 가격과 불안정성이 높아질 것이기 때문에 화석 에너지원의 대안기술은 지속적으로 핫이슈가 될 것이고 미래의 먹거리로 부상할 가능성 또한 매우 크다.

결국 문제는 편재성과 가격

화석 에너지와 관련된 또 다른 이슈는 고갈 여부이다. 결론부터 말하면 화석 에너지는 편재성偏在性과 높아지는 가격이 문제일 뿐 고갈 가능성은 상대적으로 낮아 보인다. 흔히 석유와 가스의 가채연

수可採年數는 통상 40~60년 정도로 추정한다. 그런데 석유의 가채연수는 지난 20년간 늘 40년으로 변함이 없었다. 채굴기술이 발전했기 때문이기도 하지만, 이와 함께 비전통적unconventional 화석연료의 경제적 개발이 이루어지고 있어서다.

현재 우리가 사용하는 석유는 전체 석유자원의 약 30%에 불과하다. 나머지 70%는 셰일오일shale oil, 오일샌드oil sand, 초중질유extra heavy oil 등의 비전통적 화석연료 형태로 부존되어 있다. 셰일오일은 2.8조~3.3조 배럴 정도가 매장되어 있고 이 가운데 절반이 넘는 1.5조~2.6조 배럴은 미국에 부존한다고 알려졌다.[25] 특히 미국이 세계 최대의 원유수입국 중 하나라는 점에서 원유 가격이 오르고 셰일오일의 채굴기술이 발전하면 원유시장에 미치는 영향력이 커질 수 있다.

IEA International Energy Agency에 따르면 중동 지역의 원유 채굴비용은 2008년 기준으로 배럴당 6~28달러 수준인 반면, 심해유전은 32~65달러, 초중질유나 오일샌드 채굴비용은 32~68달러, 셰일오일 채굴비용은 52~113달러 정도라고 한다. 특히 사우디아라비아에서는 배럴당 4~6달러 정도면 채굴이 가능해 세계에서 가장 경쟁력 있는 원유 생산국이다. 결국 유가의 향방이 비전통적 화석연료의 생산을 좌우한다 하겠다. 캐나다와 베네수엘라에 대량으로 매장된 오일샌드도 매장량이 3.6조 배럴 정도로 추정되고 있어 경제

---

25 이 수치는 부존량을 나타낸 것으로 생산 가능량은 원유가격과 기술수준에 따라 달라진다. 참고로 원유는 현재의 기술로 경제성 있게 채굴 가능한 매장량(proven oil reserves)이 1.35조 배럴 정도로 알려졌다. 이 중 사우디아라비아의 매장량이 약 20%를 차지하며, 중동 전체가 50% 이상을 점유한다.

대안 에너지원으로서 높은 잠재성을 지닌 셰일가스

셰일(Shale) 층에 포함된 천연가스인 셰일가스의 채굴기술이 상용화되면서 가스 가격에 변화가 일고 있다. 미국에서 천연가스는 가정난방의 51%, 전력생산의 24%를 담당할 정도로 중요한 연료다. 셰일가스 채굴로 2010년 미국의 가스 생산량은 1973년 이래 최대치를 보였으며, 가격도 2008년에 비해 70%가 하락할 정도로 조정되고 있다.

그동안 셰일가스 생산이 어려웠던 것은 수천 미터 지하에서 수평으로 뚫으면서(drilling) 채굴해야 하는 기술적 난이도 때문이었다. 비용과 주변의 환경오염 문제 등 다양한 이슈가 제기되고 있지만, 셰일가스가 기존(conventional) 에너지원의 대안이라는 점만은 분명해 보인다. 특히 에너지 다소비 지역과 매장지가 비슷하게 분포한다는 점에서 편재성을 완화할 에너지원으로서 잠재성이 높다고 할 수 있다.

전 세계 셰일가스 매장 지역

자료: 위키피디아를 참조해 작성.

■ 도표 2-23 기후변화의 대응 방향

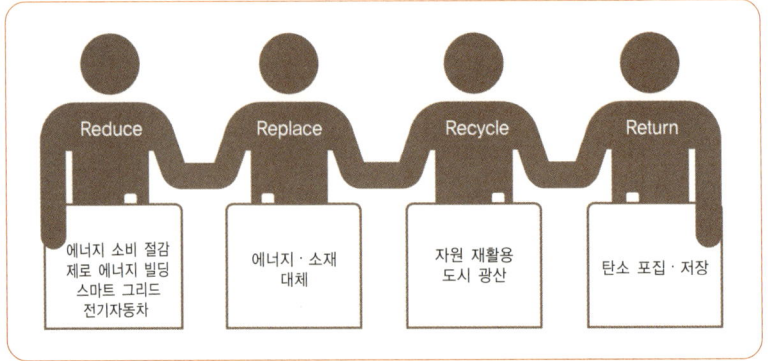

성만 확보된다면 잠재적 활용 가능성이 충분하다. 이 외에도 편재성이 적고 부존량이 많은 석탄을 청정화clean coal해 활용하는 방법 등이 있으니, 화석 에너지의 고갈 자체는 그다지 큰 이슈가 아니라고 판단된다.

이처럼 온난화 문제는 기후변화 문제로 보는 것이 좀 더 현실적이고, 화석 에너지 사용을 극단적으로 줄이기란 불가능에 가깝다. 다만 한 가지 분명한 사실은 기후변화의 원인이 무엇이든지 간에 화석 에너지의 가격 불안정성은 앞으로도 매우 커진다는 점이다. 사람들의 소득이 늘어나고 신흥국의 산업구조가 달라지면 에너지와 석유화학 소재의 수요 역시 지속적으로 늘어날 수밖에 없기 때문이다. 특히 인구 비중이 높은 신흥국의 거대한 잠재수요를 감안하면 앞으로도 가격은 오를 수밖에 없어 온난화와 무관하게 에너지 비용의 문제는 계속해서 산업계의 주요 화두가 될 것이다.

더불어, 현재 주에너지원의 편재성이 높기 때문에 각국의 에너지 안보도 한층 강화될 것이다. 즉 석유와 가스 같은 화석에너지원의 중동 및 러시아 의존을 줄이기 위해 다양한 노력이 가시화될 것이다. 결국 가격과 편재성에 대한 대응이라는 차원에서 보면 기후변화 이슈는 〈도표 2-23〉에서 나타난 대로 4R—줄이고Reduce, 대체하고Replace, 재생하고Recycle, 자연으로 되돌려주는Return—을 실현하는 과정에서 새로운 사업기회를 찾게 될 것이다.

신사업 3

신재생에너지
사업

기후변화와 관련해 가장 먼저 고려할 유망사업 분야는 신재생에너지사업이다. 가격도 불안하고 온실가스 배출의 주범이기도 한 화석연료를 무엇으로 대체하느냐가 핵심이다. 특히 전기와 운송용 에너지원으로 사용하고 있는 석유와 가스를 대신할 에너지원을 찾는 것이 관건이다.

가격경쟁력과 파이낸싱 능력이 관건

신재생에너지가 부상한 것은 1970년대 오일쇼크 이후다.[26] 석유 의존도를 줄이고자 태양광발전, 풍력, 연료전지 등 다양한 아이디어

---

[26] 일본은 1974년부터 범정부 차원의 선샤인 계획 등을 통해 지속적으로 신에너지원 관련 연구개발을 지원해왔다. 또 2차 오일쇼크가 발생하자 '문라이트' 계획을 추진해 에너지 사용의 효율화 및 절약 기술개발을 추진했다. 일본이 세계 최고의 에너지 효율을 달성하고 지속적으로 태양광발전 보조금을 지급하며 산업을 육성할 수 있었던 배경에는 이러한 정책이 기여한 바가 크다.

가 나왔다. 하지만 당시에 일었던 신재생에너지 붐은 유가 상승이 주요인이었기 때문에 유가가 하락하면 관심도도 급격히 식었다. 그러나 현재 일어나고 있는 신재생에너지에 대한 관심은 단순히 유가 문제만이 아니라 기후변화 문제까지 연계되어 있어 상황이 다르다. 게다가 유가의 급격한 하락 가능성도 높지 않아 향후에도 지속적으로 이슈가 될 가능성이 높다.

신재생에너지 사업의 가장 큰 문제는 정책 변수에 대한 의존성이 높다는 점이다. 자체적으로는 경제성이 낮기 때문에 정부의 정책 지원 및 규제 등에 의해 사업 여부가 결정된다는 것이다. 태양광에 대한 보조금 지급 유무에 따라 관련 시장이 극심한 요동을 보이는 것이 단적인 예다. 신재생에너지와 관련된 최근 이슈로 원자력과 정부의 지원 제도 변화에 주목할 필요가 있다.

온실가스 없는 에너지만 생각한다면 원자력도 중요한 대안이 될 수 있다. 에너지 생산 비용이 저렴하기 때문에 전력수요가 급증하는 개도국 입장에서는 매우 매력적인 대안이다. 원자력발전은 24시간 가동이 가능해 기저전력용으로 좋은 에너지원이다. 그러나 2011년 3·11 일본대지진으로 발생한 원자력발전 사고로 원자력이 정말로 경제적인가에 대한 논란이 일고 있다.

현재 원자력은 전 세계에서 440여 기가 가동되고 있으며, 전 세계 전력 생산의 16%를 담당한다. 프랑스는 전체 전력의 70% 이상을, 우리나라도 30% 정도를 원자력에 의존하고 있다. 지금도 약 100여 기 이상의 원자력발전소 건설이 계획 혹은 추진 중이지만, 최근 들어 원자력발전의 안전성에 대한 우려가 커지면서 일부 국가는 국가의 전력 포트폴리오에서 원자력 부문을 재검토하고 있다. 중국은 여전히 원자력발전을 확대한다는 계획이지만 유럽을 비롯해 일부 선진국에서는 풍력과 태양광 같은 신재생에너지를 더 확대하는 방향으로 정책을 전환할 가능성이 높다.

한편 신재생에너지 사업에 대한 정부의 지원 방식도 과거의 직접 지원 방식에서 의무할당제RPS, Renewable Portfolio Standard(발전사업자가 총발전량의 일정 비율을 신재생에너지로 충당하도록 의무화) 도입의 형태로 바뀌고 있다. 현재 우리나라의 신재생에너지 사용량은 전체 전력의 1~2% 수준이지만 2020년까지 8% 수준으로 점진 확대할 계획이다. 물론 이 수준은 영국의 20%나 미국 펜실베이니아 주의 18%에 비하면 상대적으로 낮은 수치다.

앞으로 신재생에너지에 대한 요구는 점점 높아질 것이 분명하고, 그렇게 되면 신재생에너지 중 가격경쟁력이 있는 에너지를 중심으로 보급이 확대될 가능성이 크다. 현재의 발전단가를 기준으로 보자면 육상풍력이 가장 저렴하고, 이어 해상풍력 그리고 태양광 순이다. 아직은 세 가지 모두 원자력에 비해서는 가격이 높지만 육상풍력은 석탄화력에 견줄 정도의 가격경쟁력을 갖춘 것으로 분석된다.

에너지 정책이 RPS로 바뀌면서 생겨난 또 하나의 이슈는 파이낸싱 능력이다. 발전사업은 투자원금 회수가 오래 걸리는 장기회임성 사업이고 신재생에너지 관련 사업체들의 자금여력 또한 한계가 있어 프로젝트 기반 파이낸싱을 통해 사업이 진행되는 경우가 많다. 특히 기존의 전력사업자 이외에도 다양한 신규 사업자가 전력시장에 진입하고 있어 앞으로는 효과적 파이낸싱 역량이 사업의 진행 여부를 결정하는 변수가 될 것으로 보인다.

신재생에너지 사업의 세 가지 딜레마: 품질·면적·입지

신재생에너지가 미래 유망사업이기는 하지만, 문제도 적지 않다. 이 말은 역으로, 그 '문제'를 해결하는 업체나 기술이 있다면 그들이 향후 신재생에너지 사업 분야를 주도할 수 있다는 이야기다.

첫 번째 문제는 신재생에너지의 낮은 품질이다. 현재 태양광과 풍력 모두 생산되는 전력의 품질은 원자력이나 화력에 크게 못 미친다. 극단적으로 말하면, 필요할 때는 전력생산이 안 되고 불필요할 때는 전력이 과도하게 생산된다. 예측 가능성도 매우 떨어진다. 안정적 공급이 필수인 전력 인프라에는 걸맞지 않은 것이다. 이 때문에 신재생에너지는 전체 전력량의 일정 부분 이상을 담당하기에는 아직 부족함이 많다고 볼 수 있다. 이런 상황에서 과도하게 신재생에너지에 의존하다가는 자칫 전체 전력망에 문제가 발생할 수 있다. 따라서 현재로서는 원자력 등을 기저전력으로 활용하고 화력(가스발전)이나 신재생에너지를 통해 피크전력에 대응하는 체계로 운영하는 것이 유일한 대안이다.

나중에 다시 언급하겠지만, 신재생에너지의 전력생산이 아직 불안정하고 품질도 낮아 이에 대한 대응으로 등장한 것이 바로 에너지 저장 관련 사업이다. 배터리나 압축공기를 통해 에너지를 저장하는 방법 등 다양한 신기술이 제안되고 있다.

두 번째 문제는 신재생에너지 사업이 대체로 '면적 비즈니스'라는 점이다. 풍력, 태양광, 바이오연료 모두 생산량을 늘리려면 그만큼 넓은 땅이 있어야 한다. 땅은 곧 비용을 의미한다. 통상 산출량에 비례해 투입이 점점 늘어나는 사업은 매력도가 떨어진다. 규모에 의한 효과가 상대적으로 적기 때문이다. 사막 지역처럼 다른 용도로 전용이 어려운 대규모 용지를 확보하고 있다면 괜찮겠지만 그렇지 않은 경우에는 규모를 늘리는 순간 그것이 바로 비용과 연계된다. 도포coating 방식을 사용한 태양광발전이나 해상풍력 혹은 조류를 활용한 바이오연료 등이 면적 비즈니스 문제를 해결할 대안으로 고려된다.

마지막 문제는 '입지'다. 신재생에너지는 화석연료에 비해 편재성이 작지만, 그렇다고 해도 여전히 입지 문제가 남는다. 예컨대 바이오연료의 생산성은 열대 지역으로 갈수록 크게 증가한다. 태양광도 사막이 유리하고, 풍력도 바람의 세기와 지속성에 영향을 받기 때문에 입지 문제를 고려해야 한다. 한반도처럼 작은 땅 안에서도 지역별 편차가 크다. 입지 문제가 있다는 것은 시장 확대에 제한이 있다는 의미다. 특히 기존에 발전소가 있던 지역과는 완전히 다른 곳에서 에너지가 생산되면 송전의 문제가 뒤따른다. 영국의 해상풍력 발전은 수십 내지 수백 킬로미터 거리를 송전망으로 연결해야 하고 미국의 사막에 설치된 태양광이나 풍력도 기존의 그리드망과 연결하려면 대규모의 전력망 투자가 필요하다.

이처럼 신재생에너지에는 여러 문제가 산적해 있다. 그러나 이러한 문제는 역으로 새로운 사업기회가 될 수 있다. 생산지와 수요지가 다르다는 것은 전선의 수요가 늘어난다는 것이고, 에너지 생산의 불규칙성은 에너지 저장 비즈니스가 새롭게 부상할 수 있다는

■ 도표 2-24 스페인 마드리드의 텔레포니카 본사의 비즈니스 파크 컴플렉스

자료: Http://www.pvdatabase.org/projects_view_detailsmore.php?ID=298

의미다. 결국 이 딜레마를 해결하는 것이 신재생에너지 사업에서 주도권을 잡는 길이다.

기술혁신이 필요한 태양광·풍력 에너지

화력발전소를 대신해 전기를 생산하는 대안으로 가장 많이 거론되는 것이 풍력이나 태양광이다. 그러나 이 두 가지 모두 현재 수준 이상의 획기적 기술혁신이 필요하다. 우선 태양광은 비용을 줄이고 장소 의존도를 낮추는 방향의 혁신이 필요하다.

최근 활발히 기술개발이 이루어지고 있는 박막형 혹은 유기형 태양전지가 그 예가 되겠다. 또 벽에 페인트처럼 도포해서 에너지를 생산할 수 있다면 적어도 장소가 수반하는 비용(대규모 땅) 문제는 어느 정도 해소할 수 있다. 건물을 지을 때 태양광 모듈을 건축물 외장재로 사용하는 건물일체형 태양광발전 시스템 BIPV, Building Integrated Photovoltaic 도 가능하다. 이를테면 건물 자체가 태양광발전

사하라에서 에너지를 생산하는 데저텍 산업 이니셔티브

유럽에서 구상 중인 데저텍 이니셔티브(Desertec Industrial Initiative)는 2050년까지 4,000억 유로를 투입해 중동 및 북아프리카, 이른바 MENA(Middle East and North Africa) 지역에 CSP(Concentrated Solar Power), 즉 태양열과 태양광·풍력 발전소를 건립해 EU 소비 전력의 15%를 충당한다는 구상이다. 아직 사업이 본격화하지는 않았지만 지멘스와 도이체방크, ABB 등 유럽의 12개 기업이 파트너로 참여한 컨소시엄이 구성되어 2012년까지 4개의 250MW급, 즉 총 1GW급의 시범 프로젝트를 통해 경제성과 기술적 타당성을 검토할 예정이라고 한다. 이 프로젝트가 본격 진행된다면 아프리카와 유럽 간의 전력 계통이 연계되어야 하므로 송전선 등 그리드 망에 대한 수요 증가도 예상할 수 있다. 여러 가지 형태로 새로운 비즈니스가 파생될 가능성이 크다.

소가 되는 것이다.

　풍력발전은 다른 신재생에너지에 비해 원가가 상당히 낮아 화력발전에 견줄 정도로 경쟁력이 있다. 그동안에는 육상을 중심으로 풍력발전이 이루어졌으나 앞으로는 해상풍력offshore 쪽으로 더 많은 기술혁신이 일어나야 한다. 육상풍력의 경우 장소 제한이 크고 일부에서는 환경 문제도 제기되기 때문이다. 해상풍력도 환경오염 논란이 있기는 하지만 바람의 질이라는 면에서 좀 더 뛰어난 입지를 확보할 수 있다는 장점이 있다. 물론 대륙국가인 미국, 캐나다, 중국은 여전히 육상풍력의 잠재력이 크다.

■ 도표 2-25 유럽의 주요 해상풍력사업 동향

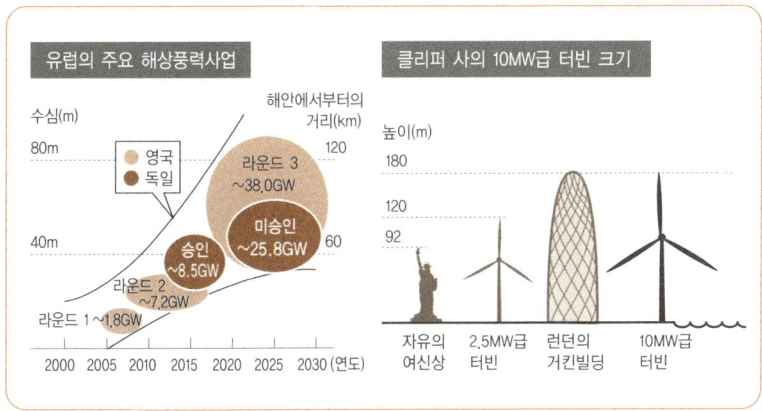

자료: KPMG (2010). Offshore Wind in Europe; www.rechargenews.com.

해상풍력을 공격적으로 확대하는 대표적 사례는 영국이다. 〈도표 2-25〉를 보면 영국은 라운드 1, 2를 통해 9GW, 라운드 3에서는 38GW를 풍력으로 조달하겠다는 계획을 갖고 있다. 원자력 발전소 38기에 달하는 거대 규모이다. 그것도 근해가 아니라 육지로부터 100km 이상 떨어진 곳에 발전소를 세워 육지로 송전하겠다는 구상이다. 그러려면 10MW급 풍차를 설치한다고 해도 3,800개가 필요하다.

그러면 10MW급 풍차는 얼마나 클까. 현재 실험 중인 10MW급 풍차는 높이가 180m, 날개 길이가 80m, 회전하는 원의 지름이 160m다. '자유의 여신상'의 높이 92m를 2배나 뛰어넘는 크기로, 아파트로 치면 60층 높이에 해당한다. 원해에서 수십 년간 거친 바람 속에서 고장 없이 전력을 생산해야 한다고 생각하면 설치·운용·유지 모두가 쉽지 않다. 이런 면에서 해상풍력은 고도의 엔지니어

링과 기계기술이 결합되어야 하는 결정체로 볼 수 있다. GE와 지멘스 등 글로벌 메이저 기업들이 해상풍력사업을 주도하는 이유다.

바이오연료가 석유를 대체하기 위한 조건
전력용이 아닌 운송용 신재생에너지로 가장 많이 언급되는 것이 바이오연료다. 바이오연료는 옥수수나 사탕수수 혹은 팜유 같은 식물성 작물을 통해 연료를 생산하는 것이다.

이 또한 많은 논란을 낳고 있다. 식량을 사용해 연료를 생산하기 때문에 곡물가격이 치솟아 저소득층의 생활을 더욱 어렵게 한다는 우려에서부터, 바이오연료를 생산하기 위해 열대 우림을 개간해야 하므로 이로 인해 오히려 탄소 배출이 늘어난다는 주장까지 다양하다. 또 유럽에서 사용할 바이오연료를 생산하기 위해 동남아 열대 우림을 개간하면, 물이 빠지면서 그동안 습지 상태로 보존되었던 이탄층(泥炭層: 지하에서 흘러나오는 물 때문에 죽은 식물이 썩지 않고 쌓인 곳)에서 다량의 매탄煤炭이 나오게 되고, 이것이 오히려 지구온난화에 악영향을 끼친다는 주장도 있다.

물론 갈대나 나무 등을 사용한 2세대 기술을 사용할 수 있지만, 어느 경우든 바이오연료 기술은 경제성 관점에서 몇 가지 문제가 있다. 가장 큰 문제가 생산주기reproduction cycle다. 식물을 기반으로 하는 사업이라 아무리 다모작을 해도 생산주기가 길어질 수밖에 없다. 제조업과 비교하면 너무나 차이가 극명하다. 또한 날씨나 기후조건도 변수가 된다. 이런 측면에서 식물 기반의 바이오연료가 기존의 화석연료 대안이 되기에는 아무래도 역부족인 듯하다.

또 바이오연료사업 역시 '면적 비즈니스'이기 때문에 생산량을 늘리려면 면적을 늘려야 한다. 산출을 늘리면 비용도 비슷하게 상승한다는 이야기다. 특히 면적이 늘어나면 수확과 운송의 어려움이 생기고, 에너지 생산을 위해 에너지 소비가 더 늘어나는 역설도 발생한다. 이런 이유로 현재 1세대 혹은 2세대 바이오연료는 화석연료를 대체하기 위한 궁극의 대안이라기보다는 제한된 범위 내에서만 사용될 소지가 크다.

그런데 최근 차세대 바이오연료의 대안으로 주목받는 것이 바로 조류algae 기술이다. 물론 이 역시 대량생산을 위한 새로운 차원의 기술혁신이 필요하다. 기존의 바이오연료가 갖는 면적 및 생산주기 문제를 해결해야 한다는 것이다. 장소 문제를 해결하는 구체적인 방법도 고려되어야 한다.

한곳에서 연속 공정을 통해 대량으로 생산할 수 있다면 미래에는 바이오연료가 석유나 가스를 대신해 운송용 연료로 쓰일 수 있고 특히 소재 문제를 해결할 유일한 대안이 될 수 있다. 석유화학 기반 소재에서 바이오 기반 소재로 부분적이나마 대체가 가능해진다는 것이다.

바이오연료의 새로운 대안으로 떠오른 조류

풍력이나 태양광이 전력 문제에 대안이 될 수 있다 해도 석유화학에서 파생되는 다양한 소재와 운송용 에너지원은 여전히 화석연료에 의존할 수밖에 없다. 이에 대한 대안으로 자주 언급되는 것이 조류(algae)다. 조류는 여러 측면에서 미래기술로서 적합성이 있다. 우선 현재 바이오연료에서 논란이 되는 윤리적 문제가 거의 발생하지 않는다. 식량을 연료로 전용하는 게 아니기 때문이다. 또한 부지 제약도 적다. 바이오연료처럼 농경지가 필요하지 않고 사막 등 활용도가 낮은 땅에서도 생산이 가능하다.

사실 조류가 주목받는 이유는 무엇보다도 생산성 때문이다. 조류는 번식 속도가 엄청나게 빨라 기존 농작물과는 비교할 수 없을 정도로 생산성이 높다. 1ac(에이커)당 바이오 원유 생산량을 보면 옥수수가 18gal(갤런), 콩이 48gal인 반면 미세조류는 1,292gal이다. 옥수수보다 70배 넘는 생산량을 보이는 것이다. 특히 종자 개량 등을 통해 지금보다 획기적으로 많은 연료 생산도 가능하다. 애리조나 주의 14%만 활용해도 미국에서 쓰는 운송용 연료를 충당할 수 있다는 분석도 있다.

또 다른 장점으로는 밀폐형 반응기를 통한 연속 공정이 가능하다는 것이다. 작물을 재배하고 수확해서 연료를 생산하는 게 아니라 공장에서 연료를 연속 생산하는 일이 가능해진다는 이야기다. 기존 바이오연료의 한계로 지적된 모작 개념이 사라질 수 있게 된다. 바이오연료의 생산 패러다임을 근원적으로 바꿀 수 있는 방식이다.

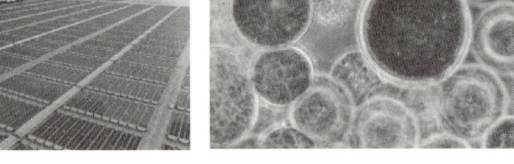

자료: http://inhabitat.com

더구나 조류는 1t당 이산화탄소 1.83t을 소비하기 때문에 온실가스 문제 해결책으로도 유용하기 때문에 폐수처리장, 발전소, 화학플랜트와 연계하는 방안도 제안되고 있다. 그러나 현재 조류를 활용한 바이오연료 생산은 아직 실험실 단계다. BP 등 일부 기업이 조류를 연구하는 바이오벤처 투자 등을 통해 상업화 가능성을 검증하고 있다.

● **기후변화가 예고하는 또 다른 유망사업**
☞ 에너지 효율화 사업 191쪽
☞ 식량 비즈니스 208쪽

3부
THE CHANGE

발상의 전환이 만드는
유망사업 여섯 가지

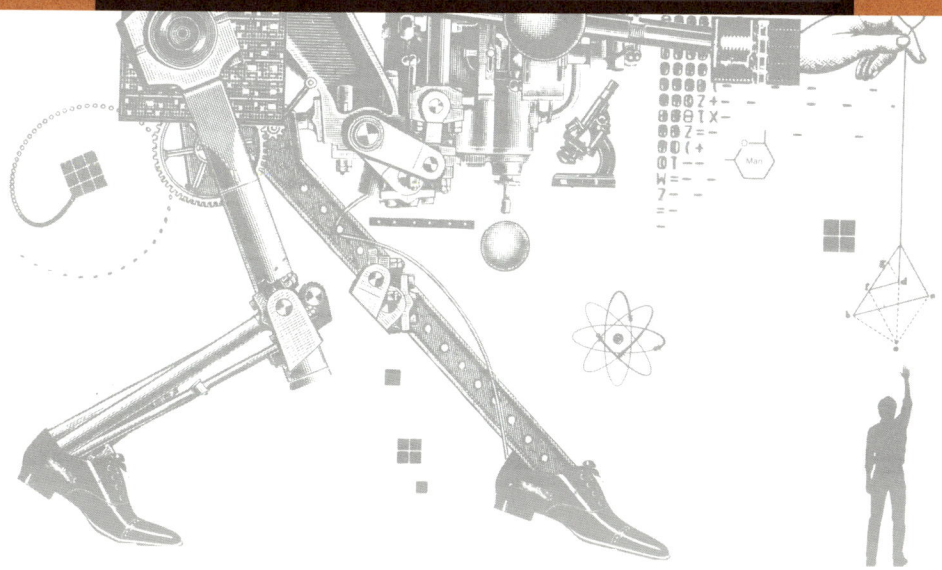

메가트렌드는 유망사업의 **창고**

메가트렌드는 미래의 질서에 대한 이야기다. 질서는 대개 비가역적이다. 역행하지 않고 한 방향으로만 흘러간다. 그렇기 때문에 비즈니스 관점에서 의미가 큰 것이고, 산업의 변화를 만들어낼 수 있는 것이다. 또 장기적으로 보면 사회 시스템이나 인식의 변화까지 요구한다. 메가트렌드만 잘 포착해도 큰 맥락에서 미래 유망사업을 찾을 수 있다는 뜻이다.

메가트렌드는 작은 변화들이 모여 만든 큰 흐름이라 할 수 있다. 따라서 메가트렌드의 이면을 찬찬히 들여다보면 수십 수백 가지의 변화가 숨어 있다. 거대한 강의 상류로 거슬러 올라갈수록 수많은 소하천과 지류가 나타나고, 그 지류의 끝이 다시 또 다른 계곡으로 이어지는 것과 마찬가지다. 앞서 유망사업이란 변화를 비즈니스 아이디어로 만들어가는 과정이라고 해석한 바 있다. 메가트렌드가 미래산업의 기준점이 된다면 메가트렌드의 지류에서 나타나는 변화들도 사업기회가 된다.

따라서 3부에서는 새롭게 볼 여섯 가지 미래 유망사업에 대해 논의할 것이다. 우선 인구구조의 변화와 관련된 신사업으로 에이징 솔루션과 1~2인 가구 대응 사업을 들 수 있다. 다소 생소한 분야일 수도 있지만 건강을 유지해주는 사업이 유망하고, 가구구조의 변화 또한 새로운 사업기회를 만들어준다는 것이 핵심이다. 두 번째 트렌드인 도시화는 안安 비즈니스와 도심형 서비스업으로 연계된다. 안 비즈니스란 말 그대로 도시화로 인해 심화되는 다양한 불안과 역기능을 억제해주는 사업을 말한다. 마지막 트렌드인 기후변화는 에너지 효율화 사업과 식량 비즈니스를 유망하게 만들 전망이다. 특히 식량은 물 문제, 기후 문제, 인구 문제, 도시화 등과 동시에 연계된 중요한 이슈다.

이러한 여섯 가지 사업기회는 앞서 살펴본 세 가지 메가트렌드 사업과는 다소 상이한 특성이 있다. 헬스케어, 인프라스트럭처, 신재생에너지 등이 고도의 기술력과 대규모 자본을 필요로 하는 사업이라면 3부에서 논의하는 사업들은 발상이나 비즈니스 모델 설계가 더 중요하다. 그렇다고 기술이나 자본이 필요 없다는 것은 아니지만, 획기적 기술혁신이 없어도 당장 작게나마 비즈니스를 창출할 수 있다는 것이다. 더욱이 지금 하고 있는 사업에 여기서 제시하고 있는 아이디어를 접목해 얼마든지 새로운 사업을 만들어낼 수 있다. 여기서 다루는 여섯 가지 사업은 메가트렌드가 낳을 수많은 유망사업의 일부에 불과하다. 별도 지면으로 구성한 ⟨idea+@⟩

■ 도표 3-1 3대 메가트렌드와 새로운 유망사업

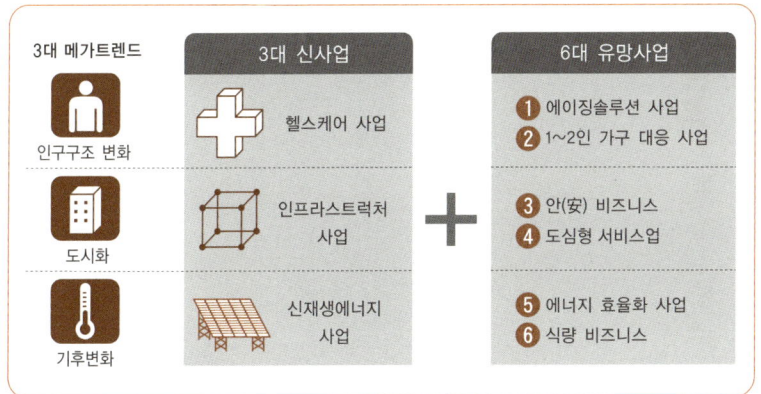

를 통해 발상의 전환이 만들어내는 무궁무진한 유망사업 아이디어를 소개했다. 매 순간의 변화를 제대로 인지한다면 수많은 유망사업을 창출할 수 있을 것이다.

건강한 장수를 꿈꾼다
에이징솔루션 사업

인간의 수명이 길어지면서 생기는 또 다른 거대사업 분야가 에이징솔루션aging solution이다. 고령화가 진행될수록 건강한 삶에 대한 욕구는 점점 커진다. 사람들은 언제부턴가 '얼마나 오래 사느냐'가 아니라 '어떻게 건강하게 오래 사느냐'에 더 많은 관심을 보이기 시작했다. 여기에 에이징솔루션 사업의 포인트가 있다.

'삶의 질'에 대한 관심이 만드는 새로운 사업기회

세계보건기구WHO 자료에 의하면 대부분의 국가에서 기대수명과 건강수명(건강을 유지하는 수명) 간에는 8년 내외의 차이가 있는 것으로 나타난다. 우리나라도 2008년 기준으로 기대수명은 80세이지만 건강수명은 71세로 9년의 차이가 있다. 이 9년 동안은 건강을 유지하면서 살기가 대체로 어렵다는 뜻이다.

한국보건의료연구원은 2010년 11월에 실시한 〈삶의 질을 반영한 수명연장의 가치QALY, Quality Adjusted Life Years〉라는 연구조사에서 "당신이 건강한 상태로 1년을 더 살 수 있다면 얼마만큼의 돈을 지출할 용의가 있는가?"라는 질문을 한 적이 있다. 사람에 따라 편차가 있지만, 대략 440만 원에서 1억 원 이상을 지불할 용의가 있다는 답변이었다. 건강을 유지시켜주는, '삶의 질'과 관련된 비즈니스가 있다면 그 전망이 상당히 밝다는 이야기다.

질병은 그 성격에 따라 치명적인 것과 치명적이지는 않지만 삶의 질을 해치는 것으로 구분된다. 치명적인 질병에도 죽음에 이르게 하는 암 같은 것이 있는가 하면, 치매나 신경통 혹은 관절염처럼 바로 죽음에 이르지는 않지만 오랜 시간 큰 고통을 수반하는 질병이 있다. 또 수면장애, 스트레스, 피로 혹은 알레르기나 다이어트같이 귀찮거나 의욕을 잃게 만드는 것도 있다. 생명에 직접적 영향을 주지는 않지만 일상생활에서 불편을 야기하는 것들이다.

이렇듯 삶의 질 관점에서 볼 때 질병의 스펙트럼은 매우 넓다. 꼭 죽음에 이르도록 치명적이지는 않더라도 질병이란 어떤 형태로든 장기간 개개인의 삶의 질에 부정적 영향을 준다. 이미 메가트렌드로 나타나고 있는 빠르고 심각한 고령화는 오랫동안 지속적으로 노년층의 삶의 질을 악화시킬 가능성이 높으므로 더욱 주목하게 한다. 결국 삶의 질과 직결된 '건강한 장수'에서 사업기회를 찾아봐야 한다는 것이다.

에이징솔루션 사업이란 신체기능의 강화를 포함해 노화를 조절하고 막아주는 분야의 비즈니스라고 정의할 수 있다. 그래서 에이징 사업의 1차 타깃은 노년층이다. 특히 활동이 많은, 이른바 액티브 시니어Active Senior(경제력과 활동성을 겸비한 50대 이상의 중·노년층) 계층이 주 대상이다. 그러나 최근 노화 문제는 비단 고령층만의 관심사가 아니다. 동안童顏 열풍에서 알 수 있듯 젊은 층에게도 나이와 관련된 이슈는 큰 관심사로 떠오르고 있다. 에이징 사업이 전 세대로 확장될 수 있으리라 예상되는 대목이다.

이런 맥락에서 에이징솔루션 사업은 무궁무진한 아이디어가 나올 수 있는 분야다. 사업 아이디어 창출을 위해서는 우선 누구를 대상으로 할 것인가를 고민해야 한다. 건강한 고객을 대상으로 할 것인지 아니면 노약자나 장애인 등 삶의 질 차원에서 보다 니즈가 분명한 계층을 타깃으로 할 것인지에 따라 상이한 사업 아이디어가 나온다. 또 한편으로는 어떤 제품이나 서비스를 제공할까 하는 관점으로 접근할 수도 있다. 예를 들어 신체를 기준으로 해서 그 안과 밖으로 나눌 수 있다. 이를 조합하면 〈도표 3-2〉에서와 같이 네 가지의 에이징솔루션 사업 아이디어가 도출된다. 이들 각각의 영역에는 고유한 목적과 지향점이 있다. 즉 생활의 불편함을 해소하는 것일 수도 있고, 신체기능의 약화를 막아주는 것 혹은 자립 생활을 가능하게 만들어주는 것 등이 될 수도 있다.

기술로 노화와 장애를 극복하게 해주는 기능보조장치 사업

에이징솔루션 사업의 대표 사례로 기능보조장치Aids 관련 비즈니스를 생각해보자. 기능보조장치란 신체에 부착해 불편한 부분을 해소해주거나 사람이 지니는 능력 이상을 발휘할 수 있게 해주는 것

■ 도표 3-2 다양한 에이징솔루션 예시

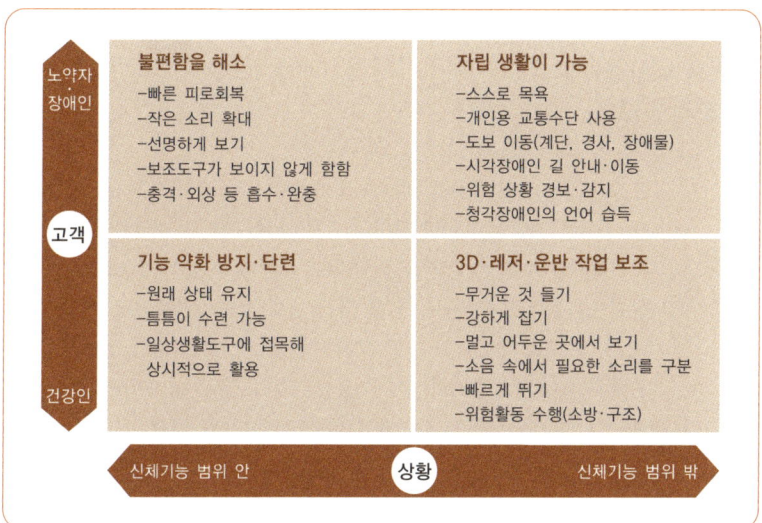

을 말한다. 난청을 해결해주는 보청기가 그 예다. 또한 걸음을 용이하게 해주는 근력보완장치나 당뇨나 신부전 등 만성질환을 관리하는 장치도 사업화할 수 있다. IT, 로봇, 센서, MEMS Micro Electro Mechanical Systems(미세 전자기계 시스템) 기술 등을 활용한다면 어렸을 적 TV에서 본 〈소머즈〉나 〈600만 달러의 사나이〉처럼 변신할 수도 있게 된다. 현재 전 세계적으로 수족장애를 가진 사람의 수가 1,000만 명 이상이고, 난청 환자만 해도 5억 6,000만 명으로 추정된다.[27] 고령인구의 증가를 감안하면 사업 대상 인구는 지속적으로 늘어날 수밖에 없다.

　기능보조장치가 고령자나 신체에 불편함이 있는 사람만을 대상

---

[27] 우리나라의 경우 청각장애자 수는 약 500만 명으로 추정된다. 인구의 10% 이상이 청각과 관련된 장애가 있다는 이야기다. 특히 MP3 사용이 늘어나면서 청소년의 청각장애도 이슈가 되고 있다.

〈소머즈〉와 〈600만 달러의 사나이〉로 본 기능보조장치 사업

1974년 미국에서 제작되어 큰 인기를 모은 TV 시리즈 〈600만 달러의 사나이〉. 우주비행사 출신 주인공이 사고로 한쪽 눈과 팔다리를 잃자 초능력을 발휘할 수 있는 기기를 이식한다. 야간투시와 주밍(zooming)이 가능한 눈, 강철도 구부리는 힘을 가진 팔 그리고 초고속으로 달리거나 높은 점프가 가능한 다리 등. 이식 비용으로 총 600만 달러가 들었다 해서 붙여진 이름이다. 소머즈는 두 다리, 한쪽 팔, 귀를 기계로 대체했다. 600만 달러의 사나이와 차별되는 능력은 청각기능이다. 지금으로부터 40여 년 전의 상상이지만 현재 이루어진 기술혁신으로 보면 실현 불가능한 이야기는 아니다. 예를 들어 2009년 《타임》이 선정한 50대 발명품에는 목재 뼈(wooden bones)가 포함되었다. 참나무 소재로 만든 이 뼈를 몸에 이식하면 인체 거부반응 없이 뼈 구성 물질이 침투되어 일주일 정도면 기존의 뼈 기능을 수행한다고 한다. 기계를 생체에 이식해 능력을 보완하거나 기능을 수행하게 하는 바이오닉스 기술이 상상에 그치지 않고 현실로 이루어지는 것이다. TV 시리즈에서는 악당을 물리치는 데 바이오닉스 기술이 사용되었지만 앞으로는 사람의 능력을 한 차원 높이는 도구로 대중화할 가능성이 크다.

으로 하는 것은 아니다. 최근 미군에서는 이러한 기술을 병사들에게 적용해 무거운 짐을 쉽게 운반하거나 전투 능력을 배가하는 용도로 사용하기 시작했다. 예를 들어 록히드마틴 사가 개발한 로봇 슈트를 입으면 병사들이 100kg의 군장을 맨 채 작전을 수행할 수 있다고 한다.

일본 쓰쿠바 대학도 환자용 보행보조장치 기술을 적용한 제품을 개발하고, 이를 사업화하기 위한 비즈니스 개발에 나서고 있다. 교내 벤처인 사이버다인Cyberdyne 사가 제작한 '할HAL, Hybrid Assistive Limb'은 뇌졸중 환자의 피부 표면에서 일어나는 미세한 전기 신호를 로봇 신호로 바꾸어 환자 스스로 움직일 수 있게 하는 로봇슈트다. 아직은 초기 연구 단계지만 월 15만 엔에 임대하는 형태로 비즈니스 모델을 개발 중이라고 한다. 로봇은 아니지만 전동휠체어, 전동침대 등을 이용해 활동 영역을 넓히도록 돕는 것도 광의의 기능보조장치 사업으로 볼 수 있다.

더 젊게 살고 싶은 꿈, 안티에이징 사업

에이징솔루션의 두 번째 유망 분야는 안티에이징이다. 요즘 방송 프로그램에서는 동안 열풍이 한창이다. 연령대에 관계없이 '어려 보이는 것'을 추구하고, 그 일에 돈과 시간을 쓴다. 얼굴만이 아니라 머리, 피부, 체형까지 조금이라도 더 젊어 보이려고 다양한 방법을 찾아 공유한다. 급격히 성장하고 있는 노화 방지 화장품 시장이나 스파·에스테틱 사업이 대표적 예가 되겠다. 특히 자외선차단제나 주름개선제 같은 기능성 화장품은 전체 화장품시장의 25%를 차지하며 연 24% 정도의 고성장을 하고 있다.

초고가의 안티에이징 클리닉도 성황을 이루고 있다. 라프레리La Prairie 안티에이징 클리닉 같은 경우 일주일에 2,000만 원 정도의 비용이 드는데도 불구하고 대기를 해야 할 정도로 많은 고객이 몰리고 있다고 한다.

최근에는 보다 적극적인 방법, 즉 성형이나 줄기세포를 통한 노

라프레리 클리닉의 안티에이징 비즈니스

라프레리 클리닉은 세포 치료의 선구자 폴 니한스(Paul Niehans) 교수가 1931년 스위스에 설립한 노화 전문 클리닉이다. 품격 있는 노화를 표방하며 재활성화에서 건강검진, 정신건강, 에스테틱, 체중관리 등 다양한 프로그램을 운영 중이다. 여기에 스파나 미용 분야를 연계해 숙박하며 노화 관리를 받도록 하고 있다. 대부분의 프로그램이 개인 맞춤형으로 제공되는데, 4박 5일 건강검진에만 1인당 최저 1만 유로 이상의 비용이 들고 6박 7일의 재활성화 프로그램은 최하 가격이 2만 유로에 달한다고 한다.

자료: http://www.laprairie.ch/en

화방지 시술도 어렵지 않게 찾아볼 수 있다. 가격의 높고낮음에 상관없이 많은 사람이 젊음을 유지하는 기술·제품·서비스에 투자하고 있는 것이다.

질병의 원인을 공략해 제거하라

아프기 전에 주의하라는 말이 있다. 병이 생기기 전에 예방하라는 것이다. 이런 의미에서 헬스케어 사업의 새로운 조류로 부상하는 것이 건강관리사업이다. 즉 건강한 상태를 유지시켜 질병으로부터 보호해주는 사업이 각광받고 있다.

질병의 원인은 다양하지만 크게는 유전적 요인과 환경 그리고 섭생과 습관 등을 꼽을 수 있다. 이 각각의 요인을 관리하는 것이 넓은 의미의 건강관리사업이다. 이 가운데 유전적·환경적 측면은 사실상 개인이 조절하기가 어렵다. 결국 건강관리의 핵심은 섭생이나 습관이고, 따라서 헬스케어 사업이 주목해야 할 부분도 그것이다.

섭생은 물, 공기, 음식 등 사람들이 섭취하는 것과 관련된 이슈로, 깨끗한 물과 공기와 음식을 섭취해 건강을 관리하자는 것이다. 이와 관련된 사업으로는 정수기나 병입수, 공기청정기 분야가 있

■ 도표 3-3 주요 질병의 원인과 위해 요인

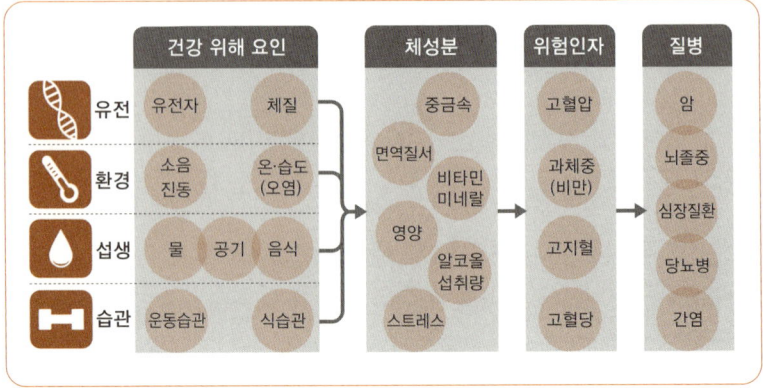

자료: 삼성경제연구소.

다. 모두 오염된 물과 공기를 정화해 섭취한다는 개념이다.

넣어두기만 해도 잔류 농약이 제거되는 냉장고

그런데 음식물의 오염을 막아주는 솔루션은 아직 많지 않다. 농식품, 육류, 과일 등 최근의 먹거리 관련 이슈들을 보자면 원산지 문제에서 잔류 농약 여부, 조리 및 보관 과정 등에 대한 불신 정도가 매우 높다. 현재 수준에서 생각할 수 있는 솔루션은 RFID Radio Frequency Identification 등을 이용한 농산물 이력 추적이나 친환경 마크 부착 등이다. 하지만 대개의 경우 소비자들은 최종 소비 단계에서 오염이나 건강 위해 요인이 없기를 바란다. 수돗물이 안전하다고 아무리 강조해도 정수기를 따로 사용하는 것과 마찬가지 심리다.

 이런 상상을 해보자. 채소를 넣어두기만 해도 두세 시간 만에 잔류 농약이 제거되는 냉장고가 나온다면? 원산지를 정확히 알려주는 서비스가 휴대폰으로 제공된다면?

실제로 일본 FIS 사에서는 냄새로 소고기 원산지를 파악하는 소형 후각 센서를 만들었다고 한다. 물론 가격과 정확성 등 기술적·상업적 장애물이 아직 남아 있다. 하지만 20~30년 전까지만 해도 전혀 존재하지 않던 정수기·청정기 시장이 만들어졌듯이 먹거리와 관련된 새로운 기기나 비즈니스가 생겨날 가능성 역시 매우 크다.

스트레스도 새로운 비즈니스의 키워드

스트레스와 휴식 관련 비즈니스도 건강관리사업의 키워드가 될 수 있다. 현대인은 과중한 스트레스 속에서 살고 있다. 국민건강보험공단에 따르면 우리나라에서 스트레스로 신체장애를 겪는 사람이 2004년에는 65만 명 수준이었지만 2009년에는 80만 명으로 24%나 급증했다. AP통신이 2006년 실시한, 스트레스에 대한 국제적 설문조사 결과에서도 한국인의 81%가 스트레스를 받는다는 응답이 나와(주 스트레스 원인은 일 33%, 돈 28%, 가정 문제 17%, 건강 13% 순), 미국(75%), 스페인(61%)에 비해 스트레스 지수가 월등히 높은 것으로 나타났다. 스트레스로 수면부족이나 우울증에 빠지는 경우도 많다고 한다.

이에 대응하는 사업으로서 규칙적 운동을 하게 하는 기기 및 서비스, 휴식을 주는 시스템 욕조, 안마기 같은 아이템이 부상하고 있다. 일본의 파나소닉에서는 휴면 시스템이라고 해서 수면부족을 과학적으로 해소하는 솔루션을 제공하기도 했다. 마사지가 가능한 침대, 수면 사이클에 맞추어 조정된 조명과 음악 등이 핵심 기능이다.

네덜란드의 델프트 공과대학의 한 학생은 사용자의 스트레스를 인지해 이를 완화해주는 기능이 내장된 '안티 스트레스 펜'을 개발해 화제가 되기도 했다. 예술과 스트레스를 결합한 예술치료 Art Therapy 개념도 등장하고 있다. 아직 광범위하게 확산되지는 않았지만 건강관리라는 측면에서 중장기적으로는 스트레스나 휴식 역시 성장 가능성이 큰 테마로 보인다.

주거와 소비 지도를 뒤바꾼다
1~2인 가구 대응 사업

인구구조 변화라는 트렌드에서 반드시 짚고 넘어가야 할 이슈가 가구구조의 변화다. 2010년 전 세계 가구수는 약 18억 4,000만이었고 그중 1~2인 가구는 전체의 35%인 6억 5,000만이었다. 그런데 2020년이면 이들이 전체 가구의 40%에 육박하리라 예상된다. 1~2인 가구가 더는 생소한 개념이 아닌 것이다. 적어도 선진국에서 1~2인 가구는 이미 보편화된 현상으로 자리잡았다.

2020년이면 1~2인 가구가 전체 가구의 40% 차지

이미 노르웨이, 독일, 프랑스 등 유럽 주요국에서는 1인 가구 비중이 전체 가구의 3분의 1을 넘어섰다. 노르웨이는 10가구 중 4가구가 1인 가구일 정도로 그 비중이 높다. 도시 지역만 보면 1인 가구의 비중은 더 높아진다. 파리는 가구의 절반이 1인 가구이고, 도쿄도 42%가 1인 가구라 한다. 2인 가구까지 합하면 67%에 이를 정도다.[28] 도쿄의 전체 가구 중 3분의 2가 2인 이하로 구성되었다는 의미다.

우리나라도 1~2인 가구수가 빠르게 증가하고 있다. 통계청의 2010년 〈인구주택총조사〉에 의하면 1,734만 가구 중 1~2인 가구 비중이 각각 24% 내외로 4인 가구 비중 22.5%를 넘어섰다. 1~2인 가구가 전체 가구의 절반에 가까워지고 있다는 것이다. 3년 전에 예측한 것보다 약 80만 가구가 늘어난 수치라고 한다. 고령화와 마찬가지로 1~2인 가구의 증가 역시 예상을 뛰어넘는 빠른 속도로 진행됨을 알 수 있다.

그동안은 가족을 이야기할 때 통상 4인을 기준으로 삼았다. 아파트를 설계할 때, 승용차를 디자인할 때, 그리고 생활비를 추정할 때도 항상 4인 가족이 기준이었다. 심지어 김장을 할 때도, 휴가를 갈 때도 4인 가족을 기준으로 이야기하고 그 기준을 별 의심 없이 받아들였다. 그 때문인지 자동차, 냉장고, 주택 등을 구매할 때 무리해서라도 '좀 더 큰 것'을 사는 데 길들어왔다. 핵가족의 기본인 4인 기준의 세팅에 익숙해 '작으면 나중에 불편하다'라는 식의 사고가 지배적이었다. 그러나 1~2인 가구가 대세가 되면서 과거에 만들어진 이러한 시스템의 변화가 불가피해졌다. '무리해서 큰 것'보다는 '적당히 알맞은 것'으로 가치 기준이 변하고 있다는 이야기다.

---

[28] 변미리 (2011. 5. 2). "1인 가구, 도시의 구조를 바꾸다". 서울시정개발연구원.

최근 일어난 전세 대란을 두고도 그 원인을 1~2인 가구의 증가에서 찾는 시각이 많다. 가구구조는 변했는데 여전히 과거처럼 큰 집만 공급했기 때문이라는 것이다. 선진국의 선례를 보자면 1~2인 가구화 현상은 앞으로도 가속될 가능성이 높다. 특히 결혼을 하지 않는 미혼세대가 급증하고 있고, 부모세대 역시 자식과 함께 살기보다는 분가를 원하기 때문에 가구구조의 변화는 계속 이어질 것이다. 고령화 역시 이런 추세를 부추기는 기폭제다. 이런 변화는 전통적인 다인 가족구조에서 만들어진 사업 모델 및 기회를 변화시킨다. 또한 이전에는 존재하지 않던 사업을 새로 만들기도 한다.

수요와 공급 패턴이 변하고 있는 주택시장

1~2인 가구가 크게 늘어난다는 것은 주거지와 주거형태도 변화된다는 의미다. 과거에는 결혼과 자녀 양육을 고려해 3~4인이 살 정도의 주택을 필요로 했다. 또 자녀 교육을 생각하면 학군이 주거지 선택의 중요한 기준이 되었다. 그러나 1~2인 가구의 증가로 좋은 주거지의 개념과 주택의 형태, 수요 등이 모두 달라지고 있다. 아이가 없는 1인 혹은 2인 가구는 굳이 학군 좋은 지역에 살 필요가 없고, 대형 평형을 선호할 이유도 없다. 자녀가 없는 DINK Double Income No Kids(아이 없는 맞벌이)족이나 싱글들은 오히려 문화생활을 즐길 수 있고 관리가 편하며 교통이 발달한 도심의 소형주택을 선호할 것이다. 자식들이 모두 출가한 노령층 1~2인 가구도 마찬가지다. 너무 커서 관리하기 불편하고 가격만 비싼 집보다는 생활이 편리한 곳에 위치한 적당한 규모의 주택을 선호한다는 것이다.

결국 1~2인 가구의 증가로 인해 주택·건설·부동산 사업의 지형이 모두 바뀔 가능성이 크다. 이미 교외 지역 아파트 가격에서 이런 변화가 감지되고 있다. 지금까지는 대형이 소형보다 비싼 것이 상식이었다. 누구나 나중을 생각해 '무리해서라도 더 큰' 집을 선호했기 때문이다. 그러나 최근 소형이 대형보다 더 비싼, 가격역전 현상이 일어나고 있다. 특히 단위면적당 가격이 아닌 총액에서도 작은 평형이 큰 평형보다 비싸게 거래되는 기현상이 나타난다. 대형 아파트 공급에 비해 소형 공급이 원활하지 못한 것도 원인이지만 근본적으로는 인구구조 변화에 따른 현상으로 볼 수 있다. 1~2인 가구의 급격한 확대를 주택시장이 미처 따라가지 못한 것이다. 최근 나타나고 있는 도심형 오피스텔이나 브랜드형 생활주택 수요의 증가, 교외 지역의 대형 아파트 분양률 저조는 단지 우연이 아니라 인구구조 변화의 결과라 볼 수 있다.

1~2인형 주택의 수요가 늘어남에 따라 가전과 가구 시장에도 변화가 예상된다. 가전제품의 경우 유통 채널의 변화가 나타날 것이다. 오피스텔, 소형 도심형 주택이 확대되면서 냉장고, 세탁기, 에어컨 등 생활가전 제품의 빌트인화가 확대되고 있다. 소비자에게 팔던 제품을 이제는 건설사를 상대로 마케팅을 해야 할 상황, 즉 소비자향(B2C) 시장이 사업체향(B2B) 시장으로 바뀐 것이다. 빌트인화가 확대되면 가전시장의 성장도 주택 경기에 직접적으로 연계될 것이고, 리모델링이나 신규 분양주택 규모가 가전시장의 중요 변수가 될 가능성이 크다. 또 주택의 소형화에 맞추어 빌트인 제품도 중저가의 소형 시장으로 영역을 재조정할 필요가 있다.

1~2인 가구의 패러독스

가구구조의 변화는 주거공간, 생활 패턴, 수요형태 등의 급격한 변화를 야기하는데 몇 가지 문제도 있다. 예를 들어 주택의 경우, 도심부의 소형 주택 수요가 늘어날 것이 분명하지만 실수요에는 한계가 있을 수도 있다. 소형 주택을 선호하는 청년들이나 노년층의 소득이 낮아 도심 지역의 주택을 구매하거나 임대할 여력이 없기 때문이다. 이 때문에 일부 전문가는 도심형 주택에 공급과잉이 생길 수 있다고 우려하기도 한다. 생활가전 수요에도 미스매치가 있다. 가족수가 줄면 당연히 가전제품도 소형화되어야 한다. 그런데 실제 시장에서는 대형화 현상이 지속되고 있다. 이것을 어떻게 해석해야 할까. 아마도 가장 큰 이유는 생활 패턴의 변화에서 찾을 수 있지 않을까 싶다. 경제활동을 하는 인구가 늘어나면서 가사를 조금씩 나누어 처리하기보다는 한 번에 몰아서 하기 때문이라는 것이다. 가구구성원은 줄었지만 여전히 좀 더 큰 냉장고나 세탁기가 필요한 이유다. 다만 이러한 트렌드와 실제 수요의 불일치 현상은 구조적이라기보다는 일시적인 현상으로 예상된다.

가구시장도 마찬가지다. 붙박이장은 물론 식탁, 침대 등도 1~2인용 수요가 늘어날 것이고 유통 채널의 변화도 예상된다. 한샘과 리바트 등 주요 가구업체들이 1인 맞춤형으로 수납장이나 부엌가구 등을 출시하고 있는 것도 이런 변화의 반영이다.

초고가의 취미제품시장

자녀가 없는 가구의 출현은 감성 및 기호제품 소비를 확대할 것이다. 우리나라에서 DSLR Digital Single Lens Reflex 카메라와 고급자전거 등 고가 취미제품의 시장수요는 대략 30만~40만 대로 추정된다.

그런데 범용제품의 수요 증가가 둔화되는 가운데도 이들 제품의 수요는 비교적 꾸준히 증가하는 추세를 보이고 있다. 최근 여가시간 증가로 각광을 받고 있는 자전거의 경우 수백만 원에서 수천만 원을 호가하는 제품이 속속 등장하고 있다.[29] 특히 이들 고가 취미제품은 단순히 제품구매에서 끝나지 않고 렌즈나 헬멧 같은 관련 부가 상품시장의 확대, 동호회 활동 등으로 이어진다는 점도 주목할 대목이다. BMW의 카본 헬멧은 200만 원 이상의 고가로 거래되고 카메라도 수백만~수천만 원대의 렌즈가 팔리고 있다.

마지막으로, 편의성이 높은 제품에 대한 수요도 늘어날 것이다. 소포장제품의 판매가 늘고 즉석에서 간편하게 조리할 수 있는 신선·가공식품 시장도 확대되고 있다. 1996년 국내시장에 출시된 즉석밥은 당시에는 별로 주목받지 못했으나 2000년대 초반부터 업체들의 참여가 본격화하고 다양한 제품이 출시되면서 시장이 활성화되었다. 업계에서는 2011년 시장규모가 1,500억 원대를 넘어설 것으로 전망한다. 밥솥, 청소기, 세제, 가습기 등 생활가전에서도 소형 제품이 눈에 띄게 늘고 있다.

자동차도 마찬가지다. 전통적으로 우리나라의 자동차시장에서는 4인용 세단이 주류였다. 간혹 2도어형 자동차가 출시되기는 했지만 대개는 폭넓은 인기를 얻지는 못했다. 그러나 최근에는 2도어인 쿠페Coupe의 판매량이 늘어나고 있다.

---

29 페라리(Ferrari), BMW, 벤츠(Benz) 같은 명차 브랜드를 사용한 제품과 샤넬이나 구찌같이 소비재 명품 브랜드를 사용한 자전거도 초고가 상품으로 선보이고 있다. 페라리의 CF(Colnago for Ferrari) 시리즈 자전거는 1대당 1만 유로에 판매될 정도로 초고가다. DSLR의 경우에도 손쉽게 사용할 수 있는 보급형이 주를 이루고 있지만, 최근에는 수천만 원의 전문가용 DSLR 제품도 등장하고 있다.

화려한 싱글족이 산업지형을 바꾸는 중국

가구구조 변화에서 특히 주목할 것은 중국시장이다. 그간 중국은 한 자녀 정책을 강력히 추진해왔기 때문에 향후 1~2인 가구의 증가 속도가 우리나라 수준을 크게 앞설 가능성이 높다. 여기에 도시화로 인한 도시 지역의 1~2인 가족 문제가 그 무엇보다 큰 이슈로 부상할 전망이다.

중국 인구 센서스에 따르면 2010년 중국의 가구수는 4억 152만 가구이며, 가구당 인구수가 2000년 3.44명에서 2010년에는 3.10명으로 감소한 것으로 나타난다. 농촌 지역에서는 여전히 4인 이상 가구가 30% 이상을 점하지만, 상하이와 베이징 같은 대도시에서는 3인 이하의 가구 비중이 85%를 상회하는 것으로 나타난다. 특히 농민공과 유학생을 중심으로 한 1인 가구의 비중이 20%에 육박할 정도로 늘어나는 추세다.

또 중국에서 결혼적령기의 미혼 남녀가 1.8억 명에 달한다는 또 다른 통계 분석도 있는데, 이 중 상당수는 경제적 여유를 바탕으로 새로운 소비문화를 만들어가는 계층, 즉 '화려한 싱글족'이라는 바이링白領족으로 분류된다. 바이링족은 고급 아파트와 의류를 선호하고, 교육 수준이 높으며 자산 축적에 대한 니즈도 큰 것으로 알려졌다.

비슷한 맥락에서 월급을 매번 다 써버린다는 위에꽝月光족의 등장도 눈여겨볼 대목이다. 이들은 대개 20~30대 신세대들로, 전통적으로 중시되던 '가족을 위한 저축이나 희생'에서 벗어나 '자신을 위한 소비', 질이나 트렌드를 중시하는 소비 패턴을 보인다. 상하이 같은 대도시에서는 전체 젊은이의 3분의 1이 위에꽝족이라고 할 정도다.

결국 중국에서도 가구구조의 변화, 그로 인한 소비와 가치의 변화는 산업의 지형을 바꾸는 계기가 될 것이다. 앞서 소개한 우리나라의 소비구조 변화와 유사한 변화가 일어날 수 있다. 즉 소형 주택, 편의성 높은 제품, 고가의 취미제품이 새롭게 부상하리라는 이야기다. 실제로 홍콩의 부동산개발 회사 리포그룹은 중국과 홍콩에서 1인 가구 증가로 소형 주택의 수요가 지속적으로 증가할 것이라 내다보고 있다.[30]

---

[30] 《매일경제신문》 (2011. 6. 9). "1~2인 가구 급격히 늘고 있어 중국·홍콩 소형 주택 사업성 좋아".

1~2인 가구의 증가, 상상 이상의 사회가 온다

1~2인 가구가 늘어나면 사회적으로 어떤 현상이 발생할까. 아직 학문적으로 정교하게 논의되지는 못했지만 이런 상상을 해볼 수 있을 것 같다.

시간이 아니라 재능을 파는 시대

우선 직장생활에 대한 인식이 크게 바뀔 수 있다. 혼자 혹은 두 사람이 자녀 없이 산다면 굳이 미래를 위해 혹은 자식을 위해 자신의 꿈과 시간을 희생하면서까지 열심히 일하려 하지 않을 것이다. 1년은 일하고 또 1년은 세계여행을 하는 사람도 생길 수 있고, 좀 더 모험적인 일이나 취미에 도전하는 경우도 많아질 것 같다. 정규직으로서 일에 늘 얽매이기보다는 자유롭게 자기 꿈을 실현하기를 원하는 사람도 늘어날 것이다. 다시 말해 모든 사람이 정규직 형태를 선호하는 것이 아니라, 일 이외의 시간적 여유를 선호하는 사람이 늘어날 수 있다. 즉 '시간을 파는 개념'에서 '재능을 파는 개념'으로 직업관이 바뀔 가능성이 있다. 여기서 시간을 판다는 것은 현재처럼 하루 8시간 그리고 주당 5일로 근무시간을 고정한다는 뜻이다. 반면 향후에는 아르바이트를 하거나 단기간만 고용되는 식으로 자신의 능력을 파는 형태의 고용이 늘어날 수 있다. 기업들의 고용 형태나 종업원의 로열티가 근본적 변화를 겪을 수 있다는 이야기다.

21세기형 유목민의 등장

또 주거지 개념도 바뀔 수 있다. 농업사회 이래로 지금까지는 정주定住라는 형태가 가장 일반적 주거 형태였지만, 이제는 한곳에 머물러 살기보다 이른바 '21세기형 유목민' 형태로 주거지를 이동하는 새로운 거주 개념이 나타날 수 있다. 필요한 곳에서 필요한 시기에만 거주하는 것이다. 국내와 국외에서 번갈아가며 거주할 수도 있고, 도시와 농촌·산촌·어촌 등 그때그때 원하는 곳에서 살 수도 있다.

　이러한 주거 변화는 출산율 하락, 고용 형태의 변화 등과 맞물려 나타날 것이다. 이와 같이 주거가 바뀐다면 가전제품이나 가구 등은 사람들을 따라 움직이는 것이 아니라 한 자리에 고정되는 형태가 될 것이다. 주택이 소유의 대상이 아닌 단지 일시적 사용 개념으로 바뀌게 되기 때문이다. 따라서 주택임대도 전세보다는 월세 형태로 보편화할 수 있다.

늘어나는 대안적 커뮤니티 활동

또 다른 변화로 생각할 수 있는 것이 소속감의 문제다. 전통적 형태의 가족이 해체되면서 사람들은 가정 이외의 공간을 요구하게 될 것이다. 직장과 주거의 개념이 바뀌면 동네주민이나 직장동료의 개념도 희석될 수밖에 없다. 소속감은 약해지고 시간은 많아진 사람들은 새로운 형태의 네트워크를 필요로 하게 될 것이다. 취미활동을 통해 맺어지는 온라인 커뮤니티와 동호회 등이 대안이 될 수 있다.

이런 새로운 유형의 사회조직은 기존의 가정이나 직장사회를 대체하면서 1~2인 가구 증가에 따른 사회적 소외감을 해소하는 돌파구로 자리 잡을 가능성이 크다. 이들은 크게 이해가 상충하지 않기 때문에 유대감이나 결속력이 클 것이고, SNS Social Networking Service나 모바일 기기의 발달에 힘입어 새로운 사회적 힘으로 부상할 가능성이 크다. 노년층의 경우도 다양한 취미생활을 매개로 한 커뮤니티 활동이 크게 증가할 전망이다.

생활양식과 사고와 가치관, 모든 게 바뀌는 미래

반면 부작용도 없지 않아서, 사회의 역동성이나 진취성이 크게 떨어질 가능성도 있다. 젊은이들이 목적을 갖고 도전하기보다는 현실에 안주하려는 경향이 커질 수 있다. 일부는 일본의 오타쿠처럼 사회도피적 성향을 보일 수 있고, 사회적으로 통제가 되지 않는 극단적 경향이 나타날 수도 있다. 이른바 '초식남'으로 대변되는, 조금은 무기력하고 유약한 성향의 젊은이가 대거 등장할 가능성도 있다. 또 자립해서 생활하기보다는 부모에게 얹혀사는 부류도 많아질 수 있다.

그동안 우리가 겪어보지 못한 사회변화가 일어날 수도 있다. 일례로 일본에서는 '사후정리회사'라는 것이 붐을 이루고 있다 한다. '사후정리회사'란 연고 없이 혼자 살다가 생을 마감하는 사람이 많아 사후에 장례는 물론 유품 정리까지 대행해주는 회사를 말한다. 2030년이 되면 일본 전체 가구의 절반이 1인 가구일 것이라는 분석도 나온다. '무연無緣사회', 즉 연고가 없는 사회라는 신조어까지 등장했다.

세상이 어떤 방향으로 바뀌어갈지 예단하기가 쉽지 않지만, 1~2인 가구의 증가는 분명 사람들의 생활양식과 사고와 가치관을 바꾸는 기폭제가 될 것이다. 그리고 그 변화는 우리가 상상하는 범위를 크게 넘어설 수도 있다.

3

도시화의 어두운 그림자를 해결하라
안安 비즈니스

도시화에는 어쩔 수 없이 부작용이 따른다. 이러한 부작용을 해결하는 비즈니스가 바로 '안安 비즈니스'다. 다소 생소하지만 보안 및 안심 관련 사업을 포괄하는 개념으로 이해하면 된다. 도시화로 인한 혼잡과 부작용이 심화됨에 따라 그런 문제를 해결하는 데서 새로운 사업기회가 열리는 것이다.

도시화에 따른 부작용 해소가 사업의 핵심

2009년 전 세계적으로 신종플루가 유행하자 각 나라는 전염을 막을 대책 마련에 혼란을 겪었다. 하루에도 수백만의 사람들이 자유롭게 국경을 오가는 시대에 인구가 밀집된 대도시에서 질병 확산을 막기는 사실상 어려웠다. 해킹이나 컴퓨터 바이러스도 국경이나 지역을 넘나드는 탓에 문제의 심각성이 크다. 이렇듯 도시에 사람과 경제력이 집중되면서 이로 인한 부작용은 때로 걷잡을 수 없을 정도다. 도시의 규모가 클수록 통제수단이 마땅치 않고 그로 인한 파괴력도 더욱 커진다.

도시의 인프라가 개선될수록 부작용도 더 빨리 확산된다. 예를 들어 교통수단이 발달하면 이동시간이 단축되어 생활이 편리해지고 유동인구가 늘어나지만, 동시에 역기능의 확산을 촉진하기도 한다. 또 고도화된 인프라는 도시의 IT 의존성을 높여 문제 발생 시 도시기능 마비로 연결될 수 있다. 결국 도시화는 안전과 안심의 문제를 필연적으로 야기하고, 이를 해소하기 위한 새로운 비즈니스가 요구된다.

과거 안전이나 안심은 공공 서비스 영역으로 간주되어 그냥 주어지는 것으로 인식되었다. 그러나 지금은 안심을 위해 개인적으로 비용을 지불하는 것이 전혀 생소하지 않다. 수돗물이 있지만 정수기를 별도로 설치하는 것과 마찬가지다. 특히 '안' 비즈니스의 수요는 소득이 높아질수록 지출이 늘어나는 특성을 갖고 있다.

'안' 비즈니스는 크게 범죄로부터의 안전, IT 보안, 그리고 바이러스 같은 전염성 질병으로부터의 방역 등 세 범주로 나눌 수 있다. 여기에는 하드웨어 장비와 관련 서비스를 망라하는 사업기회가 있다. 안전에 대한 위협이 지능화될수록 이를 해결하기 위한 기술도 고도화되어야 한다. 그래서 '안' 비즈니스는 노동집약적 사업이 아니라 지식과 지능이 집약되는 사업이다.

높아지는 범죄율, 증가하는 보안 시스템 수요

우선 범죄나 각종 신체적 위험에 대응하는 보안사업 분야를 보자. 대개 도시화가 진행될수록 범죄율이 높아진다. 이는 도시 지역에서 보안 관련 지출이 더 많다는 의미다. 일반적으로 이 시장은 소득과 비례해 커지는 특성이 있다. 〈도표 3-4〉를 보면 도시 지역의 1인당 보안지출 규모가 GDP에 연동되어 증가함을 알 수 있다. 한국의 경우 1인당 90달러 수준을 지출하는 반면 중국은 약 8달러, 미국은 200달러 이상을 지출하는 것으로 나타난다. 물론 보안의식, 문화수준, 주거 및 생활양식 등에 따른 편차가 있지만 소득에 비례해 보안에 대한 관심과 지출이 늘어난다는 점은 분명해 보인다.

이에 따라 각종 전자보안 시스템도 적용범위가 확대되고 있다. IT 기술 접목으로 시스템 고도화가 진행되면서 전 세계 보안장비시장은 2004년 523억 달러에서 2014년에는 993억 달러로 성장이 예

■ 도표 3-4 **소득수준과 보안 지출의 관계**

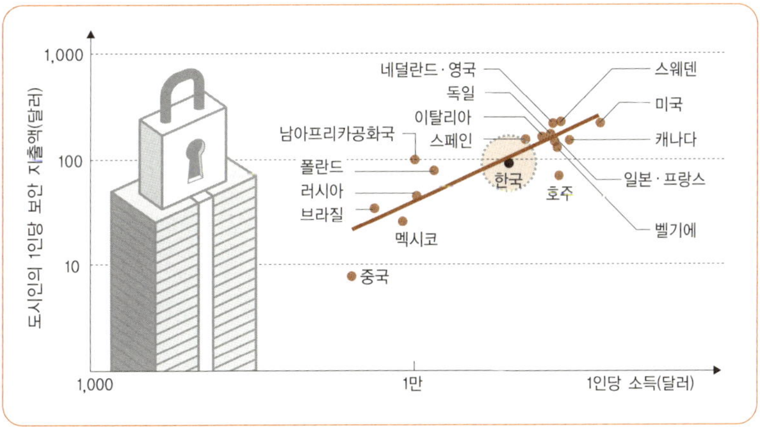

자료: 프리도니아 그룹, 유진투자증권 (2008. 7. 15) 자료에서 재인용.

상된다. 특히 최근에는 공공안전 부분에 사용되던 고도의 보안기술이 민간 영역에서도 활용되는 추세다.

현재 보안기술로 가장 각광받는 것은 CCTV다. 전 세계적으로 약 3,000만 대의 CCTV가 설치되어 있다고 한다. 주로 선진국 대도시에 설치되어 있음을 감안하면 밀도가 상당히 높은 편이다. 그렇다면 한 사람이 하루 동안 CCTV에 노출되는 횟수는 얼마나 될까? 우리나라 수도권에서는 대략 80번 정도 찍힌다고 한다. 세계에서 CCTV가 가장 많은 곳은 런던으로 하루에 300~400번 찍힌다고 보면 된다. 그동안은 개인의 프라이버시 침해를 문제삼기도 했지만, 안전에 대한 욕구가 커지면서 점차 양해되는 상황이다.

최근 차량용 CCTV 설치가 늘어나는 것도 이런 추세의 반영이다. 우리나라에서 운행되는 시내버스는 약 3만 대 정도라고 하는데 이 중 절반에 1대당 4대의 CCTV가 설치되어 있다. 결국 온 나라에 6~7만 대의 움직이는 CCTV가 있는 셈이다. 여기에 승용차용 블랙박스 시장까지 활기를 띠면서 24시간 내내 어디서나 노출되는 사회가 되고 있다.

대도시화가 급속히 진행 중인 중국도 CCTV 도입을 확대하고 있다. 얼마 전 중국에서는 음주운전자가 낸 교통사고 전후의 모든 상황이 찍힌 CCTV 영상이 공개되어 "중국판 빅브라더"라는 지적도 있었다. 그럼에도 중국 정부는 현재 설치된 700만 대의 CCTV를 2014년까지 배로 늘리겠다는 구상이다.

한편 최근의 보안 시스템은 센서, 로봇, 인터넷 기술과 연동된 고도의 기술집약산업으로 변모하고 있다. 다양한 생체 정보, 화학 센

100%가 아니면 안 되는 기술

신사업을 추진할 때 기술의 성숙도가 보급에 관건이 되는 경우가 있다. 기술에 따라 95% 수준만 되어도 보급이 가능한 경우가 있는 반면, 완벽하지 않으면 시장에서 보급되기 어려운 것도 있다.

보안 시스템은 100% 완벽한 기술이어야만 보급이 확대되는 사업이다. '기술 완벽성의 딜레마'가 있는 사업이라는 것이다. 즉 시장이 형성되어야 기술개발이 가능한데, 기술이 완벽하지 않아서 보급이 안 되고 또 개발도 안 되는 딜레마에 빠질 수 있다는 것이다.

예를 들어보자. 어떤 건설업체가 새로 분양되는 아파트에 첨단 도어락 시스템으로 지문인식 시스템을 도입할 계획이었다. 시스템 신뢰도가 99%로 매우 높았지만 보급되지는 못했다. 주인이 아닌데도 주인이라고 인식할 가능성이 있었기 때문이다. 이 가능성이 0.05%라 해도 기술의 불완전성으로 인한 리스크는 크다. 이 같은 기술은 100% 완전하지 않으면 보급되기가 쉽지 않다. 혹 보급된다 하더라도 다른 시스템과 결합되어야 안심할 수가 있다. 결국 '기술 완벽성의 딜레마' 상황에서는 신기술 보급에 시간이 걸린다.

반면 어떤 기술은 완벽하지 않아도 보급된다. 초기의 평판 TV, 타자기, 컴퓨터 등 대부분의 소비자용 제품이 그런 경우다. 이런 제품은 보급 과정에서 기술혁신이 이루어지며, 혁신경쟁이 시작되면 당초 예상보다 훨씬 빠른 속도로 시장 확대가 가능해진다.

서 등을 활용한 제품이 출시되고 있고, 네트워크를 매개로 '실시간 시스템'으로 진화하고 있다. 인지, 경보, 대처의 3단계를 모두 기계가 알아서 해주는 지능형 비즈니스가 선보이고 있는 것이다. 특히 로봇 기술의 발달은 전통적으로 사람이 수행하던 감시, 판단, 상황 대처 업무를 로봇이 계속 이동하면서 처리할 수 있도록 해주고 있다. 로봇은 사람과 달리 24시간 내내 요령을 피우거나 지치지 않고 감시할 수 있기 때문에 국방과 산업 그리고 개인 용도로까지 활용이 확대되리라 예상된다. 무인 로봇 기술의 강국인 이스라엘은 이미 가자 지구와 레바논 접경 지역에서 로봇을 활용하기 시작했다고 한다. 향후 10~15년 안에 군장비의 3분의 1이 무인장비로 대체되리라는 전망도 나온다. 다만 아직은 로봇이 100% 완벽하게 사람을 대체할 수 없고, 오작동으로 인한 피해 가능성과 비싼 가격 등의 문제로 보급에는 다소 시간이 걸릴 것으로 보인다.

대형 기간산업으로 발전 가능한 IT 보안

안 비즈니스의 두 번째 분야는 'IT 보안'이다. 현대 도시생활은 대부분 IT 시스템에 연동되어 이루어진다. 지하철, 철도, 신호등 같은 교통 시스템은 물론 금융거래를 포함한 상거래 행위 등 거의 모든 활동에 IT가 매개된다. 이런 상황에서 IT 시스템에 바이러스가 침투하거나 해킹 문제가 발생한다면, 경우에 따라서는 도시기능과 생활이 마비될 수 있다. 우리나라에서 2009년과 2011년에 발생한 디도스 사건[31]과 2011년 4월에 발생한 농협 전산망 장애는 IT 장애의 심각성을 그대로 드러냈다. 소니는 플레이스테이션, 뮤직 엔터테인먼트 등의 연이은 해킹사고로 약 1억 명의 고객정보가 유출되어 비난받았다.

---

31 2009년 7월 7일과 2011년 3월 4일 대한민국과 미국의 주요 정부기관, 금융기관, 포털 등이 분산 서비스 거부(DDoS) 공격으로 일시 마비된 사건이다. 전문가들은 2011년에 실행된 공격이 2009년과 대상과 방식은 유사하지만 기술적으로는 더 진화된 형태라고 분석한다.

강대국들이 자체 위성측위 시스템을 구축하는 이유

GPS(Global Positioning Satellite)란 지구궤도에 24기의 위성을 발사해 언제 어디서나 위치 확인이 가능하도록 한 미국의 위성측위 시스템이다. 1973년에 개발이 시작되어 1978년 첫 위성을 발사했고, 1990년 걸프전을 계기로 광범위하게 사용되기 시작했다. 특히 1983년 KAL기 격추 사건이 발생하자 민간 사용이 허용된다. 2000년부터는 민간용 GPS의 정도(精度)가 20m 이내로 크게 개선되었고 휴대폰, 내비게이션, 재해·재난 관측 등 다양한 분야로 사용이 확대된다. 예를 들어 GPS를 농산물 관리(비료 살포 여부를 기계가 지리 정보를 활용해 인식)에 활용하고, 사진 관리[32]나 마케팅에도 활용할 수 있다. 군의 무기체계 운용에서도 핵심 기술로 쓰이고 있다.

이러한 군사적·전략적 가치 때문에 유럽이나 중국도 독자적 위성측위 시스템 구축을 추진 중이다. 러시아는 미국과 마찬가지로 1970년대 중반부터 글로나스(GLONASS)라는 측위 시스템을 개발하기 시작해

경쟁 불붙은 GPS 구축

나라	이름	현황	향후 계획
미국	GPS	위성 24개 보유	2014년까지 성능 개선
러시아	글로나스	위성 23개 보유	2011년 내에 24번째 위성 발사
중국	베이더우	위성 8개 보유	2020년까지 위성 30개 이상 배치
EU	갈릴레오	시험위성 발사 성공	2012년 첫 위성 발사를 시작으로 32개까지 배치

자료: 《한국경제신문》 (2011. 4. 11). "미 GPS 유료화 대비하라…… 중·일·러·인도, 독자 시스템 경쟁".

---

[32] 어떤 대상을 촬영했을 때 GPS에서 얻은 위치 데이터가 그 사진에 붙고, 이를 지도와 연동함으로써 지도에 사진이 자동적으로 배열되는 것을 말한다. 컴퓨터에 저장된 제주도 사진들을 일일이 찾지 않아도 커서를 지도상의 제주도로 옮기면 그 사진들이 나타나는 식이다.

1990년대부터 본격 운용 중이다. EU는 갈릴레오(Galileo)라는 독자 측위 시스템을 구축 중이다. 특히 갈릴레오 프로젝트는 EU 국가만이 아니라 이스라엘과 중국 등도 참여하고 있다. 다만 예산부족 등의 문제로 예정보다 시스템 완성이 지연될 가능성은 높다. 한편 중국은 컴퍼스(Compass, 혹은 베이더우)라는 프로젝트 명으로 2020년까지 정지궤도 5개, 중궤도 30개의 위성을 통해 지구 전역을 관찰하는 위성측위 시스템 구축을 추진 중이다.

특히 주목할 점은 대부분의 국가가 스마트시티, 스마트그리드와 같이 IT와 연계된 지능화된 도시를 추구한다는 점이다. 교통 흐름에 따라 통제되는 신호체계, 차량 간 정보 교환을 통해 설정되는 주행 경로 등 미래형 교통 시스템 및 인프라의 근간 역시 IT다. 특히 도시가 고도화되고 혼잡해질수록 IT 의존도는 높아진다. 바꾸어 말하면 IT 부문에서 외부 공격을 받으면 시스템 전체가 마비될 수 있다는 것이다.

모바일 기기의 확산도 고려해야 할 이슈다. 모바일은 전 세계에서 40억 명이 사용할 정도로 디바이스 수가 많고, 실시간으로 이동하며 사용하기 때문에 문제 발생 시 통제가 거의 불가능하다는 특징이 있다. 여기에 컴퓨팅 능력이 접목된 스마트폰의 바이러스 문제도 심화되고 있다. IT 보안의 대상이 크게 확대되고 복잡해진다는 이야기다.

외부 공격의 사례는 아니지만 2011년 5월 서울시 지하철 4호선에서 누전으로 통신 케이블에 이상이 나타나 대혼란이 벌어진 적이 있다. 단순히 한 지점에서 발생한 문제인데도 전체 노선의 정차 간격이 불규칙해져 수신호로 열차 운행을 통제해야 하는 상황이 일어났다. 만약 이런 사건이 의도적 혹은 복합적으로 발생한다면 도심의 교통 시스템 전체가 위기를 맞을 수 있다. 결국 IT 보안 사업이 대형 기간산업으로 발전할 가능성이 매우 높아진다.

마지막 분야는 전염성 질병으로부터 사람들을 안전하게 지켜주는 사업이다. 도시화로 인한 인구의 집중과 이동 증가로 과거보다 전염성 질병을 통제하기가 쉽지 않다. 2009년에 유행한 신종플루는 WHO가 경보 발동 6주 만에 전염병 경보의 최고 단계인 판데믹

판데믹이란?

WHO는 전염성 질병을 6단계로 구분하여 경보(警報)를 낸다. 이 중 판데믹은 최종 단계로 인류 대부분이 면역력을 갖지 않은 새로운 형태의 플루 바이러스가 전 지구적으로 확산되는 위험한 상황을 말한다. AIDS와 2009년에 유행한 신종플루 등이 판데믹을 선언한 대표적 경우다. 과거의 사례로는 약 1억 명이 사망한 유스티니아누스 역병(Plague of Justinian), 흑사병, 5천만 명이 사망한 스페인독감 등이 있다.

판데믹과 독감 상황 비교

플루 판데믹		계절성 독감
2~3간 연중 상시 지속	발생 시기	겨울철
35~50%	감염 비중	최대 20% 미만
유·소년, 청년, 노인	고위험군	유·소년, 노인
발생 이후 생산	백신 생산	사전 예측 생산
0.1~5%	치사율	0.05% 미만

자료: 고유상 (2009). "신종플루 '판데믹'의 영향과 대응". 〈SERI 경영노트〉 30호.

pandemic을 선언하는 이례적 조치를 취했을 정도로 무섭게 번져나 갔다. 그런데 이 판데믹 선언이 41년 만에, 그것도 치사율이 과거의 2%대보다 극히 낮은 0.1%인 상태에서 내려졌다는 점에 주목해야 한다. 그 배경에 통제가 불가능할 정도로 신종플루가 빨리 확산된 현실이 자리 잡고 있기 때문이다.

1918년에 발생한 스페인독감은 지구를 한 바퀴 도는 데 4개월이 걸렸다고 한다. 14세기 유럽을 암흑으로 몰아넣은 흑사병은 약 4년 동안 7,500만 명의 사망자를 냈지만 유럽과 아시아 일부 지역에만 영향을 미쳤다. 그러나 지금은 고작 4일이면 전 지구에 질병이 퍼진다. 더욱이 면역체계가 결여된 풍토병까지 도시화와 글로벌화의 진전으로 전 지구적으로 확산될 가능성이 매우 크다.

여기서 도시화가 이슈가 되는 이유는 도시의 특성상 인구가 밀집되어 있고, 따라서 공기 중으로 전파되는 플루의 전염 가능성이 크며, 그 확산을 차단할 방법이 많지 않기 때문이다. 또한 전염되는 속도는 점점 더 빨라지는 반면 백신 개발은 아무래도 사후 대응이 될 수밖에 없다. 전염성 질병에 의한 피해가 도시화의 또 다른 어두운 면이 되는 이유다.

이렇게 바이러스의 확산 속도가 통제 속도보다 빠르고, 지역을 넘나들며 변형이 생길 수 있다는 측면에서, 전염성 질병에 대응하는 검사 및 방역 관련 분야가 새로운 '안' 비즈니스의 영역으로 부상할 수 있다.

데이터 처리 사업의 미래 전망

2005년 런던 지하철 폭탄 테러 용의자 검거의 일등공신은 CCTV였다. 용의자들의 모습이 찍힌 버스와 지하철 내의 CCTV가 결정적 단서가 되어준 것이다. 그러나 이 사건을 자세히 들여다보면, 용의자 검거의 일등공신은 '데이터 분석'이라 할 수 있다.

지금 지구상에는 수천만 개의 CCTV가 실시간으로 영상을 생산하고 있다. 이렇게 어마어마한 규모로 생산된 영상정보 속에서 의미 있는 단서를 찾기란 말처럼 쉽지가 않다. 문자와 달리 영상정보는 단위당 정보량이 엄청나고, 검색 시스템도 아직은 불완전하다. 필요에 따라서는 사람이 일일이 체크해야 하는 경우도 있다.

정보생산도 중요하지만 정보처리와 분석도 관건

향후 도시가 고도화·지능화할수록 도시에서 생산되는 어마어마한

massive 양의 데이터 분석은 핫이슈가 될 것이다. 우선 미래의 정보사회에 대해 생각해보자.

첫 번째로 예상할 수 있는 것은 정보생산의 주체가 바뀔 수 있다는 점이다. 여기서 핵심은 사물에 의한 정보생산이다. 그동안 정보생산의 주체는 사람이었다. 그러나 향후에는 상당수의 데이터 생산이 사물에 의해 이루어질 가능성이 높다. 자동차의 움직임 그 자체가 정보가 될 수 있고, 가게에서도 RFID 태그를 통해 물건의 판매·재고 정보가 연동되어 처리된다. 사물의 움직임 자체가 새로운 정보를 만들어내는 것이다. 이런 측면에서 보면 미래사회는 정보생산자가 지금보다 수백 배 혹은 수천 배로 많아질 것이다.

컴퓨팅 디바이스 수는 얼마나 될까. 〈도표 3-5〉를 보면, 1960년대에는 전 세계에 100만 대가 있던 정보기기가 1990년대에는 1억 대, 지금은 100억 대 수준에 근접했다. 사람 수보다 디바이스 수가 더 많아지는 시기가 온 것이다. 향후 10~20년이 지나 모든 사물에 IT칩이 내장된다면 1조 개 디바이스의 시대로 발전할 가능성도 있다.

두 번째는 단위정보량이 많아지는 사회가 된다는 것이다. 특히 영상정보의 시대가 되면서 용량이 큰 정보가 빈번히 생산되고 교환된다. 다양한 압축기술이 사용된다고 해도, 영상정보는 음성정보에 비해 용량이 수백 배나 크다. 문자정보와 비교하면 수천 배 많은 양이다. 디지털 정보는 텍스트에서 음성을 거쳐 동영상으로 진화해왔다. 그동안 이루어진 IT 분야의 기술혁신은 용량이 큰 데이터를 적은 비용으로 생산·전송·활용·저장할 수 있도록 해주었다. 정보의 형태 변화와 디바이스 수 증가를 보면 다가오는 정보사회

■ 도표 3-5 전 세계 디지털 정보량 및 컴퓨팅 디바이스 보급률 추이

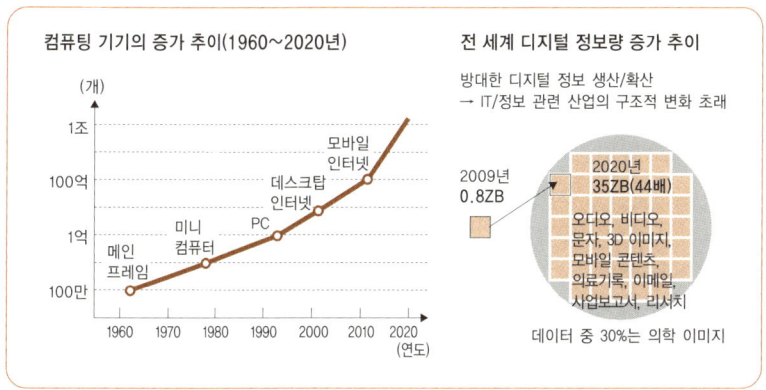

자료: 모건 스탠리(좌), IDC 자료를 참조해 작성(우).

에서는 데이터 생산량이 지금과는 비교도 할 수 없을 정도로 많아지리라 예상할 수 있다.

정보폭발 시대, 유망사업의 열쇠를 쥐는 법

마지막으로, 미래 정보사회의 특성은 정보교환이 더 잦아진다는 점이다. 과거에는 대부분의 정보가 가정 혹은 사무실에서 사용되고 보관되어왔다. 그러나 지금은 언제 어디서나 정보에 접근하는 것이 가능해졌다. 정보를 24시간 내내 생산하고 교환할 수 있게 되었다. 정보의 공유가 많아지고 소비경로가 길어진다는 것은 유통되는 정보량 역시 어마어마하게 많아진다는 의미다.

생산자와 단위정보량 그리고 유통, 이 세 가지를 조합하면 다가오는 정보사회를 '정보폭발information explosion의 시대'라고 정의할 수 있다. IDCInternet Data Center의 전망을 보면 2009년에는 전 세계 데이터량이 0.8ZBZettabyte였는데, 2020년이 되면 이보다 44배 증가한

약 35ZB가 될 것이라고 한다. 1ZB의 정보량은 10^{15}MB 규모다.

정보폭발의 시대는 유망사업 관점에서 어떤 의미가 있을까. 1차적으로는 데이터 처리 관련 사업에 주목할 필요가 있다. 정돈되지 않고 구조화되지 않은 엄청난 양의 데이터 속에서 의미를 찾아내는 사업 분야가 보다 유망할 것이다. 이를테면 지하철 사고가 났을 때 수많은 CCTV 정보 중 유의미한 정보를 골라내주는 일이다. 혹은 이상한 행동을 하는 사람이나 수배자 등을 CCTV가 자동으로 인지해 경보를 주는 것도 그런 예가 될 수 있다. 여기에는 동영상 검색 기술 등이 기반이 되어야 한다. 음성정보 속에서 의미 있는 정보를 가려내는 것도 여기에 해당된다.

오늘날 구글이 부상한 이유는 엄청나게 많은 인터넷 웹사이트들 속에서 필요한 정보만 재빨리 찾아내주었기 때문이다. 마찬가지로 도시가 지능화할수록 이전과는 달리 어마어마한 양의 데이터가 축적될 것이고, 이러한 데이터를 처리하는 일이 유망사업의 열쇠가 된다. 이 열쇠를 쥐는 기업은 제2의 구글이 될 수도 있다.

신흥국의 유행과 서비스 산업이 바뀐다
도심형 서비스업

영화관·할인점·특급호텔은 도시의 인구수와 관계가 있다. 다소 편차는 있지만 인구 20만 명 미만의 도시에는 멀티플렉스 영화관이 들어서기 어렵다고 한다. 집적효과가 없으면 대형투자가 수반되는 서비스업은 수익을 낼 수 없다는 의미일 것이다. 이런 면에서 도시화, 특히 신흥국에서의 거대도시 탄생은 서비스업에서 새로운 기회를 만들 수 있다.

소득이 증가할수록 확대되는 서비스업 규모

서비스업도 소득 증가에 따라 규모가 확대되는 특성이 있다. IMF에 따르면 2010년 기준으로 서비스업은 세계 GDP의 64%를 구성한다. 서구 유럽 국가들은 GDP의 70% 이상을 차지하는 반면 신흥국은 50%대 전후다. 인구 대국인 인도, 중국, 인도네시아는 여전히

■ 도표 3-6 주요국의 1인당 소득과 GDP에 대한 서비스산업의 비중(2010년)

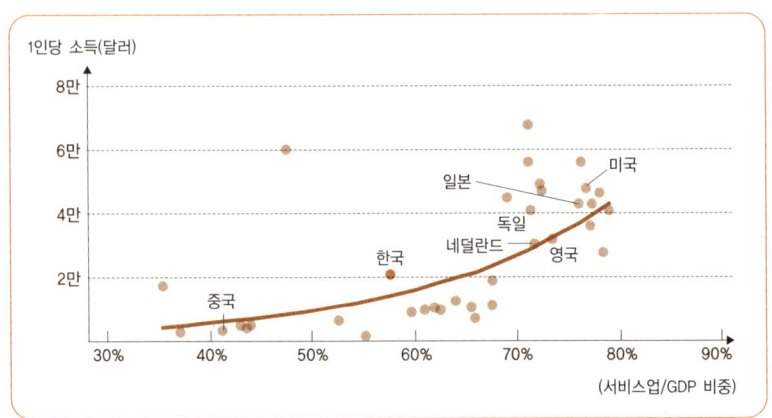

자료: IMF.

농업 비중이 매우 크다. 또 '세계의 공장' 중국은 서비스업이 44% 수준으로 제조업 비중보다 낮다. 향후 서비스 부문으로 사람과 부富가 옮겨갈 수 있음을 뜻한다. 결국 개도국의 소득이 높아지고 도시화가 진전된다는 의미는 서비스업 분야에서 거대한 기회가 생기는 것으로 해석할 수 있다.

서비스업은 몇 가지 특성이 있다. 첫 번째는 다수의 영세 소기업이 경쟁하는 구도라는 점이다. 특히 신흥국에서는 이런 현상이 매우 심하다. 우리나라만 하더라도 200만 개가 넘는 서비스 기업(2005년 센서스 기준으로는 223만 개의 사업장이 있음)이 있다. 이 가운데 절반 이상이 소매·음식·숙박 분야이고 도매 및 개인 서비스 부문까지 포함하면 70% 이상을 차지한다.

서비스업의 두 번째 특징은 내수산업의 성격이 강하다는 것이다. 그런 탓에 글로벌 메이저 업체가 없고 시장이 일정 부분 보호되어

■ 도표 3-7 서비스 분야별 소비 예측

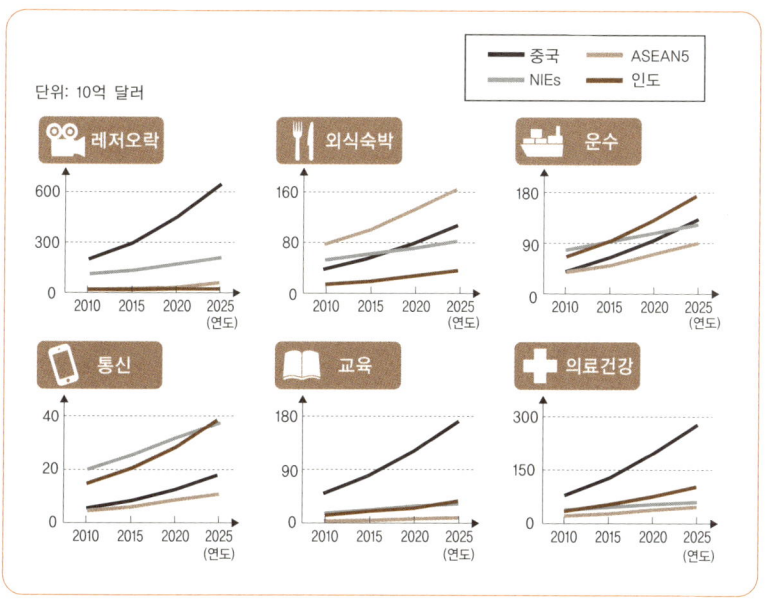

주: ASEAN5는 인도네시아, 말레이시아, 필리핀, 태국, 베트남. NIES는 한국, 타이완, 홍콩, 싱가포르.
자료: Development Bank of Japan.

비즈니스 모델 혁신도 더디다. 또 신흥국의 서비스업은 서비스의 니즈 자체가 나라마다 상이하게 나타난다. 중국은 레저오락·교육·의료건강 니즈가 다른 신흥국에 비해 월등히 높다. 반면 외식숙박·운수·통신은 중국과 다른 아시아국 그리고 인도 간에 큰 차이가 없다. 잠재력 높은 유망 서비스 업종이 지역별로 다름을 알 수 있다.

대형화와 체인화, 서비스 업계의 지각변동

도시화는 신흥국 서비스업의 속성을 바꿀 가능성이 크다. 첫 번째로 예상되는 변화는 대형화와 체인화 등 서비스업이 본격적으로

■ 도표 3-8 중국의 도시별 식품잡화점 구성 비율

주: 식품잡화점 매출액. 근대적 상점은 체인을 운용하는 대형 종합 소매점. 전통적 상점은 개인 상점 등.
자료: ISI 분석 2008년 1/4분기. BML, Euromonitor, Planet retail을 기초로 BCG가 작성.

산업화된다는 것이다. 신흥국의 서비스업은 가족 중심의 패밀리 비즈니스로 운영되는 경우가 많다. 대규모 자본이 체계적으로 투자된 사업이라기보다는 자연발생적 생계형이 많다. 하지만 도시화로 인구가 집중되면 대규모 투자의 경제성이 확보된다. 대자본을 투자해 규모를 키우더라도 충분한 배후시장이 있고, 이것이 다시 경쟁력으로 이어진다. 특히 영세한 도소매, 유통, 음식, 숙박 등이 밀집된 분야일수록 도시화로 인한 대형화 추세는 활발해질 것이다.

BCG의 분석에 따르면 중국의 1급 도시에서는 소매업의 85%가 근대적 대형 체인점으로 전환된 것으로 나타난다. 반면 도시화가 덜 진전된 4, 5급 도시에서는 여전히 패밀리 비즈니스형 소매점이 72%를 차지하는 것으로 나타난다. 결국 도시화가 유통을 바꾸고 있는 것이다.

이미 글로벌 기업은 앞선 기술력과 자본력을 바탕으로 개도국 도시의 서비스업 구조를 바꾸고 있다. 월마트는 1996년 중국시장에 진출해 15년이 지난 지금은 101개 도시에 190여 개의 점포를 운영하는 초대형 기업으로 발전했다. 전 세계에 65만 개의 객실을 운영 중인 세계 최대의 호텔 체인 IHG InterContinental Hotel Group도 중국을 가장 중요한 성장동력으로 보고 있다. 이미 2010년 현재 145개 호텔에 4만 8,000여 개의 객실을 보유하고 있지만, 2025년이면 중국의 호텔 시장이 미국을 능가하리라 보고 향후 20년간 현재보다 8배 이상 규모를 확대할 것이라고 한다.

서비스업에 자본을 투입할 때 가장 고민해야 할 것이 경제성과 품질 문제다. 이를 해결할 방법의 하나가 서비스의 매뉴얼화 혹은 플랫폼화다. 일본의 '코코이찌방야'라는 카레 레스토랑 체인점이 좋은 사례가 된다. 일본에 1,200개 체인점이 있는 이 식당은 중국과 타이 그리고 우리나라에도 진출해 있다. 이곳은 밥의 양을 다섯 가지, 카레 종류를 열다섯 가지, 매운 맛을 그 정도에 따라 여덟 가지로 나누어 양, 종류, 맛에 따라 메뉴를 매뉴얼화했다. 메뉴가 여러 종류라 주문과 조리가 복잡할 뿐만 아니라 음식맛도 다를 것 같지만 매뉴얼화 때문에 세계 어디서나 비슷한 맛을 유지한다. 서비스 품질을 표준화한 것이다.

전 세계적으로 유사해지는 트렌드와 소비 패턴

도심형 서비스업의 또 다른 이슈는 글로벌 시장으로의 편입이다. 도시화를 다르게 해석하면 '트렌드나 소비 패턴이 전 세계적으로 유사해지는 것'으로 이해할 수 있다. 대도시화가 진전될수록 각 지역이 갖고 있는 지역색이 상대적으로 줄어들고, 선진국의 유행은 바로 도시를 통해 개도국으로 확산될 수 있다. 글로벌시장에서 통용되는 트렌디한 상품이나 서비스가 개도국 시장에서도 먹힌다는 이야기다. 대표적으로 생각할 수 있는 분야가 영화·광고·미디어·의류 산업이다.

몇 가지 사례를 살펴보자. 최근 중국은 영화관이 급격히 늘고 있다. 《LA타임스》의 보도에 의하면 2010년 현재 중국에는 6,200개 이상의 영화관이 있다. 지난 4년간 2배 이상 증가한 것인데, 2015년이면 1만 2,000개 이상으로 확대가 예상된다. 하지만 이는 인구 22만 명당 1개의 스크린에 해당하는 수치로, 우리나라의 2만 4,000명당 1개, 북미의 1만 3,000명당 1개에 크게 못 미치는 수치다. 중국이 현재의 우리나라 수준으로 스크린 수를 늘리려면 6만 개 정도가 더 생겨야 하는데, 이는 지금보다 10배 정도 규모가 커진다는 의미다. 이런 변화가 영화와 애니메이션 등 연관 문화산업의 발전을 연쇄적으로 유발할 것으로 예상된다.

도시를 중심으로 자라, H&M, 유니클로 등 글로벌 브랜드 소비도 늘고 있다. 자라 브랜드를 보유한 세계 최대의 패스트 패션fast fashion 업체 인디텍스는 2010년 회사 총이익의 3분의 1이 중국에서 발생했다고 밝혔다. 이들은 현재 중국에서 75개 매장을 운영 중이며, 2011년 말까지 매장을 120개로 확대할 예정이라고 한다. 특히 상하이 등 30개 대도시 지역에 있는 플래그십 스토어flagship store도 42개 도시에 개점한다는 계획이다. 〈도표 3-9〉를 보면 도시 지역에서 브

■ 도표 3-9 브랜드 명을 기억하지 못하는 중국인 비율

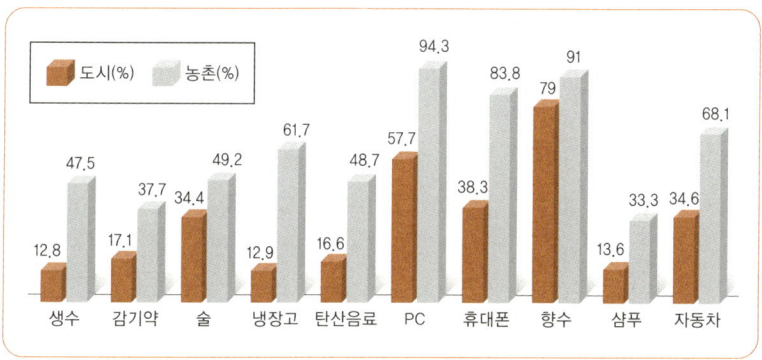

자료: Sun and Wu (2004), Consumption patterns of Chinese urban and rural consumers, *Journal of Consumption marketing*.

랜드를 인지하는 비중이 높음을 알 수 있다. 미디어와 광고 노출이 많아지면서, 도시가 유행이나 브랜드에 민감해지고 있다는 의미다.

IT 기술 접목으로 서비스 경쟁력 상승

서비스업으로 신흥국 진출 시 가장 유념해야 할 것 중 하나는 경쟁 요소를 블랙박스화하는 것이다. 서비스업은 복제되기 쉽다. 특히 프로세스 등이 대부분 유사해 매뉴얼화만으로는 부족하다. 이에 대한 대응으로 IT 기술을 도입해 자동화하고 프로세스를 시스템화하는 방법이 필요하다. 할인점에서 손님의 성별이나 연령, 요일별 판매 패턴 등을 자동으로 수집할 수 있도록 시스템화하고, 이를 SCMSupply Chain Management 체계와 연동하는 것 등이 예가 되겠다. 특히 반복적 업무, 후방지원 부문back office에서는 보다 적극적으로 IT 기술을 도입해 블랙박스화해야 한다.

후방지원 부문에 적극적으로 기술을 도입한 사례로 일본의 고급

여관 가가야加賀屋를 들 수 있다. 가가야는 일본 전국의 여행업 종사자들이 뽑는 '프로가 선정한 일본의 고급호텔·여관 100선'에서 28년간 1위를 차지한 곳이다. 이 여관이 최고급 서비스를 위해 세계 최초로 음식 자동반송 로봇을 도입했다고 해서 화제가 된 바 있다. 가가야는 객실이 245실 규모로 그리 크지 않은데, 점심이나 저녁 시

서비스의 딜레마

우리는 항상 최고의 서비스를 제공하는 것이 서비스업의 최우선 가치라고 생각한다. 물론 맞는 말이지만 한편으로는 잘못된 접근법이다. 매번 지난번보다 나은 수준의 서비스를 제공하려 하기보다는 고객의 기대수준과의 편차를 최소화하는 것이 바람직한 서비스업 운영 방식이다. 예를 들어 이전보다 높은 수준의 서비스를 받으면 그 수준에 대한 기대감이 있기 때문에 다음에 보통 수준의 서비스를 제공하면 소비자는 서비스에 불만을 느끼게 된다. 서비스의 비대칭성 때문이다. 즉 서비스 수준이 높아져서 느끼는 가치보다 반대로 내려오는 쪽에 대한 불만이 훨씬 클 수 있다. 좋은 서비스는 그저 플러스 알파라고 생각하지만, 그전보다 못한 서비스에는 불만을 느끼게 된다는 것이다. 따라서 가격에 알맞은 일정 수준의 서비스 품질을 유지하는 것이 관건이며, 여기서 관리의 핵심 포인트는 '편차'다.

서비스는 대개 제품과 달리 제공하는 사람에 따른 편차가 크다. 어떤 고객이 어느 종업원에게서 최고의 서비스를 받았다면 그 서비스 수준이 그 고객의 기준(reference)이 된다. 그러면 그 후 보통 수준의 서비스를 받았을 때 만족하지 못하고 오히려 그것이 불만 요소가 될 수 있다. 따라서 서비스 부문에서도 품질관리 부문과 마찬가지로 표준편차를 최소화해, 기대수준에 맞는 정도의 서비스를 제공하는 게 바람직한 서비스업 운영 방식이다.

간에 최대 1,500개 이상의 식사 주문이 몰리기 때문에 이에 대한 신속한 대응이 늘 문제였다. 가장 쉬운 방법은 직원을 더 뽑아서 대응하는 것이다. 고급여관이면 당연히 서비스 품질을 위해 그렇게 해야 한다고 생각하기 쉽다. 그러나 문제는 품질 유지와 비용이었다. 결국 객실 담당 인원을 활용했지만 객실 부문 서비스의 질이 저하되는 결과를 초래했다. 이에 대한 대응이 바로 후방지원 부문에 로봇 기술을 적용하는 방법이었다.

가가야의 분석에 따르면 음식이 주방에서 손님에게 배달되는 경로가 최대 수백 미터에 이르기 때문에 신선도를 유지하기가 어려웠고, 과도한 인력이 소요된다는 문제도 있었다. 가가야는 주방에서 식당까지 음식을 나르는 것과 같은, 반복적이지만 신속히 처리해야 하는 업무를 위해 음식 자동반송 로봇을 설치해 대응했다. 그 결과 기존에는 인력 30명이 소요되었지만 이후 7명으로 해결할 수 있었고, 종업원들 역시 보다 많은 시간을 접객에 할애해 서비스의 품질을 높일 수 있었다. 최고급 호텔이라 해도 반복적 업무로 이루어지는 후방지원 부문에는 서비스업에 알맞은 시스템을 도입해 전체적 서비스 품질 제고는 물론, 다른 영역에도 적용할 수 있는 플랫폼을 확보한 것이다.

서비스를 과학화하라

제조업의 경쟁력을 높이기 위해 '제조의 서비스화'가 필요하다는 주장이 많다. 그렇다면 '서비스의 제조화'는 어떨까. 아직 익숙한 개념은 아니지만 글로벌 시장에서 서비스업으로 경쟁하려면 반드시 제조업 개념을 도입할 필요가 있다.

제조업에서는 반복적이고 규칙적인 업무들은 철저히 시스템화해서 관리하는 것이 당연시된다. 반면 대개의 서비스업은 상황에 맞추어 대응하는 방식이 일반적이다. 서비스의 제조화는 서비스업에서도 제조업과 마찬가지로 각각의 활동을 분석하여 필요하면 줄이고 통합해 생산성을 높이자는 것이다. 이런 개념에서 출발한 것이 '서비스 사이언스'다. 아직 명확히 정의된 개념은 아니지만 몇 가지 사례를 통해 자세히 살펴보자.

■ 도표 3-10 일본 Y호텔의 침구정리 업무동선 분석

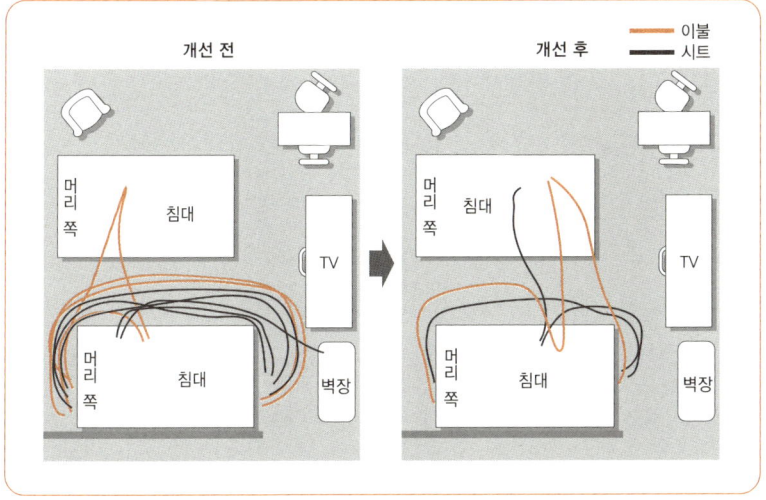

자료: 日本インダストリアルエンジニアリング(IE)協會 (2007), "サービス産業の生産性向上に資する製造業のノウハウに關する調査研究報告書".

가장 초보적 단계로는 시간·동작 연구time and motion study를 적용시켜 업무동선을 분석해 시간과 비용을 줄이는 방향으로 개선하는 것을 꼽을 수 있다. 일본의 한 호텔에서는 침구정리 업무의 동선을 분석해 당초 388초 걸리던 작업을 270초로 약 30% 줄였다고 한다. 그 결과 객실에 대한 불만 건수도 월 2~3건에서 0~1건으로 크게 감소했다는 것이다.[33] (도표 3-10)

서비스업과 과학의 만남

또 인지과학을 이용해 서비스를 시스템화하는 방법도 있다. 이를

---
[33] "特集 サービスを科學する" (2006. 8), 《一橋ビジネスレビュー》, 54(2).

테면 눈동자의 움직임을 추적해내는 '안구추적 시스템eye tracking system'을 사용해 소비자가 무엇에 관심을 보이는지 측정할 수 있다. 이런 시스템은 매장에서 상품을 배치할 때 활용할 수 있고, 나아가 광고효과를 높이기 위해 광고를 어디에 노출시켜야 좋을지도 분석할 수 있다.

심지어 편의점에서도 과학이 적용될 수 있다. 고객의 성별·연령·구매제품 간의 연관 관계·날씨와 제품 판매의 연계성·선반 매대의 위치에 따른 판매 반응 등을 과학적으로 분석한 뒤 가장 좋은 결과를 시스템으로 정착시키는 것이다. 이런 정보를 축적하고 과학적으로 분석하면 자사만의 노하우와 비즈니스모델로 활용할 수 있어 요긴한 경쟁의 툴이 될 수 있다.

항공사도 역피라미드reverse pyramid 방식을 통해 탑승순서를 조절함으로써 출발 지연을 21%, 평균 탑승시간을 2분 단축할 수 있었다고 한다. 역피라미드 방식이란 이코노미클래스 승객의 탑승순서를 후미의 창가, 후미의 복도 측과 전방의 창가 순으로 하고 마지막으로 전방의 복도 측을 탑승시키는 것을 말하는데, 이를 비행기 앞쪽에서 보면 역피라미드 모양이기 때문이 이런 이름이 붙었다.

이와 같이 서비스 사이언스는 아직 표준화·과학화되지 못한 서비스업에 IT 기술, 산업공학 기법 등을 동원해 효율을 높이고, 이를 통해 규모의 경제를 극대화할 방법을 찾으려는 개념이다. 아직은 IBM 등 IT 솔루션 업체들만 사업화하고 있는 개념이지만 개도국의 서비스 시장이 급격히 확대되면 소비자의 행동분석까지 포함한 서비스 사이언스의 활용범위 역시 커질 것으로 보인다.

건물과 자동차의 에너지 소모를 줄여라
에너지 효율화 사업

기후변화에 가장 경제적으로 대처하는 방법은 무엇일까. 화석연료로 생산한 에너지를 적게 쓰는 것이 궁극적인 답이 될 수 있다. 하지만 이 방법은 사람들의 일상생활에 굉장한 불편을 초래한다. 대개의 사람은 불편을 싫어하고, 그런 점에서 이 방법은 실효성이 떨어질 수 있다. 그래서 대안으로 에너지 효율화가 부상하고 있다. 생활에 큰 불편함을 끼치지 않으면서도 에너지를 적게 쓰는 방법이 있다면 최선의 답이 될 것이다.

에너지 효율화, 건물용 에너지 사용 절감부터

IEAInternational Energy Agency에 따르면 OECD 국가들은 대개 건물용, 운송용, 산업용으로 각각 30%대 비중으로 에너지를 사용한다. 물론 제조업 비중이 높은 우리나라는 산업용이 44%로, 미국의 24%

■ 도표 3-11 주요국의 분야별 에너지 사용 비중

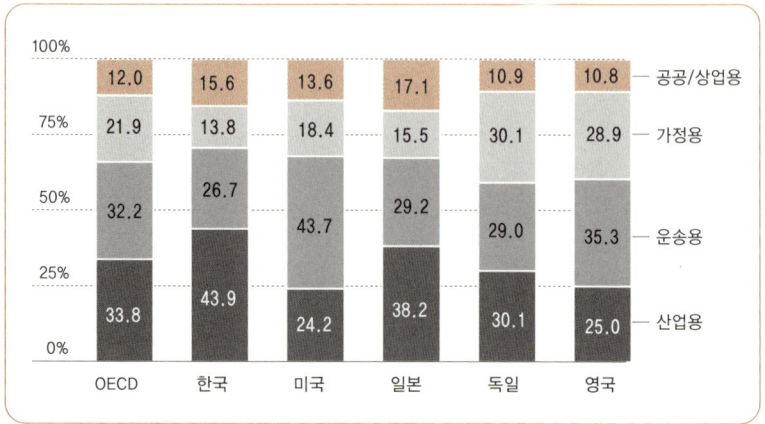

자료: IEA Energy Balance.

나 독일의 30%에 비해 높다.

에너지 효율화 기술이 핵심적으로 적용될 부문은 건물과 자동차다. 여기에는 이유가 있다. 산업용 에너지 절감에는 이미 기업들이 원가경쟁력 확보 등을 위해 다양한 노력을 기울이고 있다. 더욱이 이 부분은 기업 고유의 공정이나 노하우와 연관되고, 산업의 구조적 문제와도 상관성이 커서 단기간에 조정하기가 어렵다.

우선 건물 부분의 에너지 효율화 사업에 대해 살펴보자. 우리나라는 전체 에너지의 29%를 건물(상업·공공·주거)에서 사용한다. OECD 평균인 34%, 영국의 40%, 일본의 33%에 비하면 낮은 수치다. 우리나라 건물의 에너지 효율이 높아서라기보다는 산업용 에너지 비중이 높아서 나타나는 결과다.

건물용 에너지는 다시 세분화된다. IEA에 따르면 우리나라와 비슷한 위도를 가진 지역의 경우 가정용 건물 에너지의 절반은 난방

용이다. 급탕과 가전기기에 사용되는 에너지가 약 38%고 조명과 취사가 각각 3% 전후라고 한다. 반면 상업용 건물은 난방이 36%, 사무기기가 20%, 조명이 15%를 차지한다. 그러므로 건물용 에너지 절감을 위해 가장 먼저 고려해야 할 요소는 냉난방 에너지 절감 기술이다. 단열이 하나의 예가 된다. 통상 단열기능만 강화해도 가정 내 난방 에너지의 3분의 1에서 많게는 3분의 2까지 절약할 수 있다고 한다.

특히 에너지 가격이 저렴했던 시기에 지어진 노후된 건물은 에너지 낭비가 심하다. 유럽은 1억 5,000만 채의 주택 중 32%가 1945년 이전에 지어진 건물이며, 1975년 이후 지어진 건물은 28%에 불과하다고 한다. 에너지 비용을 보면 1975년 이전 건물은 100㎡당 2,210유로가 들지만 최근에 지어진 건물은 1,000유로가 든다고 한다. 새로운 단열기술을 적용한 저에너지 주택은 그 비용이 불과 120유로로, 낡은 주택 대비 20분의 1 정도로 에너지 절감이 가능하다.

개도국의 경우는 신축 건물이 급속히 늘어나 에너지 소비가 급증하는 문제가 있다. 특히 중국에서 건물용 에너지 수요 급증이 두드러진다. 급속한 경제성장에 따라 중국은 연간 20억㎡ 정도로 신규 건물 면적이 늘어나고 있다. 일본 전체 건물 면적의 3분의 1에 해당하는 규모다. 특히 소득 증가로 건물 내 에너지 소비가 늘어나, 2030년이 되면 지금보다 3배 이상 많은 에너지 사용이 예상된다고 한다. 규모는 작지만 인도도 비슷한 양상이다. 건물에서 사용되는 에너지만 제대로 효율화해도 전 세계적으로 큰 효과를 볼 것이라는 이야기다.

단기적으로는 패시브 방식, 장기적으로는 액티브 방식

건물용 에너지의 절감기술은 크게 두 가지다. 그중 단열을 통해 건물의 에너지 효율을 높이는 기술을 흔히 패시브passive 방식이라 한다. 창호와 단열이 대표적인 예다.

특히 관건은 '창호'다. 에너지 손실이 가장 많은 것이 바로 창이기 때문이다. 고기밀 3중 유리창호만 적용해도 42% 정도 에너지를 절약할 수 있어 4~5년이면 자금회수payback가 가능하다고 한다. 건물의 에너지 효율화를 오래전부터 추진해온 유럽에서는 빌딩에 시스템 창호가 일반화되어 있다. 우리나라도 상업용 빌딩과 일부 아파트에서 시스템 창호가 도입되었다. 이런 추세를 감안할 때 창호 부분은 당장 가능한 사업기회라고 생각된다. 단열 방식 중에서도 외벽단열 방식의 시공이 효과를 극대화할 수 있다고 한다. 좀 더 길게 보면, 지금의 단열재보다 효과가 월등한 새로운 단열소재 개발이 핵심이다.

반면 액티브active 방식은 보다 적극적으로 에너지를 절감하는 것으로 조명과 난방기, 공조기, 에어콘 등 HVACHeating, Ventilation, Air-conditioning 제품을 바꾸어 에너지 사용을 억제하는 기술이다. 특히 가정에서는 다양한 형태의 열원과 전기 에너지를 사용하기 때문에 이를 효과적으로 개선하고 효율화한다면 에너지 사용량을 획기적으로 개선할 수 있다. 이런 점에서 단기적으로는 패시브 기술이, 장기적으로는 액티브 기술이 건물 에너지 절감의 열쇠가 된다.

액티브 기술을 적용해야 할 대상으로 가장 많이 언급되는 것은 조명이다. 조명은 건물 내 이산화탄소 배출량의 16%를 차지할 정

■ 도표 3-12 패시브 기술과 액티브 기술 비교

구분		주요 사업 아이템	주요 업체	시장규모(추정)
패시브 기술	단열	유리섬유, 암면, 플라스틱폼, 에어로젤 등 슈퍼단열재	Rockwell, Owens-Corning, BASF	미국 450억 달러 유럽 100억 달러
	창호(유리)	스마트 윈도	NSG Group, Saint-Gobain, Asahi, Guardian	유리시장 210억 유로 (전 세계): 70% 건물용, 10% 자동차용
액티브 기술	조명	LED, 시스템 조명	Cree, GE, Siemens, Philips, Zumtobel	145억 달러 →228억 달러 (2016년, 전 세계)
	HVAC	에너지 관리, 온도조절, 냉공조	Emerson, Honeywell, Johnson Control, Carrier, Schneider	348억 달러(2007년) →657억 달러 (2020년, 전 세계)
	차세대 난방기구	지열 히트펌프, 고효율 보일러	Centrotec, Nibe	

자료: 삼성경제연구소.

도로 중요한 효율화 대상이다. 새로운 조명기술이 속속 등장하고 있지만 우리는 여전히 100여 년 전에 개발된 백열등과 형광등을 쓰고 있다. 유럽에서 사용이 규제되는 백열등은 에너지의 90% 이상이 열로 전환되기 때문에 효율이 극히 낮다. 형광등은 수은 등 오염의 문제가 있다. 조명만 고효율화해도 전력의 3.8% 정도는 절감이 가능하기 때문에 최근에는 LED, OLED 조명이 각광받고 있다.

건물의 에너지 효율화를 강조하는 가장 큰 이유는 경제성 때문이다. 건물은 통상 다른 제품에 비해 내구연한이 길어, 에너지 절감기술을 적용하기 위해 투자를 하더라도 사용하는 동안 투자금 회수가 가능하다. 즉 경제성을 확보하기 용이한 속성이 있다. 건물의 에너지 효율화를 위해 패시브 방식을 적용하면 투자비가 2~10% 정도 더 들어가겠지만 5~10년이면 회수가 가능하다고 한다. 30~40년

꿈의 단열재 에어로젤

'꿈의 신소재'라고 불리는 단열재로 에어로젤(Aerogel)이 있다. 별명이 언 안개(frozen smoke), 고체화된 공기(solid air)일 정도로 가볍고 투명한 소재다. 특히 1,100℃에서도 타지 않을 정도로 내열성이 뛰어나고, 자기 무게의 2,000배까지 견딜 정도로 튼튼해 500g만으로도 자동차 무게를 감당할 수 있다. 방음력과 투광성도 보유해 활용도가 매우 높은 소재로 알려졌다. 이 소재를 사용하면 단열재의 두께를 10분의 1로 줄일 수 있어 건물뿐 아니라 냉장고 등 다양한 분야에서 활용이 가능하다. 현재는 가격이 비싸서 우주용과 산업용에만 제한적으로 사용되고 있다.

단열 성능과 강도를 갖춘 투명하고 가벼운 소재인 에어로젤(자료: 에어로젤코리아, www.aerogel.co.kr).

리모델링 주기를 생각한다면 충분히 매력적인 투자라고 할 수 있다.

〈도표 3-13〉을 보면 독일 주택 기준으로 기존 주택이 1㎡당 연간 약 280kWh의 에너지가 소비되는 반면 에너지 저소비 주택은 그 절반 수준으로 급격히 효율화되고 패시브 주택은 약 30kWh 수준으로 하락한다. 기존 주택의 10분의 1 수준으로 에너지 사용이 줄어드는 것이다. 특히 주목되는 부분은 난방용 에너지가 획기적으로 절감된

■ 도표 3-13 기존 주택, 에너지 저소비 주택, 패시브 주택의 에너지 사용량 비교

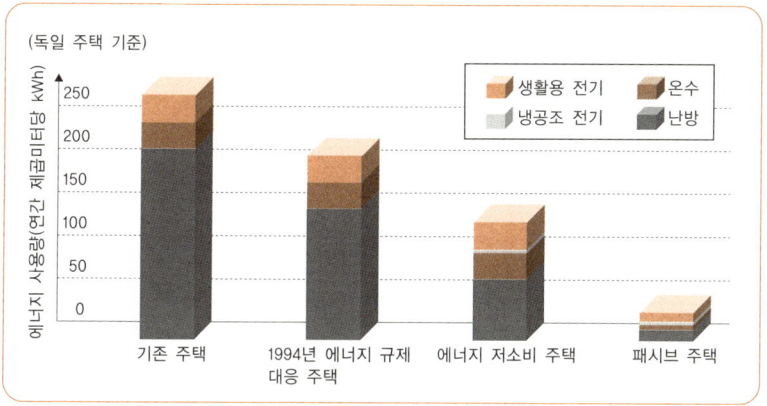

자료: http://www.passiv.de/English/PassiveH.HTM

친환경 인증 주택

주요 선진국들은 1990년대부터 건물에 대해 에너지 등급제를 실시하고 있다. 미국은 1990년에 제도 도입이 시작되어 현재 약 30여 개 주에서 시행 중인데, 2004년 이전에 지어진 주택보다 15% 정도 에너지를 절감할 수 있는 주택에 에너지 스타Energy Star 라벨을 발급하고 있다. 1992년에 인증제도를 도입한 영국에서는 2012년부터 매매되는 모든 주택에 에너지 효율 등급을 알아볼 수 있도록 표시 부착을 의무화하고 있다.

그런데 아직은 건물의 에너지 등급 제도가 실효를 보고 있는 것 같지는 않다. 그러나 장기적으로 보면 에너지 효율이 집값에 일부 반영될 가능성이 크다. 이렇게 되면 자발적 차원에서 에너지 인증과 에너지 저소비 주택 보급이 확대될 가능성이 크다. 실제로 시애틀에서는 친환경 인증을 받은 주택이 일반 주택 대비 10.5%의 프리미엄을 받는 것으로 나타났다.

자료: 이안재 외 (2009. 10. 14). "주택의 미래 변화와 대응 방안". 〈CEO 인포메이션〉 726호. 삼성경제연구소.

다는 것이다. 단열효과를 단적으로 설명하는 예라 하겠다.

네 번째 도전, 전기자동차는 대중화할 수 있을까

에너지 효율화의 또 다른 축은 자동차다. 최근 다양한 형태의 그린 카가 시장에 출시되고 있는데, 사실 이런 시도는 유가 급등기 때마다 있었다. 전기자동차만 해도 그렇다. 요즘에 새로 나온 개념처럼 보이지만 1900년대 에디슨 시절부터 이미 전기자동차는 개발되어 있었다.

"가솔린 자동차보다 전기자동차를 타는 것이 쾌적하다는 것은 의심의 여지가 없다. 미래는 분명 전기자동차에 있다." 1899년 《프로메테우스》라는 잡지에 실렸던 내용이다.[34] "얼마 지나지 않아 가솔린 자동차를 몰던 똑똑한 기술자가 사라지고, 평범한 운전자들이 전기자동차를 몰 것이다." 포드가 모델T Model-T라는 자동차로 자동차산업의 혁명적 변화를 이끌던 1912년에도 이런 이야기가 회자되었던 것이다.

실제로 1900년 미국에서는 증기자동차와 전기자동차가 각각 시장의 40%와 38%를 점유하며 대세를 형성했고, 가솔린 자동차는 불과 22%에 지나지 않았다. 이후 1970년대의 오일쇼크 시기와 1990년대에 전기자동차가 이슈로 떠올랐다.

그렇다면 현재의 전기자동차 이슈 또한 유가가 하락하면 사그라질까? 결론부터 이야기하면 그렇지는 않을 것 같다. 과거와는 달리

---

[34] 쿠르트 뫼저 (2007), 《자동차의 역사》(김태희·추금환 역), 뿌리와이파리.

■ 도표 3-14 전기자동차 개발의 역사

시기	개발 내용과 결과
1차: 1900년대	증기 · 가솔린 · 전기자동차 간 경쟁 →1900년경 미국 자동차의 40%가 증기, 38%가 전기, 22%가 가솔린을 이용 →장거리 운행에서 가솔린이 우위
2차: 1970년대	미국에서 대기오염 방지 목적의 Muskie법 제정(1970년) →정부 주도로 배기 가스가 없는 전기자동차 개발을 추진 →배기가스 정화기술 개발로 2차 붐이 꺼짐
3차: 1990년대	캘리포니아 주에서 배기가스가 없는 차의 판매를 의무화 →GM 등 민간 기업 주도로 3차 전기자동차 개발 붐 →높은 가격과 짧은 운행거리 및 전지의 수명 문제 등으로 열세
4차: 2000년대	온난화 가스 배출 삭감을 규정한 교토의정서 채택(1997년) 세계 각국의 환경규제 강화와 유가 급등 및 전지기술 혁신 →4차 전기자동차 붐이 진행 중

자료: 日本經濟産業省 (2007). "次世代自動車 · 燃料 Initiative"; 쿠르트 뫼저 (2007). 앞의 책.

전기자동차를 필요로 하는 절실한 이유가 있기 때문이다. 바로 기후변화 문제다. 물론 유가가 가장 중요한 변수이므로 유가에 의해 전기자동차 등 친환경차의 보급 속도가 달라질 수는 있다. 그런데 앞서 살펴보았듯이 유가가 크게 떨어질 가능성은 크지 않아 보인다. 따라서 초저유가 상황에 이르지 않는 한 친환경차 보급은 가속될 것이다. 이젠 유가 외에 환경 문제까지 작용하기 때문에 에너지 효율이 지속적으로 높은 자동차에 대한 수요가 생길 수밖에 없다.

현재 많은 업체가 친환경차를 선보이고 있지만, 시장에 큰 충격을 줄 만한 변화는 아직 없다. 전기자동차의 대중적 보급을 위해서는 몇 가지 기술혁신이 필요하다. 우선 현재는 배터리 기술이 완벽하지 못하다. 충전에 너무 많은 시간이 걸리고 한 번의 충전으로 이동할 수 있는 거리도 제한적이다.[35] 지금 우리가 사용 중인 내연 엔진 장착 자동차에 비하면 불편함이 크다. 사람들의 습관이나 자동차에 대한 인식 자체를 바꾸어야 하기 때문에 보급이 쉽지만은 않을 것으로 예상된다.

가격도 큰 변수다. 배터리가 전기자동차 원가의 50% 이상을 차지하기 때문에 가격이 획기적으로 인하되지 않으면 안 된다. 가격 문제는 일종의 닭과 달걀의 문제로 볼 수 있다. 즉 많이 팔려야 가격이 떨어질 수 있다는 점과 가격 때문에 보급이 안 된다는 점이 상충하고 있다.

배터리 못지않게 BMS(배터리 관리 시스템)와 모터도 전기자동차의 성능을 좌우하는 핵심 분야다. 전기자동차용 모터가 이슈가 되는 또 다른 이유는 희토류가 사용되기 때문이다. 희토류는 중국이 공급량의 95% 이상을 차지해, 편재성이 매우 높은 광물이다. 특히 최근 중국이 희토류 수출 규제를 강화하고 있어 안정적 원소재 확보가 사업에 관건이 된다. 도요타 등이 희토류 사용을 줄이는 모터 개발에 전력을 다하는 이유도 여기 있다.

마지막으로, 경량화 소재도 이슈가 될 것이다. 현재는 알루미늄과 엔지니어링 플라스틱 등 비철 소재의 사용이 확대되고 있다. 통상 자동차의 무게를 10% 줄이면 연비가 6% 정도 개선된다고 한다. 경량화가 환경 및 에너지 문제의 대안이 될 수 있다는 뜻이다.

자동차 경량화 소재의 핵심으로 부상하고 있는 것이 탄소섬유 소

---

[35] 따라서 향후 한번 충전으로 300~500km를 갈 수 있을 것, 1,000번 내외의 충·방전이 가능할 것, 10분 내외의 급속충전으로도 50% 이상 충전이 가능할 것 등의 혁신이 이루어져야 한다.

재다. 가격 문제로 자동차에서는 아직 활용이 제한되고 있지만 항공기나 골프채 등에는 이미 사용되고 있다. 보잉 사의 최신 항공기 B787에는 1대당 23t의 탄소섬유와 35t의 탄소섬유 강화 플라스틱이 사용되었는데 무게 기준으로 경량화 소재 비중이 80%에 이른다고 한다. BMW도 2015년 전후로 탄소섬유 소재의 전기자동차 생산을 구상 중이다.

현재 각국에서는 다양한 인센티브를 통해 친환경차 보급을 장려하고 있는데, 그중 주목할 나라가 중국이다. 중국의 자동차시장은 연간 2,000만 대 수준으로 미국을 제치고 세계 1위로 부상했다. 아직도 보급률이 인구 65명당 1대 꼴(미국은 1.2명당 1대, 우리나라도 3명당 1대)이라는 점을 감안하면 잠재성이 매우 큰 시장이다. 특히 자동차를 본격적으로 구매하기 시작하는 소득수준에 도달했다는 사실도 주목할 필요가 있다.

이런 폭발적인 자동차수요는 수송용 에너지 수요 급증을 야기한다. 중국의 석유 대외의존도가 50%를 넘어 2010년 석유 수입 규모가 1,351억 달러에 달한다. 2020년이 되면 석유 대외의존도가 65%에 달할 것이라는 우려도 나온다. 당연히 석유 의존을 줄이는 기술에 집중할 수밖에 없다. 워런 버핏의 투자로 유명해진 BYD 등 전기자동차를 만드는 회사에 주목하게 되는 이유다.

네 바퀴로 구동하는 자동차가 아닌 새로운 형태의 도심형 이동수단urban mobility도 주목해야 한다. 인터넷에 비견될 정도로 뛰어난 발명품이라고 칭송을 받은 세그웨이Segway가 대표적인 예다. 미국에서 발명되어 2001년에 출시된 이륜 도심형 이동장치인 세그웨이는 전기 모터로 구동되며 자이로센서 등을 통해 두 바퀴로도 균형을 유지할 수 있고, 시속 20㎞로 이동이 가능하다.

당초 사업 개시 1년 이내에 5만 대 이상 판매를 예상했으나, 2007년까지 약 3만 대가 판매되는 데 그친 것으로 나타났다. 그럼에도

전기자동차가 자동차산업의 구조를 바꿀 수 있을까

만약 전기자동차가 대중화된다면 자동차산업의 구조가 바뀔 수 있을까. 일부에서는 자동차산업도 PC나 휴대전화 산업과 마찬가지로 바뀔 수 있다고 주장한다. 자동차도 표준화된 부품을 맞추어 조립하면 되기 때문에 전자산업과 비슷한 형태로 구조가 바뀐다는 이야기다. 이렇게 되면 자동차 분야에서 경험이 없는 신생 업체도 시장진입이 가능해지고, 가격은 더 하락할 수 있으며, 다양한 형태의 자동차 디자인도 가능하다. 특히 PC 산업을 윈텔(윈도-인텔, 즉 마이크로소프트와 인텔)이 주도했듯이 시장의 주도권이 완성차 업체에서 부품 쪽으로 옮겨갈 수도 있다. 과연 그렇게 될까.

가능성이 완전히 없는 것은 아니지만 자동차는 PC 산업과는 상이하게 전개될 가능성이 높아 보인다. 자동차는 성능도 중요하지만 안전성이 가장 큰 요소고, 여전히 기구 부분이 중요한 제품이기 때문이다. 특히 자동차는 극단으로 가혹한 환경에서 사용하는 경우가 많아 이중 삼중의 안전장치가 필요하다. 구동과 제어 등 기계 부분에서 축적된 노하우와 경험이 필요하다는 점도 무시하기 어렵다.

이런 측면에서 보면 여전히 자동차 업체가 전기자동차 시대에도 우위를 점할 가능성이 매우 높다. 다만, 구동과 제어 등 기계 부분을 표준화된 플랫폼으로 제공하는 새로운 형태의 비즈니스 모델이 등장한다면 자동차산업의 구조에도 변화가 생길 수 있다.

2008년 도요타는 윙릿Winglet이라는 1인승 휴대용 이동수단을 선보였고 혼다도 U3-X라고 하는 도심형 이륜 이동장치를 선보였다.

자동차를 뛰어넘는 새로운 비즈니스 모델

자동차 대신 전기를 파는 비즈니스 모델

전기자동차는 어떤 형태로 보급될까. 지금과 마찬가지로 차량을 구입하는 형태가 일반적일 수 있지만, 다양한 아이디어가 결합된 새로운 비즈니스 모델도 구상되고 있다. 예를 들어 자동차 대신 전기를 파는 비즈니스 모델도 가능하다. 베터 플레이스Better Place는 탈脫 내연기관을 모토로 2007년 창업한 미국의 벤처기업이다. 이 회사는 성능 좋은 전기자동차를 개발하는 것보다 인프라스트럭처 콘셉트를 적용해 기존의 자동차산업과는 전혀 다른 비즈니스 모델을 준비 중이다.

이 비즈니스 모델의 가장 큰 특징은 자동차와 배터리 사업을 분리하는 것이다. 전기자동차를 팔 때 자동차와 배터리를 구분해서 판매한다. 그리고 자동차 구입자는 배터리 충전에 사용하는 전기료를 매월 회사에 납부한다. 당연히 전기자동차 가격은 기존 가솔린 차량보다 싸게 책정된다. 베터 플레이스는 차량 가격은 5,000달러 정도로 저렴하게 매기고, 전기 사용료는 마일당 2012년까지는 8센트, 2015년까지는 4센트, 2020년까지는 2센트로 점점 가격을 낮춰가겠다는 구상을 갖고 있다. 사용량만큼 요금을 내는 것으로 자동차가 휴대전화와 비슷한 서비스 모델로 바뀌는 것이다.

또 다른 비즈니스 모델은 아예 '배터리 교환소'를 만들어 휴대폰 배터리를 교체하듯 2~3분 만에 바로 완충된 배터리로 교환하는 방식이다. 충전 시간이 길게는 7~8시간이나 소요되는 기존 전기자동차의 약점을 해결하자는 것이다. 교환해주는 배터리가 모두 베터 플레이스 소유여서 문제가 없고, 현재 소비자들이 주유하는 것과 유사한 방식으로 이용할 수 있다는 것도 큰 장점이다.

베터 플레이스는 충전설비와 전기자동차 등을 IT 네트워크로 연결해 발전소를 추가로 설립하지 않고도 200만 대 이상의 전기자동차를 운용할 계획이라고 밝힌다. 현재 이스라엘과 덴마크 등지에서 사업을 준비 중으로 아직 상업적 성공은 미지수지만 자동차산업의 개념을 바꾼다는 점에서 주목되는 프로젝트로 보인다.

이와는 별개로 스마트그리드와 연계해 전기자동차를 보급하는 아이디어도 구상되었다. 이는 전기자동차 배터리를 에너지 저장장치로 활용하자는 것이다. 쉽게 말해 전력수요가 적어 전기요금이 싸게 적용되는 심야시간에 전기자동차에 전기를 충전해두었다가 전력수요가 급등하는 시간에 저장된 전기를 비싼 가격으로 되파는 방식이다.

이 방식 역시 적극 도입을 위해서는 다양한 기술적·경제적 조건이 검토될 필요가 있지만 전기자동차를 전력산업의 범주로 본다는 발상의 전환은 눈여겨볼 필요가 있다. 이를 통해 과거와 다른 전기자동차 관련 비즈니스 모델을 만들 수도 있고, 나아가 전력회사가 지금의 통신회사처럼 바뀔 수도 있다. 이렇게 되면 그동안 직접적인 이해당사자가 아니었던 IT 회사들도 전기자동차를 활용한 비즈니스 모델에 관여하게 될 것이다.

건물 리모델링도 에너지 재설계가 핵심 변수

에너지 효율화 분야에서도 다양한 비즈니스 모델이 만들어지고 있다. ESCO Energy Saving Company가 대표적이다. ESCO란 에너지 사용량이 많은 공장과 아파트 등 집단시설에 에너지 절감기술을 제공하고 그렇게 절약한 자금을 기술제공비로 지불받는 비즈니스 모델을 영위하는 기업을 말한다.

　우리나라에서는 지난 1992년에 이 모델을 도입한 업체들이 다수 있다. 그동안 ESCO는 에너지 다소비 업종을 주고객으로 삼았지만, 에너지 가격이 높아질수록 고객범위가 넓어질 것으로 보인다. 지금까지는 에너지 생산과 사용의 관점에서만 절감기술이 강조되었으나 앞으로는 패시브와 액티브 기술을 적용한 종합적인 에너지 효율화를 추구하는 형태로 변화가 예상되기 때문에 사업 전망이 밝다. 또 에너지뿐만 아니라 물과 오폐수 등을 망라한 환경 분야까지 포괄하는 효율화 솔루션도 필요해진다.

　건물의 리모델링도 지금까지는 인테리어, 외관 디자인이나 불편함 해소가 주된 관점이었지만 앞으로는 에너지가 핵심 변수가 될 가능성이 높다. 에너지 사용을 컨설팅하고, 여기에 최적의 솔루션을 제안하고, 금융기관과 연계해 비즈니스 모델을 디자인하는 등 일련의 과정이 모두 유망사업에 포함될 수 있다.

인류의 운명을 좌우하는 영원한 미래 산업
식량 비즈니스

식량생산은 가장 기본적이면서도 중요한 미래 산업이다. 개도국이 도시화되고 소득수준이 올라가면 필연적으로 전 세계적 식량수요는 늘어나게 된다. 반면 기후변화로 인해 식량생산의 불안정성은 높아지고 있다. 지속적으로 수요는 늘어나는데 공급은 불안정해지는 구조인 것이다. 이것이 바로 새로운 형태의 농업혁명이 필요한 이유이고, 또한 그것이 미래 유망사업의 아이디어가 된다.

식량소비의 양적·질적 변화
소득수준이 높아지고 도시화가 진전되면 나타나는 현상 중 하나가 식생활 패턴의 변화다. 가장 먼저 식량소비량이 늘어난다. 중국의 1인당 식량소비량을 보면 1960년대에는 180kg대 수준이었으나, 1990년대 말에는 250kg 수준까지 증가했다. 물론 1인당 식량소비

■ 도표 3-15 중국·인도·미국의 육류와 우유 소비량 변화

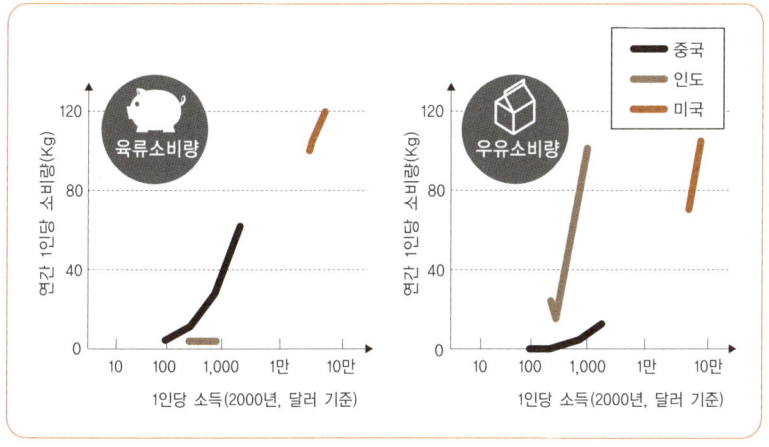

자료: OECD.

가 무한정 증가하지는 않지만, 소득이 낮고 인구가 많은 인도와 아프리카 등 개도국의 소득이 빠르게 증가하고 있기 때문에 전 세계적으로 식량수요는 지속적으로 증가할 전망이다.

또 소득이 높아지면 식량소비의 질도 바뀌어, 육류소비가 늘어날 가능성이 크다. 실제로 지난 30년간 선진국의 육류소비는 7% 증가했지만 개도국은 38%나 증가했다. 〈도표 3-15〉는 중국, 인도, 미국의 육류와 우유 소비량을 그래프로 나타낸 것이다. 특이한 점은 인도의 육류소비량은 소득이 증가해도 큰 변함이 없는 반면, 중국의 육류소비량은 급격히 늘고 있다는 것이다. 반면 인도의 우유소비량은 거의 미국 수준에 이를 만큼 빠르게 증가하고 있다. 문화권에 따라 소비가 증가하는 품목의 차이는 있지만, 전체적으로 보면 육류와 우유 등의 수요가 늘어남을 알 수 있다.

더 큰 문제는 인간이 생산하는 곡류의 40%를 가축들이 소비하게

된다는 점이다. 즉 육류소비의 증가가 곡물수요를 크게 늘린다는 이야기다. 식량소비의 양과 질, 두 가지 요인 모두 식량의 절대적인 수요급증과 연계되는 문제이다. 적어도 수요의 관점에서 보면 식량 이슈는 앞으로도 계속 중요한 화두가 된다는 것이다.

식량공급 불안을 야기하는 기후변화

공급 측면에서는 기후변화가 식량 문제의 변수다. 기후변화는 작황을 불안정하게 하여 공급의 불안정성을 높인다. 농촌진흥청에 따르면 우리나라의 평균 기온이 2℃ 상승하면서 배와 포도 같은 온대과수의 재배 면적이 34% 감소했다고 한다. 또 고랭지배추의 재배 면적도 70% 이상 감소가 예상된다고 한다. 기후변화가 식량생산을 좌우하는 절대적 요인인 것이다.

특히 노지에서 재배해야 하는 쌀, 보리, 밀, 콩 등과 과수 재배 작물은 기후에 영향을 크게 받는다. 따라서 이들 곡물의 주요 생산국인 북미, 러시아, 우크라이나, 중국 등지의 기상이변은 곧바로 곡물가격 불안으로 이어지게 된다.

문제는 기후변화로 인한 기상이변이 점차 잦아지고 있다는 점이다. 1980년대만 하더라도 전 세계적으로 연간 13건 정도 기상이변이 발생했으나, 2000년대 들어서는 연간 25건으로 약 2배 증가했다. 여기에 도시화로 인한 경지 면적 축소 및 농촌인구 감소도 공급의 절대량에 영향을 주는 요소다.

석유와 마찬가지로 곡물도 생산지의 편재성이 큰 문제다. 쌀, 밀, 옥수수, 대두 등 주요 곡물의 50% 이상이 3개 나라에서 주로 생산

■ 도표 3-16 전 세계 대형 기상이변 발생 빈도 추이

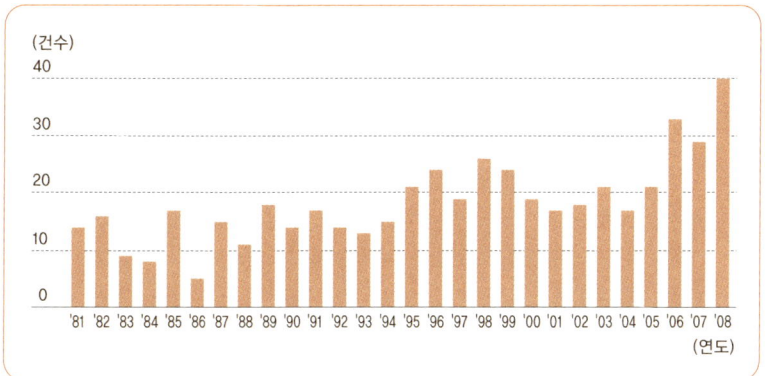

주: 대형 기상이변(지진 및 화산폭발 포함)은 500명 이상의 사망자 또는 5억 달러(2008년 기준) 이상의 재산 피해가 발생한 경우를 의미.
자료: Munich Re (2009), Topics Geo: Natural catastrophes 2008.

된다.[36] 이들 국가가 수출시장에 미치는 영향이 지대할 수밖에 없다. 농작물은 파종에서 수확까지 생산기간이 길기 때문에 수급불균형을 단기간에 조정하기가 어렵다. 생육조건이 기후대마다 다르고, 식습관도 지역에 따라 달라 수급균형을 맞추기가 현실적으로 쉽지 않다. 즉 소비는 계속 늘어나는 반면 공급은 변동성이 매우 커 곡물가격의 불안정성은 향후에도 지속적으로 높아질 수밖에 없다.

식량 문제의 또 다른 변수, 물 부족

식량 문제와 연결된 또 다른 이슈는 물 문제다. 밀 1kg을 생산하는데 물이 0.5~4t이 필요하다고 한다. 따라서 식량수요가 늘어난다는 것은 물의 수요 또한 늘어난다는 뜻이다. 전 세계적으로 농업 부

---
[36] 밀의 경우 EU를 하나의 국가로 본다면 EU와 중국과 인도에서 생산되는 양의 합계가 전체 생산량의 약 50% 수준이다.

기상이변과 배추값 폭등

2010년 9월 한국에서는 배추의 소매가격이 포기당 1만 원을 넘으면서 사회적 문제가 되었다. 평년 3,000원 수준이던 것이 3배 이상 상승해 '금배추'라는 신조어까지 만들어졌다. 배추값 폭등의 가장 큰 이유는 기상이변이었다. 2010년 여름 배추산지의 강우량이 평년보다 20% 정도 늘었고, 강우일수도 11일 정도 많았다. 이로 인해 일조량이 부족해졌고 생산량이 약 40% 감소하면서 문제가 생긴 것이다. 농산물은 생산에 소요되는 기간이 길어서 날씨 변화가 생기더라도 즉각적 대응이 불가능한 경우가 많다. 쌀은 통상 6개월의 재배 기간이 필요하고, 가을배추는 5개월, 고랭지배추도 3개월이 필요하다. 따라서 이 시기에 기후 조건이 극히 악화되면 전체 수확량은 급감하고 가격은 올라가는 구조가 되는 것이다. 그 반대 경우, 즉 기후조건에 따라 공급과잉이 일어나 가격이 폭락할 수도 있다. 공산품이라면 수입을 하면 되겠지만 농산물은 지역별 식습관이 상이해 수입을 통해 공급량 조절이 용이하지 않다는 점도 가격변동성이 커지는 원인 중 하나다.

문에 필요한 물의 양이 2000년에는 6,400㎦ 정도였지만 2025년이 되면 8,600㎦가 필요하다고 한다. 물의 양이 25년 만에 30% 늘어나는 것이다. 이는 댐이나 자연호수의 담수량 중 6% 정도가 농업용으로 공급되어야 해결될 수 있는 양이다.

물 문제 때문에 농업 정책을 포기한 나라도 있다. 사우디아라비아가 대표적이다. 사우디아라비아는 사막이지만 관개 및 농업 보조금 지급 등으로 농업을 장려해 1991년에는 밀 수출국이 되었다. 그러나 최근 물 부족이 심화되면서 수십 년간 추진해온 농업장려 정책을 포기한다고 선언했다. 사우디아라비아 정부가 농업에 대한 보조를 중단한다면 2016년 이후부터는 밀 재배가 중단될 것이라는 우려도 있다. 결국 기후변화, 도시화, 소득증가가 식량 문제를 자극하고, 물 문제를 만들어내는 형국인 것이다.

분명한 것은 어떤 경우건 기후의 불안정성이 높아질수록 곡물가격이 오를 가능성 또한 커진다는 것이다. 특히 곡물 유통이 주로 글로벌 메이저 기업에 의해 이루어지고 있고, 이들의 시장지배력이 크다는 점을 감안하면 식량가격의 하방경직성은 쉽게 해소되지 않을 것이다.

식량 문제를 해결할 첫 번째 열쇠, 종자사업

기후변화로 인한 식량 문제 해결에 완벽한 해답은 없겠지만 단기적으로는 종자 관련 사업이 유망하다. 이는 가뭄이나 병충해가 들어도 수확량에 영향이 적은 종자를 개발하는 사업이다. 사실 종자개발은 기아 문제를 해결할 방안으로도 주목받고 있다. 미국의 농학자 노먼 볼로그Norman Ernest Borlaug는 1944년 한국 토종인 앉은뱅이밀을 다른 종자와 교잡交雜해 생산성이 4배나 증가한 신품종 '소로나Sorona'를 개발했다. 이 밀 종자가 멕시코, 인도, 파키스탄으로 퍼지면서 앉은뱅이밀 종자 하나가 1억 명을 살렸다고 할 정도로 개도국의 식량위기를 크게 해소했다는 평가를 받았다. 이 공로로 노먼 볼로그는 1970년 노벨평화상을 수상했다.

2008년 기준으로 전 세계 종자시장은 700억 달러 규모라고 한다.[37] 종자사업은 최근 글로벌 기업들이 앞 다투어 진출하는 유망

세계 곡물시장을 움직이는 메이저들

세계 주요 곡물은 카길(Cargill), ADM, 벙기(BUNGE), LDC, 가낙(Garnac) 등 5대 메이저에 의해 교역된다. 이들은 곡물 교역량의 80%, 곡물 저장량의 75%를 좌지우지할 정도로 영향력이 막강하다. 카길은 2010년 기준 매출 1,079억 달러 규모의 회사로 세계 최대의 곡물 수출국인 미국의 곡물 수출량의 25%를 담당할 정도로 시장지배력이 크다. 전 세계 66개국에 13만 명의 종업원을 거느린 글로벌 기업인데, 비료에서 종자 개발, 사료, 축산 및 금융 서비스에 이르는 사업구조로 농업 전후방 가치사슬을 강화하고 있다. 특히 카길은 곡물유통의 관건이 되는 저장시설을 통제함으로써 시장에 대한 확고한 지배력을 유지하고 있다. 또한 인공위성 등을 통해 국가별 작황을 분석하고, 기후변화 등에 대해서도 과학적이고 체계적 대응을 통해 가격통제력을 유지하고 있다.

우리나라도 콩, 밀, 옥수수 등 대부분의 곡물을 이들 곡물 메이저와 일본의 종합상사 등을 통해 수입하고 있다.

분야다. 종자 역시 곡물시장과 비슷하게 몬산토, 듀폰, 신젠타Syngenta, 리마그레인Limagrain 등 4개 회사가 전체 시장의 50% 이상을 점하고 있다. 상위 10대 기업의 점유율이 1996년에 14%였다는 점을 감안하면 매우 빠른 시간 안에 글로벌 메이저의 과점화 현상이 심화되었음을 알 수 있다.

종자사업의 대표 기업 몬산토는 다수의 종자기업 M&A를 통해

---

37 김현한 (2009. 12. 10). "미래 농업의 견인차, 종자(種子)산업". 〈SERI 경영노트〉 34호.

세계 종자시장의 20% 이상을 점유하고 있다. 우리나라의 홍농종묘, 청양고추를 개발한 중앙종묘도 지금은 몬산토 소유가 되었다.[38] 특히 몬산토는 유전자 변형 농산물GMO을 통해, 외부에 재해가 닥쳐도 일정 수준 수확이 보장되는 종자 개발에 집중하고 있다. 글로벌 화학기업 듀폰도 잦은 가뭄이나 병충해에 내성을 지닌 옥수수 종자 등의 개발을 추진하고 있다.

여기서 주목할 것 중 하나는 종자사업에서 나타난 새로운 비즈니스 모델이다. 몬산토는 라운드업Roundup이라는 브랜드를 통해 제초제와 GMO 종자를 결합한 상품을 만들었다. 라운드업 레디Roundup Ready라는 GMO 종자는 라운드업 제초제에 내성을 갖도록 설계되어 함께 사용할 때 효과가 극대화된다. 일종의 패키지로 묶는 상품을 만들어낸 것이다. 몬산토는 1996년에 라운드업 레디 콩을 공급하기 시작했고, 1998년에는 옥수수로 사업을 확장하고 있다.

GMO 생산에는 안전성 등 여전히 많은 논란이 있다. 종의 다양성을 해친다는 우려도 있다. 생산성이 높은 작물 중심으로 GMO 재배가 확대되면서 종 자체의 다양성이 급격히 와해되었다는 것이다. 다양성 감소는 해충과 기후변화 등에 대한 대응력을 약화시켜 곡물생산에 치명적 위협이 될 수 있다. 그럼에도 불구하고 기후변화와 농산물 가격의 상승은 GMO 작물의 재배 면적을 확대시킬 것이고 그런 점에서 종자 개발은 식량 문제 해결의 첫 번째 열쇠가 될 것이다.

---

38 1997년 IMF 경제위기를 맞으면서 국내 채소시장의 64%를 점했던 국내 4대 종자회사가 다국적기업에 인수되었다. 홍농종묘와 중앙종묘는 세미니스에, 서울종묘는 노바티스에, 청원정묘는 사카다에 인수된 것이다. 세미니스가 다시 몬산토에 인수되어 지금에 이른다.

역수입되는 토종 식물

미국은 세계 최대의 식물자원 보유국으로, 약 65만 종에 이르는 식물을 보유하고 있다. 건국 초기부터 전 세계에서 다양한 식물 종을 채집해왔다고 한다. 그런데 콩의 경우 미국이 보유한 4,451종 가운데 약 3,500여 종이 한반도 인근에서 수집한 종이라고 한다.[39] 미국에서 재배되는 콩의 90%는 35개 품종에서 유래하는데 이 가운데 6개가 한국에서 기원했다는 것이다. 이미 한국에서는 사라진 종들이 미국에 보관되어 있고 여기서 개발된 종을 우리가 다시 수입하는 상황이라고 한다.

'미스킴라일락'도 대표적인 역수입 사례다. 북한산에 있던 정향나무(수수꽃다리)를 1947년 미국의 식물채집가가 수집해 품종을 개량한 것이다. 자신을 도와준 타이피스트의 이름을 따서 미스킴라일락으로 불렀다 한다. 미스킴라일락은 미국 라일락 시장의 30%를 차지할 정도로 인기 품종이 되었고, 1970년대부터는 우리나라로 역수입되기 시작했다.

크리스마스트리로 인기 있는 구상나무도 마찬가지다. 지금도 한라산, 덕유산, 지리산의 고산 지역에 자생하는 토종 특산 식물이지만 1904년 유럽으로 반출되어 오늘날에는 오히려 역수입되고 있다.

다소 다른 이야기지만 '오색팔중산춘(五色八重散椿)', 즉 한 나무에서 다섯 가지 색깔의 겹꽃이 핀다는 동백이 있다. 이 나무가 400년 만인 1992년 울산으로 되돌아왔다고 해서 화제가 된 적이 있다. 1592년 임진왜란 당시 울산을 점령했던 일본군 장수 가토 기요마사(加藤淸正)가 울산 학성(鶴城)에서 자생하던 희귀동백을 수집해 일본으로 가져갔고 그 이후 국내에서는 자취를 감추었다고 한다.

---

[39] 〈KBS 스페셜〉 (2011. 2. 27). "종자, 세계를 지배하다".

식물 '농장'에서 식물 '공장'으로

식량 비즈니스도 장기적 관점에서 보면 패러다임 전환이 요구된다. '농장plantation에서 공장plant으로'가 그 해답이 될 수 있다. 전통적으로 농업은 기후 및 경작지에 대한 의존도가 매우 높다. 1만 년의 농업 역사에서 계속 이어져온 방식이다. 생산지와 수요지가 다르고 생산량 조절이 쉽지 않아 가격의 폭등이나 폭락이 반복되었다.

좋은 땅, 넓은 경작지, 적절한 기후조건 등이 농장 시대에는 성공의 공식이었다. 그러나 기후변화가 커질수록 이 방식은 비용이 많이 든다. 작황 통제가 어렵기 때문에 가격 폭락, 수확량 감소 등의 위험에 그대로 노출될 수밖에 없다. 이에 대한 대안이 식물공장이다.

식물공장은 공장에서 제품을 생산하듯 기후를 조절할 수 있는 공간에서 필요에 따라 식물을 재배, 생산하는 곳이다. 가장 간단한 형태로는 온실에서 수경재배를 통해 채소를 생산하는 것을 들 수 있다. 최근에는 LED 조명, 온도 및 습도 제어 등을 자동화한 고도화된 식물공장이 등장하고 있다.

미국에서는 타넷 어스Thanet Earth, 발센트Valcent, 고담 그린Gotham Green 같은 식물공장을 업으로 하는 바이오벤처가 속속 창업되고 있다. 일본 정부는 2009년에는 50개 정도이던 식물공장을 2012년까지 146억 엔을 투자해 150개로 확대한다는 계획을 추진 중이다.

지금은 비용 문제 때문에 고가 채소 중심으로 식물공장 비즈니스가 일어나고 있다. 그러나 기술혁신으로 생산비용이 하락한다면 더 많은 작물을 공장에서 재배하는 일이 가능해진다. 도심에서 기후에 관계없이 연중 어느 때라도 필요한 만큼의 채소와 과일을 생

■ 도표 3-17 식물공장의 특징과 관련 산업

농장과 식물공장 비교	
구분	주요 특징
농장	-경작면적과 수확량이 비례 -연간 단위로 재배 및 수확 -천수답(天水畓)
식물공장	-재배효율성으로 수확량 증대 -기후와 계절에 관계없이 지구 전지역에서 농작물 재배 가능

식물공장과 관련된 주요 전후방산업	
구분	주요 사업
조명 에너지	LED 조명, 태양광, 전지, 지열, 풍력
환경 제어	실내환경 및 에너지관리 시스템, 로봇 자동화 생산
바이오	특수작물(성장속도, 영양분) 화이트 바이오(연료, 케미컬)

자료: 삼성경제연구소.

산하고 공급할 수 있게 되는 것이다. 1만 년 역사를 지닌 농업에서 패러다임 변화의 가능성이 열리고 있다.

에너지와 식량이 동시에 생산되는 미래의 온실

기후변화에 대한 대응으로 온실 등을 이용한 시설재배가 일반화되는 추세다. 채소류 중심에서 복숭아와 포도 등 다양한 과일작물, 파파야와 같은 열대성 작물도 재배되고 있다. 그러나 시설재배의 가장 큰 이슈는 소요되는 에너지의 비용 문제다. 지금처럼 고유가와 전기료 상승이 계속된다면 경제성이 급격히 하락한다는 문제가 생긴다. 결국 온실도 에너지 사용을 극도로 억제하는 형태의 패시브 기술을 적용할 필요가 있다는 결론이다.

온실도 에너지 절감이 관건

온실 역시 주택과 마찬가지로 온실 재료의 에너지 절감기술이 관건이다. 지금 사용하고 있는 폴리에틸렌 온실은 가격은 저렴해도 에너지 절감 측면에서는 문제가 있는 소재다. 따라서 광투과율 등을 개선해 겨울철의 에너지 부족을 완화해주는 온실소재를 개발한다면 새로운 유망사업 분야가 될 수 있다. 벽체 부분의 단열소재도 주목되는 분야다. 예를 들어 중국식 축열벽(벽에 태양열을 축적해 야간이나 온도가 하강했을 때 활용하는 시스템)을 도입해 겨울철에도 외부 에너지의 사용 없이 열대과일을 재배하는 온실도 있다고 한다. 네덜란드와 프랑스 등 유럽의 온실에서는 대류와 통풍에 의해 열손실을 줄이는 보온커튼thermal screen 사용도 확대되고 있다고 한다. 보온커튼을 사용하면 20% 이상 에너지 손실을 줄일 수 있다고 한다.[40]

에너지 순환 시스템이 적용된 토마토 온실

또 다른 분야가 에너지 순환 시스템이다. 덴마크에 있는 토마토 온실 사례가 대표적이다.[41] 온실 지하에 2개의 에너지 수조를 설치하고, 여름에는 더워진 온실 공기를 지하 수조로 보내고, 반면 지하의 또 다른 수조에서 냉각시킨 찬 공기는 온실 내로 순환시키는 방식이다. 특이한 점은 여름철에도 온실 창문을 열지 않는 것인데 이렇게 이산화탄소, 습도, 온도 등이 통제된 상태에서 식물을 재배함으로써 성장을 최대한 촉진할 수 있다고 한다. 추울 때는 역으로 지하의 열을 활용하고 부분적으로는 바이오매스를 활용한 연료로 에너지를 생산하기도 하는데, 이 경우에도 이산화탄소를 외부로 배출하지 않고 식물생장을 돕기 위해 온실에서 활용한다.

---

40 이용연. "네덜란드 에너지 절감형 온실 개발 동향". 한국농촌경제연구원. library.krei.re.kr/dl_images/002/032/m45-110-05.pdf.
41 The Zero-Energy Greenhouse: From Research Objective to Reality. OFA Bulletin, No. 896 (2006. 5/6). http://www.ofa.org/pdf/bulletins/06_mayjune.pdf.

한발 더 나아가 네덜란드에서는 전력을 생산하는 온실 프로젝트 '엘카스Elkas'도 추진 중이다. 태양에서 발생되는 다양한 파장의 에너지를 분리해 열에너지와 전력을 생산함으로써 투자비를 줄이면서도 에너지 사용을 최소화하는 온실을 만들겠다는 것이다. 만약 이 기술이 상용화된다면 좀 더 저렴한 비용으로 온실을 만들 수 있게 된다.

온실 외에 농산물 저장 시스템에도 주목할 필요가 있다. 농산물의 특성상 생산은 특정 시기로 집중되는 반면 수요는 연중으로 나타나기 때문이다. 현재도 많은 저온 저장장치가 보급되어 있지만, 에너지를 절감하고 농산물 상태를 최적으로 유지시키는 시스템으로 더욱 발전할 필요가 있다.

4부
THE CHANGE

신사업 성공을 위한 제언

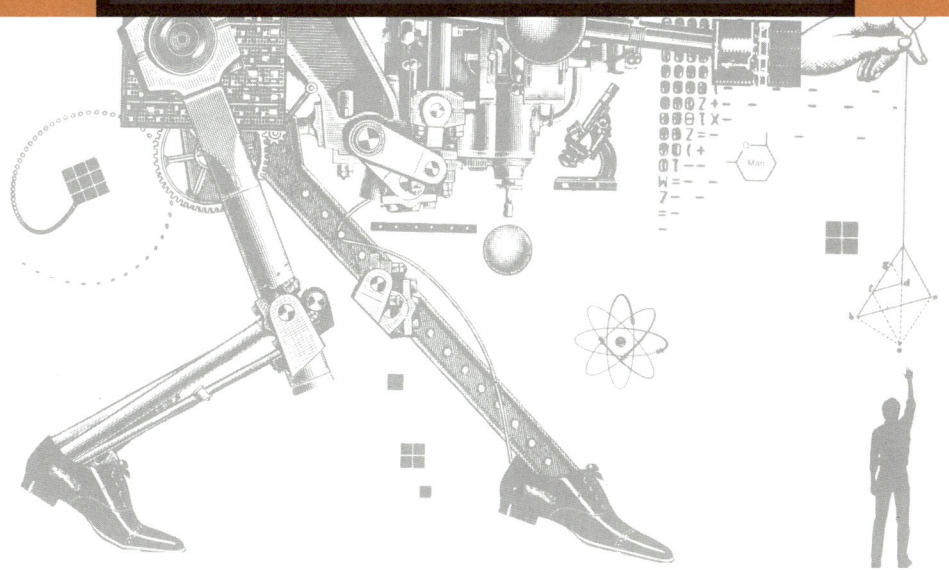

변화가 신사업의 시작이다

변화가 없으면 신사업도 유망사업도 없다. 시장이건 기술이건 변화가 새로운 규칙과 질서를 만든다. 우리 주변에는 하루에도 수백 수천 가지 사건이 변화를 만들어낸다. 기술이나 소비자, 시장의 변화 이외에도 기업의 전략, 정부의 정책, 심지어 기후까지도 변화를 만든다. 이런 변화가 사업의 부침을 가져오기도 하고 기업의 순위를 일거에 바꾸는 전기轉機가 되기도 한다. 혜성처럼 나타나는 기업과 산업이 생기기도 하고, 불멸할 것 같던 사업 분야가 흔적도 없이 사라지기도 한다.

  그동안은 유망사업을 대개 기술 변화의 관점에서 논했다. 기술 변화는 분명 산업의 구조를 바꾸기도 하고 불가능해 보이던 아이디어를 산업으로 발전시키는 폭발성도 있다. 특히 비연속적이고 파괴적인 기술일수록 변화를 만드는 힘이 크다. 그러나 관점을 달리 보면 '이 기술이 이렇게 발전할 수 있기 때문에 유망하다' 같은 생각은 다분히 공급자 중심의 사고이고 엔지니어 입장의 발상일 수 있다. 실제 산업의 역사를 보더라도 기술이 트리거trigger가 되는 것은 맞지만, 그 기술을 인지하고 새롭게 사업으로 만드는 것은 남다른 눈을 가진 기업가들이었다. 기술만을 생각하는 사람보다는 생각의 범위와 폭이 남다른 인물들이 변화를 만들었다. 기술은 문제 해결의 도구일 뿐이기 때문이다.

메가트렌드는 한발 떨어져 미래의 변화를 보자는 것이다. 다양한 이슈와 작은 변화들을 만드는 근원이 바로 메가트렌드이기 때문이다. 매일매일의 이슈를 파도에 비유한다면, 메가트렌드는 거대한 해류라고 할 수 있다. 우리가 메가트렌드에 주목하는 이유는 지금의 환경 변화가 파상적이고 복잡하기 때문이다. 지엽적인 이슈 하나하나에 천착하기보다는 그 뿌리를 찾아 원인을 분석하고, 그 가운데서 비즈니스의 미래를 결정지을 변화의 싹을 보아야 한다. 기술이나 공급의 관점이 아니라 수요나 시장의 관점에서 접근하자는 것이다.

만약 우리가 변화에 내재된 의미와 맥락을 이해할 수 있다면 변화의 시기에 무엇을 해야 하는지가 분명해진다. 메가트렌드는 큰 변화이기 때문에 변화의 방향을 가늠하기가 용이하다는 특징이 있다. 우리에게 던지는 메시지 또한 비교적 명확하다.

변화의 중요성과 메가트렌드의 방향, 그리고 거기에서 파생될 다양한 사업기회를 파악하고 나면 무엇을 해야 할까. 실제 사업을 하는 입장에서 어떻게 변화를 인지할 것인가, 언제 시작해야 하는가,

무엇을 경쟁요소로 삼아야 하는가 등을 결정해야 할 것이다. 또 남들과 어떻게 차별화를 할 수 있는지도 질문해야 한다. 쉽지 않은 이야기지만 몇 가지 사례와 키워드를 통해 살펴보자.

# 세 가지 **키워드(VAR)**에서 **기회**를 찾는다

메가트렌드가 만들어내는 일상의 수많은 변화를 어떻게 비즈니스로 연결할 것인가. 정답은 없지만 VAR$_{Volatility, Abundance, Rare}$라는 렌즈로 들여다보면 적어도 그 아이디어를 얻을 수는 있지 않을까 싶다.

첫 번째 키워드는 변동성$_{Volatility}$이다. 불확실성이 갑자기 증폭되거나 변화가 잦아지면 여기에 새로운 발상거리가 있다. 두 번째 키워드는 풍부함$_{Abundance}$이다. 무언가 넘쳐나는 현상이 생길 때 이를 잘 활용하면 비즈니스가 될 수 있다. 마지막 키워드는 희귀함$_{Rare}$이다. 점점 부족해지는 부분을 채워주는 방법이 유망사업의 훌륭한 아이템이 된다. 결국 메가트렌드로 인해 불확실성이 커지고, 넘쳐나거나 부족한 것이 생긴다면 이를 해결해주는 아이디어가 사업이 된다. 세 가지 키워드에 대해 구체적인 사례를 가지고 이야기해보자.

① Volatility: 변동성과 불규칙성을 줄여라

첫 번째 키워드인 변동성을 보자. 3대 메가트렌드를 자세히 살펴보면 그 안에 상당한 변동성과 불안정성을 내포한 이슈가 많다. 예를 들어 기후변화는 강우 패턴, 에너지 가격, 기온 변동성을 높인다. 변동이 생긴다면 미리 알려주어 사전에 대비하게 하거나, 변동을 줄여주어야 한다. 바로 이것이 변동성에 대응하는 신사업 아이디어다.

우리나라는 GDP의 52%가, 미국은 23%가 날씨와 연동된다고 한다. 놀이공원이나 재래시장의 매출은 날씨에 영향을 많이 받고, 아이스크림이나 맥주의 판매량 역시 체감 기온에 따른 영향이 크다. 농업은 물론 건설 등 산업의 상당 부분이 날씨에 따라 희비가 엇갈린다. 바꾸어 말해, 날씨에 따른 변동성을 줄여주거나 날씨 변화에 미리 대비할 수 있도록 돕는 비즈니스라면 분명 수요가 있다는 것이다.

날씨 변화에 대비할 수 있게 해주는 사업의 예로 기상정보업을 들 수 있다. 놀이공원, 골프장, 농가 등 기상에 큰 영향을 받는 직종을 대상으로 날씨 정보를 정확히 전달해 사전에 대응하도록 하는 것이다. 2008년 기준으로 전 세계 기상 관련 파생상품시장은 320억 달러 규모다.[42] 이미 선진국에서는 기상예보업, 기상컨설팅, 기상장비업 등 세분화된 기상 관련 직종이 부상하고 있다.

---

[42] 박환일 외 (2010. 12). "시장 메커니즘으로 관리하는 날씨와 기후변화 위험". 〈이슈페이퍼〉. 삼성경제연구소.

날씨에 따른 비즈니스의 변동성을 줄여주는 사업도 있다. 앞서 논의한 식물공장이 한 사례가 될 수 있다. 이 외에도 실내 놀이공원, 돔 구장, 지하상가 등도 모두 날씨에 따른 비즈니스의 변동성을 줄일 수 있는 사업들이다.

강우 패턴 불규칙에 대한 대응으로 '분산형 수처리' 시스템도 신사업으로 생각해볼 수 있다. 분산형 수처리란 비가 올 때 물을 그냥 흘려보내지 않고 대형 건물, 공장, 아파트 등에 저장했다가 가뭄이나 혹서기에 사용한다는 개념이다. 특히 최근 빈번해진 강력한 국지성 호우에 대응하는 시스템으로 고려할 만하다.

변동성이 점점 커져가는 한국의 날씨

최근 우리나라에서도 이상기후에 대한 우려가 높다. 2011년 4월 강수량은 평년보다 137% 많았고, 기온은 평균 1°C가 낮았다. 특히 4월 하순에는 기온이 평년 대비 −1.7°C 수준, 강수량은 280% 증가라는 변덕을 부린 것으로 나타났다. 대관령에는 4월 18일과 19일 이틀간 20㎝가 넘는 눈이 내리기도 했다.

문제는 이와 같은 갑작스러운 변동에는 대응이 어렵다는 점이다. 우리 사회의 시스템이 그동안의 데이터에 의존해 설계되고 운영되어온 탓이다. 시간당 강우량, 태풍의 풍속, 적설량의 규모와 시기 등 모든 것이 변하는 상황에서 과거의 기준으로 만들어진 인프라나 매뉴얼은 취약할 수밖에 없다. 실시간으로 변화를 체크하거나 여유를 갖고 대처할 수 있는 시스템 설계가 필요하다.

신재생에너지의 생산 불규칙성 줄이기

신재생에너지의 생산 불규칙성을 줄여주는 것도 신사업이 될 수 있다. 태양광발전과 풍력발전은 전력생산량이 매우 불규칙하다는 단점이 있다.

풍력발전은 바람의 세기와 방향이 일정해야 양질의 전력을 생산할 수 있다. 그러나 우리나라에서 이런 조건을 갖춘 지역을 찾기는 매우 어렵다. 대관령은 평균 풍속이 초속 5.5m로, 국제 기준(초속 7m 이상)에서 보자면 바람의 세기가 그리 양호한 편이 아니다. 더욱이 초속 5m 이상의 바람이 한 방향에서 부는 비율이 39%다. 서귀포는 한 방향에서 초속 5m 이상으로 바람이 불 확률이 4.5%에 지나지 않는다. 태양광도 지역적 편차가 크고, 기후에 따른 불규칙성이 매우 높다. 특히 강우가 잦고, 기후 불안정성이 늘어날수록 양질의 전력생산은 어려워진다.

이러한 불안정성을 없애주는 것이 에너지 저장 시스템인 ESS Energy Storage System다. 양수발전도 일종의 에너지 저장장치로 이해할 수 있다. 밤시간에 생산된 전기를 사용해 하부 댐의 물을 상부 댐으로 펌핑pumping하고 전력수요가 몰리는 낮시간에 수력발전을 하는 것이기 때문이다. 다만 입지에 제약이 크고 투자규모가 크다는 점이 문제다.

ESS에는 여러 가지 기술이 사용된다. 최근 새로운 ESS로 주목받는 기술 중 하나는 전기로 공기를 압축해 지하에 저장했다가 필요할 때 발전에 사용하는 CAESCompressed Air Energy Storage다. 하지만 CAES는 지하에 대규모의 공기저장시설이 필요한 데다, 공기를 압축하고 이를 다시 발전하기 위한 기계장치가 필요하다는 어려움이 있다.

때문에 크기는 작아도 실용적인, 배터리를 이용한 에너지 저장장치의 보급이 확대될 전망이다. 이 장치는 전력 계통과 연계해 사용할 수도 있고, 작은 규모로 건물에 국한해 사용하는 방식도 가능하다. ESS를 신재생에너지와 결합해 하나의 시스템을 만든다면 불규칙하게 생산되는 전력을 안정화할 수 있으므로, 변동성을 해소하는 유력한 솔루션이 될 것이다.

DC홈과 배터리

지금부터 120여 년 전 에디슨과 웨스팅하우스는 교류(AC: Alternating Current)와 직류(DC: Direct Current)로 표준전쟁을 벌였다. 결과는 교류의 승리였다. 오늘날 우리가 교류전력을 사용하는 배경이다. 그런데 최근 직류를 사용한 주택이나 데이터센터 등에 대한 논의가 활발하다. 현재 IT 기기는 대부분 직류 전원을 사용하기 때문에 만약 가정용 전원이 직류라면 굳이 변환할 필요가 없어 변환에 따른 전력 손실을 크게 줄일 수 있다. 또 주택 지붕에 설치될 태양광발전에서 생산되는 전기도 직류다.

이런 콘셉트로 만들어진 것이 바로 DC홈이다. DC홈은 가정에 배터리와 같은 에너지 저장장치를 두고, 태양광 등에서 생산되는 불규칙한 전력을 저장했다가 IT 및 자동차 충전용으로 제공하자는 개념이다. 아직은 개념 창출 단계지만 신재생에너지와 전기자동차의 보급이 확산되면 본격적으로 상업화할 가능성이 있다.

변동성을 줄여 사양산업에서 글로벌 기업 만들기

소비자의 변덕이나 유행 변화도 신사업 아이디어를 만들 수 있다. 패션 산업의 경우 통상 6개월 이후를 예측하여 신상품을 준비한다고 한다. 예측을 잘하면 대박이 나지만 예측이 빗나가기라도 하면 엄청난 재고가 발생한다. 유행을 잘 맞추느냐, 그렇지 못하느냐에 따른 사업의 불규칙성이 매우 크다는 이야기다. 이런 문제를 해결해 성공한 기업이 자라ZARA 브랜드로 유명한 인디텍스다. 인디텍스는 기획·디자인·생산에서 매장 배송까지 통상 6개월 걸리던 리드타임을 2주 만에 완료하는 반응생산체제quick response system를 구축해 사업의 불규칙성을 크게 줄였다.

반응생산체제는 제품의 일부만 시장에 내놓고 소비자 반응을 살핀 다음 제품생산에 본격 착수하는 방식이다. 인디텍스의 반응생산체제는 패션상품인 의류가 신선상품과 다를 바 없다는 문제의식에서 비롯되었다. 판매시기를 놓치면 상품성이 급격히 떨어지고, 심지어 처치 곤란한 재고가 되어버리는 신선상품의 속성이 의류산업과 비슷하다고 본 것이다. 이를 해결하기 위해 인디텍스는 공급사슬을 대대적으로 혁신한다.

우선 자체 공장에서는 주로 트렌드에 민감한 디자인의 의류를 생산하는데, 이 가운데 15%만 사전에 생산하고 나머지 85%는 고객 반응에 맞추어 생산함으로써 재고 발생을 근원적으로 줄인다. 특히 한 공간에서 기획·디자인·패턴·봉제 등을 동시에 진행할 수 있도록 업무환경을 조성해 디자인에서 샘플 제작까지 24시간, 원단 구매 48시간 등 생산에 길어야 2주가 소요되도록 리드타임을 단축

■ 도표 4-1 인디텍스의 반응생산체제

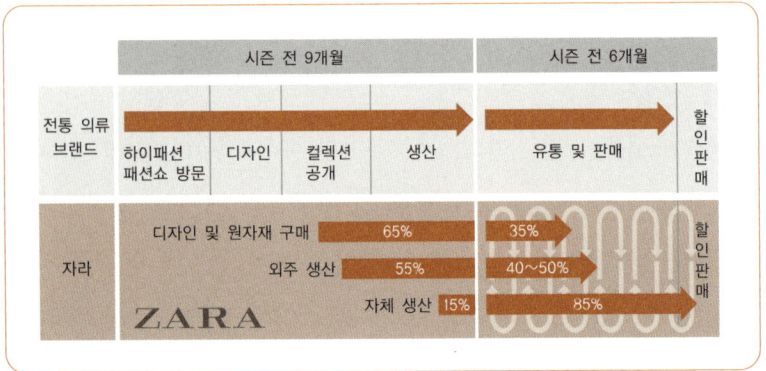

자료: Zara: Fast Fashion (2006. 12. 21), HBS Case Study; Ferdows, K., Lewis, M. A. & Machuca, J. (2004. 11). Rapid-Fire Fullfillment, *HBR*.

했다. 나아가 축구장 50개 규모의 물류센터를 구축해 시간당 6만 벌의 의류가격표를 부착하여 최단 시간에 전 세계로 배송할 수 있는 시스템을 구축했다. 단가가 높지 않은 제품이지만 배보다는 비행기로 배송함으로써 재고 부담을 줄이는 것이 더 이득이라고 보았기 때문이다.

　패션에서도 리드타임을 단축할 수 있다면 재고를 줄이면서도 변덕스런 시장수요에 대응할 수 있다는 것을 보여준 인디텍스는 "우리가 경마를 할 때 일등 말을 맞출 확률은 출발할 때보다 마지막 한 바퀴를 남겼을 때가 훨씬 높다"고 말한다. 결국 IT 등 기술 인프라를 적극 활용해 시장 변화에 따른 변동성을 크게 줄임으로써 흔히 사양사업이라고 여겨지던 의류 분야에서 글로벌 기업으로 성장할 길을 찾은 것이다.

② Abundunce: 넘쳐나는 것을 줄여주거나 사용하게 하라

두 번째 키워드는 '풍부함'이다. 넘쳐나는 것을 줄여주거나 사용하도록 만들면 그 자체로 비즈니스가 된다는 것이다. 인구구조의 변화와 도시화의 진전은 그전에는 볼 수 없던 과잉을 만들어낸다.

이러한 과잉은 비즈니스와 어떤 관계가 있을까. 사업화의 첫 번째 방법은 단순화시키면 새로운 사업이 된다는 것이다. 인터넷 시대의 아이콘이 구글이라는 데는 이견이 없을 것이다. 구글 이전에도 라이코스나 야후와 같은 글로벌 인터넷 기업이 있었다. 이들 역시 검색 서비스를 제공했으니 사업의 성격 자체는 구글과 별반 다르지 않았다. 그러나 구글이 달랐던 점은 인터넷의 넘쳐나는 정보를 단순화한 것이다. 메뉴 방식의 복잡함을 배제하고, 단순한 검색창과 사용자가 원하는 정보를 가장 근접하게 찾을 수 있는 알고리즘을 구사했다. 바로 이것이 구글의 성공 요인이었다. 정보량이 많지 않던 인터넷 서비스 사업 초기에는 메뉴 방식이 사용자에게 더 적합했지만, 정보가 넘쳐나자 이런 메뉴 방식은 복잡성을 야기했고 그 때문에 단순화가 오히려 해결의 열쇠가 된 것이다.

이런 의미에서 과잉이 생긴다는 것은 새로운 사업기회를 예고하는 신호탄으로 생각할 수 있다. '안安 비즈니스'에서 언급했던 정보 폭발의 시대가 되면 영상정보가 넘쳐나게 될 것이다. 수많은 영상정보 가운데 필요한 데이터만 골라주는 기술이 있다면 유망한 사업 아이템이 될 수 있다. 마찬가지로 데이터 마이닝 data mining 등도 유사한 사례가 될 수 있다.

'과잉'을 '사용'으로 바꿔야 지속 가능한 비즈니스를 창출

과잉을 해소하는 또 다른 방법은 넘치는 것을 소비자 스스로 사용하도록 만드는 것이다. 베이비부머의 은퇴, 노령인구의 증가, 생명연장은 다른 말로 하면 이들이 써야 하는 시간이 넘쳐난다는 의미다.

얼마 전 《주간동아》에는 "'8만 시간'의 축복인가 저주인가"[43]라는 제목의 기사가 실렸다. 은퇴 후 남은 생애 동안 무엇을 하며 지낼 것인가 하는 문제를 다룬 것이다. 은퇴 전까지는 늘 부족하던 시간이 갑자기 넘쳐나게 된 이들에게, 그 시간을 잘 쓸 수 있도록 만들어준다면 이 역시 새로운 비즈니스가 된다.

여기서 중요한 것은 사용자 스스로 과잉을 소비하게 만들어야 한다는 것이다. 비즈니스 제공자가 끊임없이 새로운 콘텐츠를 만들어내야 한다면 사업으로서의 매력도는 급감한다. 최근에 늘어나고 있는 여가활동 관련 비즈니스에서 체험이나 실습 등의 비중이 늘어나는 데도 이런 배경이 있다. 고령층을 위한 교육시장도 구상해볼 수 있다. 저출산으로 유아교육시장이 위축된다면 그 안에서만 답을 찾을 것이 아니라, 두터워진 고령인구의 과잉시간을 활용하게 하는 방법이 새로운 답일 수 있음을 생각해봐야 한다.

이런 사례도 고려해볼 수 있다. 최근 한반도 기후가 아열대화한다는 주장이 나오고 있다. 뚜렷했던 사계절이 건기와 우기라는 두 계절 중심으로 바뀌고 있다는 것이다. 2008년 기상청은 "장마의 발생 및 소멸 시기가 뚜렷하지 않아 시작과 끝을 알리는 시종始終 예

---

[43] 《주간동아》(2011. 4. 25). "'8만 시간'의 축복인가 저주인가". 784호, 32~33쪽.

> ### 통신사업이 방송사업보다 시장 규모가 훨씬 큰 이유
>
> 통신과 방송 서비스 사업, 언뜻 비슷해 보이지만 콘텐츠의 생산과 소비라는 점에서 보면 크게 다르다. 왜 통신 서비스는 방송 서비스보다 시장이 4배 이상 클까? 여러 가지 이유가 있지만, 무엇보다도 통신은 소비자 자체가 콘텐츠를 만들고 소비하는 구조인 반면, 방송은 공급자가 콘텐츠를 만들어 제공하는 속성이 있어서다. 통신에 무슨 콘텐츠가 있느냐고 반문할 수 있겠는데, 전화 통화와 문자 메시지 자체가 콘텐츠이고 생산주체는 사용자다. 소비자가 만든 콘텐츠는 다양성이 있으므로 지루하지 않다. 콘텐츠 생산비용도 사실상 없는 것이나 마찬가지다. 단지 소비자들이 콘텐츠를 생산하고 사용할 수 있는 공간을 제공하면 되는 것이다. 반면 방송 서비스에서 소비자의 역할은 일방적 소비의 역할이다. 소비자는 제3자가 만든 콘텐츠에 대해 쉽게 지루해질 수 있고, 생산자 입장에서도 그것에 일일이 대응하다 보면 생산비용이 많이 든다. 당연히 소비자로 하여금 시간을 쓰게 하기에는 통신이 훨씬 유리하다.

보를 2009년부터 폐지하고 대신 우기로 명명한다"고 발표하기도 했다. 이런 뉴스가 말해주는 변화의 키워드는 '습도'다. 우기가 되면 사람들은 습도 때문에 불편을 느낀다. 반대로 건기에는 습도가 낮아 불편을 겪을 것이다. 즉 이러한 환경 변화는 습도를 조절해주는 기기나 비즈니스가 신사업으로 부상할 수 있음을 예고한다 하겠다.

③ Rare: 없어지는 것들에 대응하라

마지막으로 '희귀해짐', 즉 부족해지거나 없어지는 것도 신사업 기획자가 주목해야 할 대상이다. 무언가가 희귀해지거나 점차 없어지면 가격이 오를 것이고 그로 인해 불편해질 가능성도 커진다. 이러한 문제를 해결하는 데서 사업기회를 포착할 수 있다.

도시화와 기후변화는 농산물과 광산물 등 1차 산업 분야를 새롭게 부각시킬 것이다. 도시인구가 증가하고 전반적으로 소득이 높아지면서 자원 사용량 역시 크게 늘어날 것이기 때문이다. 특히 이들 산업은 공산품과 달리 가격에 대한 하방경직성이 높다. 희귀해지지는 않더라도 가격이 계속 올라 사용량을 줄일 수밖에 없는 경우가 생길 수 있다.

이에 대한 대응으로 생각할 수 있는 사업 아이디어는 우선 부족한 것을 대체replace하거나 적게reduce 쓰도록 해주는 기술이나 방법을 개발하는 것이다. 일본은 중국과 희토류 전쟁을 겪으면서 '원소전략 프로젝트(가칭)'이라는 국가 차원의 대응책을 마련하고 있다. 문부과학성과 경제산업성이 공동으로 지구상에 풍부하게 존재하는 원소들을 조합해 희토류의 기능을 대체하는 신소재를 개발하겠다는 것이다. 민간기업 도요타도 전기자동차용 모터의 영구자석에 필요한 희토류의 사용을 줄이기 위해 희토류가 들어가는 자석 없이도 더 작고 성능이 좋은 모터 제작을 위한 연구를 진행 중이다.

물이나 전력 부족에 대응하는 제품 개발

물 부족에 대한 대응도 눈여겨볼 대목이다. 이스라엘에서 사용하

희토류란?

희토류는 주기율표 3족인 스칸듐(원자번호 21)과 이트륨(원자번호 39), 원자번호 57에서 71번까지의 란탄(Lanthanoids) 계열 15개 등 17개 원소를 말한다. 지구상에 미량만 존재하거나, 다량 존재하더라도 매우 불안정해 확보가 어렵기 때문에 'rare earth', 즉 희토류라고 불린다. 희토류는 우주산업, 원자력, 방위산업, 전자 및 신재생에너지 등 미래 전략산업의 핵심자원으로 인식되고 있다. 1950년대 이전에는 브라질과 인도, 1950년대는 남아프리카공화국, 1960~1980년대까지는 미국의 마운틴패스 광산이 세계 최대의 희토류 공급처였다. 그러나 중국의 내몽골 지역에서 본격적으로 희토류 생산이 이루어지면서 다른 지역의 공급량은 급격히 감소했다. 그런데 중국이 2009년 '2009~2015년 희토공업 발전계획'을 통해 수출을 연 3.5만t, 생산도 연 13만~17만t으로 제한하고, 외국인의 희토류 채굴 광산업 진출을 규제하는 정책을 추진하면서 희토류가 산업계 이슈로 부상하기 시작했다. 최근 미국에서는 전략적으로 마운틴패스 광산 채굴을 재개하는 방안이 모색되고 있다.

고 있는 점적식點滴式 농법도 물 부족에 대한 대응으로 볼 수 있다. 점적식 농법이란 파이프를 통해 식물생육에 필요한 물만 공급하는 방법으로 이 방식을 사용하면 물 이용 효율을 90% 이상 개선할 수 있다고 한다.

전력 사용량을 줄이기 위해 사용되는 전력감지 코드라는 절전 코드도 에너지 부족 및 가격 상승에 대응하는 제품으로 생각할 수 있다. 전력감지 코드는 전기 사용을 시각적으로 표시하여 무심결에 낭비되는 전기를 최소화할 목적으로 개발된 것이다. 즉 전기를 사

용할 때는 코드에 빛이 들어오고 사용하지 않을 때는 코드가 원상
태로 복구된다. 대기전력을 사용하는 경우에도 빛이 들어오기 때
문에 사용자들의 전기 사용에 경각심을 일깨울 수 있고 어린이들
에게도 전기 사용을 줄이는 습관을 쉽게 길러준다는 장점이 있다.

재활용과 회수 비즈니스, 도시광산 기업에 주목하라

부족해지는 것들에 대한 대응으로 재활용 및 회수return 비즈니스도 부상할 전망이다. 대표적인 것이 도시광산이다. 광석 1t에서 나오는 금의 양은 5g 남짓이지만, 폐휴대폰에서 나오는 금의 양은 1대당 0.03~0.05g으로 1t이면 200~300g의 금을 회수할 수 있다고 한다. 때문에 도시광산, 즉 폐휴대폰 등 전자제품을 통해 회수하는 금이 세상에 있는 어느 금광보다 품위品位가 높다는 것이다. 일본 물질재료연구소에 따르면 일본 내에서 사용되는 전자제품 등에 포함된 금의 양이 약 6,800t이라고 한다. 이 정도면 세계 금 매장량 4.2만t의 16%를 차지하는 수준이고, 세계 최대 금 생산국인 남아프리카공화국의 매장량 6,000t을 넘어선다.

다양한 전자제품에는 금뿐 아니라 은도 6만t이나 포함되어 있고 희토류도 남아 있다고 한다. 이런 점 때문에 일본에서는 다양한 도시광산 기업이 출현하고 있고, 일본 정부도 1,000억 엔을 투자해 희토류 원소의 하나인 네오디뮴을 회수하는 기술을 개발하고 있다.

변화는 곧 기회다. 경제 시스템이나 생활에 변화가 생기면 변화에 적응하려는 경향이 나타나고, 이 과정에서 새로운 사업기회를

무궁무진하게 발견할 수 있다. 메가트렌드를 다각도에서 분석하여, 불안정한 것은 안정화하고 넘쳐나는 것은 사용하게 만들며 부족한 것은 채워주는 기술을 찾아보자. 변화로 인한 낯선 환경을 완화해 경제주체들이 보다 순조롭게 적응할 수 있도록 만드는 방법, 그것이 바로 신사업으로 이어질 수 있다.

패턴을 읽으면 진입 타이밍과 시장규모가 보인다

신사업을 할 때 직면하는 가장 큰 문제는 언제, 즉 타이밍의 문제다. 물론 정답은 없다. 다만, 거시적 패턴을 제대로 분석하면 개략적이나마 진입 시점에 대한 불확실성을 줄일 수 있다. 시장규모도 고민거리다. 이 역시 달러로 표시된 숫자보다는 거시적 분석으로 도출된 대상 가구수나 인구 같은 모수population의 관점에서 접근하는 것이 좋다. 그렇게 해야 어디에 있는 누구에게, 언제 팔지 가늠할 수 있기 때문이다.

언제 돈이 몰리는지를 파악하라

첫 번째 방법은 소득, 산업, 인구구조를 그래프화해 소득에 따라 산업이나 소비에 어떤 변화가 있는지, 즉 어느 분야로 돈이 몰릴지를 가늠하는 것이다. 〈도표 4-2〉는 BCG가 중국의 가구소득과 소비지

■ 도표 4-2 중국의 가구소득과 소비지출의 변화

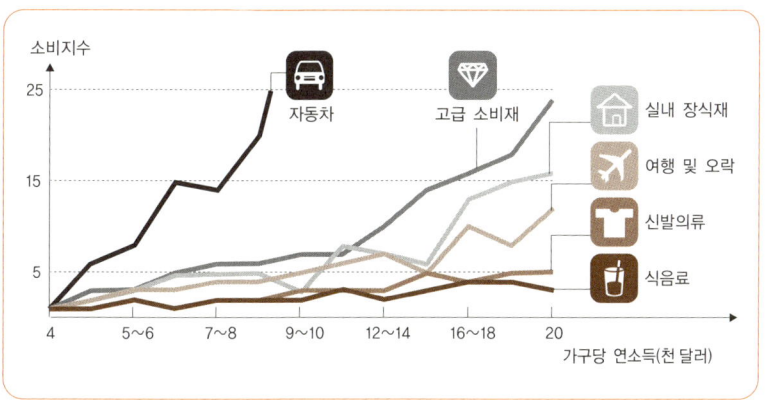

자료: BCG (2010. 9). Winning in emerging market cities.

출의 변화를 나타낸 것으로, 가구당 소득이 5,000달러를 넘어서면 자동차 관련 지출이 급격히 늘어남을 알 수 있다. 실제로 BMW 자동차는 영국보다 중국에서 더 많이 팔린다. 2000년 이전에는 세계 자동차시장에서 개도국 비중이 8%에 불과했지만 2010년에는 37%에 이른다. 중국은 이미 미국을 제치고 세계 1위의 자동차시장이 되었다.

가구당 소득이 1만 달러가 되면 사치재 구매 비중이 늘어나 집 꾸미기와 관련된 지출이 늘어난다. 또 부유층이 되면 여행이나 엔터테인먼트 지출 비중이 높아진다. 다시 말해 어느 사회나 소득이 높아지면 지출 항목이나 중요도가 달라지기 때문에 이런 변화만 잘 읽어내도 언제 어느 시장에 들어가야 할지 가늠할 수 있다.

숫자에서 눈을 떼지 마라

두 번째로 주목할 것은 '숫자'다. 즉 숫자를 통해 잠재시장이 얼마나 클지 추정하는 것이다. 〈도표 4-3〉을 보면 2015년 인도에서는 가구당 소득이 5,000달러 이상인 가구가 6,900만에 이를 것으로 전망된다. 2020년 이후에는 이 수가 미국의 전체 가구 수를 넘어설 가능성도 있다. 중국은 더욱 드라마틱하다. 가처분소득이 1만 달러 이상인 가구수가 2009년 6,000만에서 2020년에는 2.2억으로 확대된다고 한다. 가구당 소득 5,000달러 이상 가구수는 이미 2009년에 미국 수준을 넘어섰다. 소득 2만 5,000달러 가구도 2020년이 되면 한국과 일본을 합한 전체 가구수를 추월하여 6,800만 가구가 될 것이라고 한다. 현재의 경제발전 속도를 보면 더 빨라질 가능성도 있다.

특히 유념해야 할 것은 모수母數 분석이다. 우리는 시장을 분석할 때 전체 금액이나 성장률에 집착하는 경향이 있다. 혁신이 더디고 이미 성숙한 시장이라면 이런 접근이 맞겠지만 혁신 속도가 빠르

■ 도표 4-3 가구당 소득 5,000달러 이상 가구수

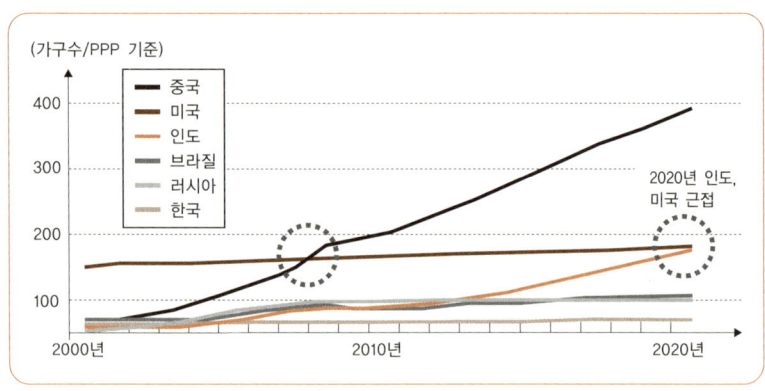

자료: Euromonitor.

거나 신제품인 경우 단순히 금액 데이터에만 의존하는 것은 무의미하다. 이 경우에는 반드시 전체 모수, 즉 인구를 정의하고 이들의 변화 패턴을 분석해야 한다. 새로운 가정용 제품을 만든다면 전 세계의 가구수, 소득, 주거형태, 가구당 가족수 같은 기본 데이터가 우선적으로 조사되어야 한다. 이를 바탕으로 접근 가능한 시장과 제품을 정의할 필요가 있다. 이 역시 거시 데이터를 통해 미시적 메시지를 추출하는 과정으로 이해할 수 있다.

소득과 지출 패턴을 분석하라

마지막으로 시장이 어떻게 성장할지를 예측하는 방법으로 소득과 지출을 분석할 필요가 있다. 그래프의 가로축을 소득으로, 세로축을 지출 비중(혹은 1인당 소비량이나 보급률)으로 놓고 각 산업마다 둘의 관계에서 정형화된 패턴을 분석해보는 것이다. 이렇게 해보면 산업의 특성과 소비의 특성에 따라 정형화된 패턴이 나타난다.

가장 일반적으로 생각할 수 있는 것이 소득과 지출이 일정한 형태, 즉 일직선 형태로 나타나는 경우다. 예를 들어 유선전화 보급이 대체로 이런 패턴을 나타냈다.[44] 그러나 의외로 이런 패턴은 많지 않다. 지금은 전 세계적 유행이나 트렌드에 따라 소득과는 무관하게 보급되는 경우가 많아졌기 때문이다.

역U자형 패턴도 있다. 어느 수준까지는 지속적으로 지출이 늘어나지만 일정 수준을 넘어서면 오히려 지출이 줄어드는 산업이다. 예컨대 건설산업이 GDP에서 차지하는 비중은 1인당 국민소득이 1만 3,000달러 수준에서 정점을 보이다가 이후부터는 점차 떨어지

■ 도표 4-4 **1인당 GDP와 이동통신·광대역통신 보급률(2008년)**

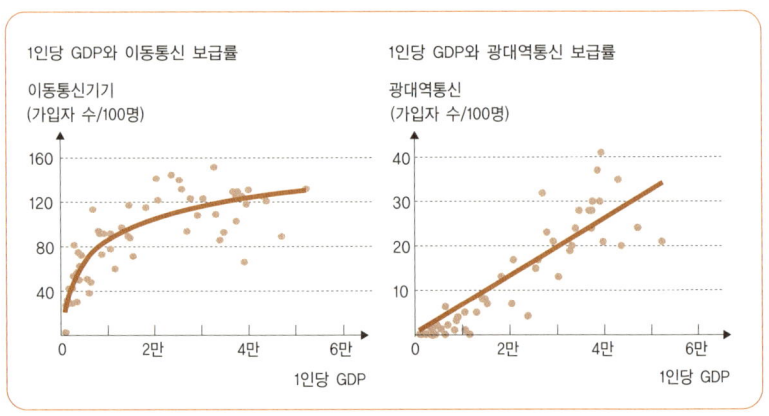

자료: World Bank Database를 활용하여 삼성경제연구소가 분석.

면서 역U자형 패턴을 보인다. 우리나라도 1970년대에는 건설산업이 GDP의 11%를 차지하는 데 불과했으나 1990년대에는 22%로 급격히 증가한다. 이후 지속적으로 감소해 2008년에는 14%로 낮아졌고, 선진국이 대개 10% 이하라는 점을 감안한다면 앞으로 더 낮아질 가능성도 높다. 1인당 시멘트 소비량도 유사하게 역U자형 패턴을 보이는 것을 알 수 있다. 〈도표 4-5〉는 비록 시계열 그래프는 아니지만, GDP가 높아질수록 역U자형 소비를 보이는 것을 나타내준다.

로그함수 그래프 형태로 나타나는 소비지출 패턴도 있다. 이것은 소득수준이 낮아도 상당한 지출이 이루어지고, 또 일정 수준 이후

---

44 이동통신사업이 발달하면서 과거에 나타났던 소득과 보급률의 패턴에 변화가 생긴다. 소득이 증가해도 유선전화 보급은 그 이상 이루어지지 않는 반면 이동통신은 소득수준이 낮은 범위에서도 높은 보급률을 보이게 된다.

■ 도표 4-5 역U자형의 소득·지출 비중 패턴

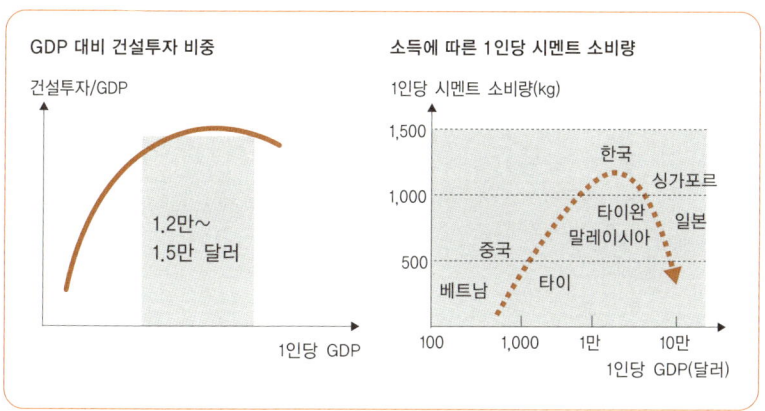

자료: Burn, L. S. & Grebler, Leo (1977). *The Housing of Nations*, Macmillan Press

부터는 소비 비중이 크게 증가하지 않는 패턴이다. 대개 생활에 기본이 되는 서비스나 재화가 이런 유형에 해당한다. 〈도표 4-6〉에서 보듯이 전기 소비는 소득이 1만 달러 이하인 경우에도 소비량이 상당히 높다. 그러나 이후부터는 소득에 따라 소비량이 증가하는 추세를 보이기는 해도 경사도가 그리 크지 않다. 식료품 역시 마찬가지 패턴을 보인다. 통신사업에서도 휴대전화 서비스는 로그함수 형태를 띤다.[45] 유선전화와 달리 소득이 낮아도 보급이 상당히 높다는 특징을 가진다.

마지막으로, 지수함수 그래프 형태가 있다. 소득수준이 낮으면 보급이나 지출이 낮지만 일정한 소득을 넘어서면 소비가 급격히

---

[45] 로그함수 형태가 일반적이지만, 최근에는 소비자의 가치관 변화 등으로 고소득 국가에서 오히려 비중이 낮아지는 경우도 있다. 예를 들어 에너지 소비에 대한 인식 변화로 전력 사용을 줄이는 경우가 있고, 기술의 변화, 즉 절전 제품의 보급이 확대되면서 전기 의존도는 높지만 절대적 사용량은 줄어들기도 한다.

■ 도표 4-6 소득에 따른 전력 사용량

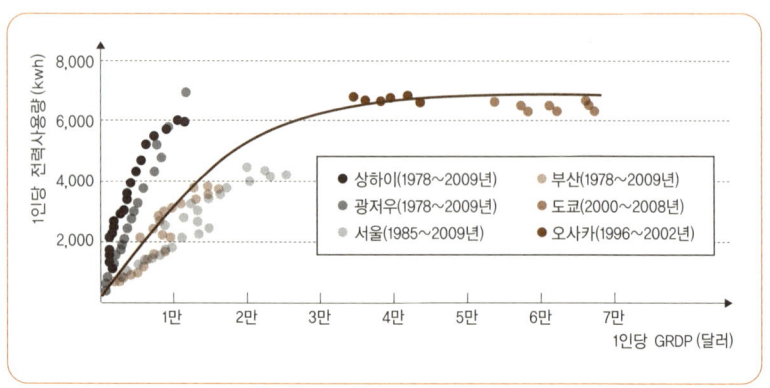

자료: 각 도시 통계 사이트.

늘어나는 형태다. 쉽게 말해, 잘 살수록 더 많이 지출하는 분야에서 이런 패턴이 나타난다. 대표적으로 의료 서비스가 그렇다. 아프리카 등 개도국은 의료기관 보급이 이루어지지 않아 일정 수준까지는 의료 서비스 혜택이 제한적이다. 기초의료 수준에 머무는 경우가 많은 것이다. 그러나 1인당 국민소득이 5,000달러를 넘어서면 고급의료에 대한 수요가 많아지면서, 소득 대비 의료비 지출 비중이 크게 늘어난다. 물론 의료비는 각국의 정책에 따라 의료수가 등에 영향을 받기 때문에 예외가 생길 수 있다.

그러나 지수함수도 로그함수와 마찬가지로 수요 혹은 사용량이 지속적으로 늘어나지는 않는다. 장기적으로 보면 S커브 형태를 보인다고도 할 수 있다. 즉 소득이 낮은 상태에서는 사용이 매우 낮지만 일정 수준 이상으로 소득이 상승하면 급격히 비중이 늘어나다가, 이후 1인당 소득이 일정 수준에 이르면 더는 비중 증가가 이루어지지 않는다.

이와 같이 네 가지 유형으로 나타나는 소득과 지출 비중의 패턴 변화를 잘 살펴보면 언제 어느 지역에서 어떤 형태의 산업이 부상할지에 대한 개략적인 시각을 가질 수 있다. 그뿐만 아니라 미래 산업의 속성을 파악해 어떤 형태로 보급이 확산될지를 추정할 수도 있다. 그러나 앞서 언급했듯이, 이 역시 이미 모든 사람에게 노출된 정보일 수 있으므로 실제로 신사업을 추진하는 데는 한 단계 더 깊은 고민이 필요하다.

정확한 **업의 정의**가 **경쟁**의 **조건**을 말한다

업의 속성을 알면 경쟁의 조건을 이해할 수 있다. 즉 무엇이 핵심이고 무엇으로 경쟁해야 이길 수 있는지 알 수 있다는 것이다. 따라서 신사업을 추진할 때 최우선적으로 해야 할 일은 업의 속성을 파악하는 것이다. 먼저 업의 개념부터 고민해야 한다. 업에 대한 정의나 이해가 선행되지 않으면 피상적인 매력도에 이끌려 의사결정을 하게 되고, 사업이 실패로 이어지기 쉽다.

시장 전체의 가치사슬을 읽고 '업'을 파악하라

업의 속성을 파악하기 위해 먼저 할 일은 가치가 어디서 창출되는지를 이해하는 것이다. 외형적 성장이나 수익구조를 말하는 게 아니다. 장기적 관점에서 비즈니스의 가치가 어디서 생기고, 어느 부분에서 다른 업체와 차별화된 경쟁력이 나타나는지를 찾아내야 한다. 어떤 사업은 시간이 업의 가치를 좌우할 수 있고, 어떤 사업은 장소가 업의 핵심일 수 있다.

업의 속성을 좀 더 기계적으로 판단하는 방법은 산업의 구조를 보는 것이다. 그 산업이 전후방으로 어떤 산업과 연계되고, 각 단계에서 가치가 어떻게 이전되는지, 무엇 때문에 독특한 가치가 창출되는지를 찾아야 한다.

와이즈와 바움가트너Wise & Baumgartner 교수는 산업을 가치사슬로 나누고 제품의 구매부터 최종소비에 이르는 전 과정에서 비용이 얼마나 지출되는지를 도식화한 바 있다. (도표 4-7) 예를 들어 한 가구당 자동차 관련 비용으로 매년 평균 약 6,000달러를 지출하는데 여기에는 신차 혹은 중고차 구입, 연료, 보험, 보수, 금융(이자비용) 등 다양한 비용이 포함된다. 결국 전체 자동차산업의 가치사슬에

■ 도표 4-7 **특정 산업의 전후방에서 창출되는 부가가치**

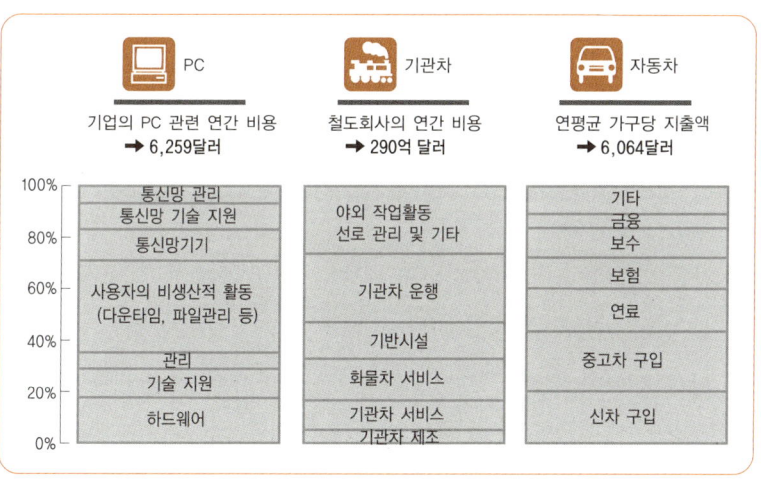

자료: Wise & Baumgartner (1999. 9). *HBR*.

시장점유율의 이중성

회사의 성과를 나타내는 지표 중 하나가 시장점유율이다. 시장점유율은 시장에서의 위상이나 지배력을 표시하는 지표로 사용된다. 그래서 점유율을 계산할 때는 가능하면 시장을 좁게 정의하려는 경향이 강하다. 그래서 자동차회사가 시장점유율을 발표한다면 시장 전체를 기준으로 하기보다는 소형차 혹은 1500cc 이하급과 같이 가능한 한 범위를 줄이는 것이다. 그래야 자사의 시장점유율이 높아지고 그 시장에서 1위임을 알릴 수 있기 때문이다. 그러나 신사업을 준비하는 입장에서는 가능한 한 시장을 넓게 정의하는 것이 바람직하다.

발전 관련 사업을 예로 들어보자. 발전설비의 판매 및 부품 공급 정도로만 시장을 정의하면 GE의 시장점유율은 50%나 된다. 그러나 종합적 보수유지 시장까지 포함하면 점유율은 10%대로 떨어진다. 여기에 금융 서비스, 에너지원 공급, 자산관리 등을 포함하면 시장에서 GE의 점유율은 5% 미만으로 내려간다.

시장점유율 50%는 업계 1위로서 기분은 좋지만 더는 할 게 없다는 의미기도 하다. 반대로 시장범위를 확대해 점유율이 5%라고 하면 추가적으로 검토해볼 사업과 진출 가능한 사업이 많다는 역설적 의미로 해석할 수 있다. 따라서 적어도 신사업을 기획하는 입장에서는 가치사슬 전체를 시장으로 정의하고 예상 시장점유율과 할 일을 분석하는 것이 타당하다.

서 자동차 생산업체가 차지하는 비중은 20% 내외에 그친다는 것을 알 수 있다. 그 외의 나머지 가치는 중고차 중개업체나 연료 및 보험 회사에서 가져간다. 이런 관점에서 보면 산업 전체의 돈 흐름을 파악할 수 있고 사업을 어떤 방향으로 확장해야 하는지 힌트도 얻을 수 있다. 특히 이런 분석을 동태적으로 시행한다면 산업 내 돈의

흐름을 알 수 있고 그 변화를 시기별로 파악해 좀 더 명확하게 신사업의 방향을 설정할 수 있다.

조명업계의 빅3를 지켜주는 업의 속성은 제품 라인업

이와 더불어 가치사슬 내의 업체 구성을 면밀히 살펴보는 일도 매우 중요하다. 사실 업체의 수나 규모는 업의 속성이나 성공 요인을 나타내는 대표적 지표다. 조명산업을 예로 생각해보자. 조명산업은 형광등과 백열등이 LED로 대체되면서 새로운 성장기회를 맞고 있는 분야다. 그러나 조명산업을 구성하는 업체들을 들여다보면 과연 그럴까 하는 의문이 든다.

백열등은 기술혁신이 있기는 했지만 110년 전 에디슨이 발명한 원리 그대로의 기술이다. 제품이 복잡하지도 않고 원리 역시 간단하다. 마찬가지로 형광등도 약간의 기술혁신이 있기는 했지만 다른 분야에 비해 복잡도가 그리 높은 편은 아니다. 이런 단순한 기술산업에서 GE, 필립스, 오스람(독일 지멘스의 자회사) 등 유럽과 미국의 거대 글로벌 기업들이 여전히 맹위를 떨치고 있다.[46] 이들이 기술혁신도가 더 높은 TV·오디오·휴대폰 사업을 모두 처분하면서도 가격이 낮고 기술 진보도 크지 않아 모방이 쉬워 보이는 이 사업만은 포기하지 않고 갖고 있는 이유가 무엇일까?

---

[46] 19세기 말~20세기 초에 설립된 대부분의 전자회사는 조명업에서 출발한 경우가 많다. GE는 에디슨이 전구를 발명하면서 만들어진 회사고, 1891년 설립된 필립스 역시 백열전구로 창업한 회사다. 1919년에 설립된 오스람은 필라멘트 혁신을 기반으로 만들어진 회사다. 오스람이란 말도 독일어로 텅스텐을 의미하는 볼프람(Wolfram)과 오스뮴(Osmium, 원자번호 76)의 합성어다. 일본의 파나소닉(Panasonic)도 전구 소켓과 자전거용 전구를 만들면서 성장한 회사다.

상식으로는 이해되지 않는 부분이다. 분명 조명산업에는 이들만이 강점을 지니는 차별화된 경쟁 포인트, 즉 업의 속성이 있을 것이다. 그렇기 때문에 후발업체가 시장에 들어갈 수는 있어도 수익을 내기가 어렵고, 이런 상황이 새로운 경쟁자 출연을 억제해 수십 년간 3강 체제를 유지시켰다. 이들 입장에서 보면 혁신 속도가 빨라 주도권이 손쉽게 바뀌는 IT나 소비가전시장보다는 혁신이 별로 없는 조명시장이 안정적 고부가가치사업이 되는 셈이다. 그 해답이 라인업이라는 업의 속성에 있다.

라인업이 중요한 사업은 개별 제품의 기술장벽이 거의 없더라도 후발자가 시장에 진입하기가 매우 어렵다. 조명산업이 바로 이런 속성을 지닌 사업군에 해당한다. 시장에 진입하는 기업이 풀라인업을 구성해 사업을 하는 것은 현실적으로 불가능할 뿐더러 리스크도 매우 크다. 그렇기 때문에 후발자는 시장규모가 큰 한두 개 품목에 집중하는 형태로 일단 시장에 진입할 수밖에 없다. 이 경우 선발기업은 라인업을 활용해 후발자가 진입한 분야에서는 정책적으로 자사 제품의 가격을 낮추고, 그 외 분야의 라인업을 통해 수익을 확보하는 전략을 구사하게 된다. 후발기업이 진입한 시장의 수익력을 악화시킴으로써 시장매력도를 떨어뜨려 그들이 다른 제품을 보완해 라인업을 구축하지 못하도록 차단하는 것이다.

필립스 등 조명 빅3는 최소 2,000종에서 많게는 6,000종까지 제품 라인업을 갖추고 있다. 소비자 입장에서도 풀라인업을 갖춘 업체가 편리하다. 건물을 지을 때 한 종류의 조명만 사용하는 것이 아니라 다양한 제품이 복합적으로 적용되기 때문에 한두 개 제품으로 시장에 진입한 업체는 그다지 매력적이지 않은 것이다.

규모의 경제냐 vs 부가가치 창출이냐

건설업은 단일 산업으로서는 세계에서 가장 큰 산업 중 하나다. GDP에서 차지하는 비중이 약 8~10%로 추산될 정도로 규모 면에서 압도적이다. 역사도 유구하다. 세계 최고最古의 기업으로 알려진, 백제인이 만든 일본의 건설회사 '곤고구미金剛組'는 서기 578년에 창립되어 1,400년이 넘는 역사를 자랑한다.

특이한 점은 이렇게 규모가 크고 역사가 오래된 산업이지만 세계 최대 회사의 매출액이 500억 달러 수준에 불과하다는 것이다. 건설업보다 규모가 작은 전자산업이나 자동차산업에서는 매출 1,000억~2,000억 달러 규모의 기업이 다수 출현하고 있지만, 건설 산업에서는 거대기업이 나타나지 않고 있다. 그 이유는 무엇일까?

우리나라에서 건설업을 영위하는 회사는 5만~6만 개다. 거대회사가 별로 없이 수많은 기업이 공생하는 산업이 건설업이다. 이런 현상 역시 업의 속성에서 기인한다. 건설은 대개 사이트, 즉 현장 중심으로 작업이 진행된다. 큰 건설사는 다수의 현장을 운영할 것이고, 규모가 작은 회사는 몇 개의 현장만 운영할 것이다. 제조업과 달리 건설업에서는 '규모의 경제'를 발현할 가능성이 높지 않다. 규모가 작더라도 시장진입이 가능하다는 이야기다. 물론 설계와 조달 분야에서 규모의 효과를 누릴 수 있기는 하지만, 그 정도가 제조업에 비해 확연히 낮다.

이런 속성 때문에 글로벌 건설업체들은 무작정 규모를 키우기

자원산업의 구조: 원자재 가격이 오를 수밖에 없는 또 다른 이유

석유, 곡물, 철광석, 구리 등 원자재 분야에서 글로벌 메이저 기업에 의한 과점 현상이 심화되고 있다. 특히 이들은 M&A 등을 통해 사업 포트폴리오를 강화하고 지역별로 시장지배력을 보강하는 전략을 취한다.

석유의 경우에는 엑슨모빌, 로얄더치셸, BP, 셰브론, 코노코, 토탈 등의 6대 슈퍼 메이저가 시장을 주도하고 있다. 이들은 이익규모만 해도 연간 수천억 달러에 이를 정도로 막대한 수익창출력을 갖고 있고, 이러한 힘을 바탕으로 다시 자원 확보를 강화한다. '뉴 세븐 시스터즈(new seven sisters)'[47]라고 하는 산유국 석유 거대기업들의 행보도 이와 유사하다.

철광석도 마찬가지다. 발레(Vale), 리오 틴토(Rio Tinto), BHP 등이 세계 철광석의 3분의 2를 공급하는 체계다. 특히 이들 철광 메이저가 강력한 이유는 품위가 높은 광산을 소유하고 있어 시장에 대한 영향력이 숫자 이상으로 높기 때문이다. 그 결과는 수익창출력으로 나타나고 있고, 이것이 또 다른 양질의 자원을 확보하는 무기가 되어 지배력이 강화되는 구조다.

이런 원자재 산업구조를 생각하면 지속적인 수요증가 요인을 제외하더라도 공급 측면에서도 통제가 용이함을 알 수 있다. 업의 구조적 측면에서도 원자재 가격은 낮아지기가 쉽지 않다는 것이다.

---

[47] 석유산업에서 '세븐 시스터즈'는 1950년대 이란의 석유국유화 조치 시에 생긴 거대 석유 메이저들의 연합체 성격으로 만들어진 개념이다. 1970년대 초에 이들 7개 메이저가 세계 석유시장의 80% 이상을 점유할 정도로 막강한 영향력을 행사한 바 있다. 현재는 이들이 슈퍼 메이저로 부상했고, 새롭게 부상한 산유국의 석유 메이저를 뉴 세븐 시스터즈라고 명명하고 있다. 여기에 속한 회사로는 중국의 CNPC, 브라질의 페트로브라스(Pertobras), 러시아의 가스프롬(Gazprom), 사우디아라비아의 사우디 아람코(Saudi Aramco) 등이 있다.

보다는 부가가치가 높은 쪽으로 업역을 조정한다. 만약 규모의 경제를 구현할 수 있는 기술혁신에 성공하는 업체가 있다면 건설업에서도 거대기업이 출현할 것이고 후발업체의 진입도 제한될 것이다.

이상의 몇 가지 사례로 볼 때 업계의 속성과 구조만 명확히 이해해도 산업의 특성을 파악할 수 있으며 진입 시의 경쟁 포인트도 가늠할 수 있다.

고객이나 기술을 재정의할 수 있는지 검토하라

업에 대한 마지막 고민은 업의 속성이 유지되고 있는지 아니면 계속해서 바뀌고 있는지를 보는 것이다. 사실 경쟁자와 경쟁환경은 지속적으로 혹은 급진적radical으로 바뀐다. 극장은 영화의 상영 장소라기보다 집객의 장소일 수 있고, 이렇게 되면 영화 상영보다는 광고와 식음료 판매와 상가 임대 등이 업의 핵심이 된다. 고객이 자신의 시간을 지루하지 않게 보내도록 만들어주는 비즈니스 아이템 개발이 관건일 수 있다.

경제개발이 막 이루어지던 시대에 대형 시설은 부동산업의 성격이 강했지만, 지금은 집객의 소구점을 만드는 것, 시간을 활용하게 만드는 것이 핵심이다. 경제발전의 단계와 고객층의 변화 그리고 경쟁환경의 변화에 따라 업의 속성이 계속 달라지는 것이다.

그러나 업의 속성을 근원적으로 바꾸는 것은 무엇보다 기술이다. 기술은 업의 경계를 무너뜨리고, 경험하지 못하던 경쟁 방식을 창출하기 때문이다. 스카이프Skype를 인수한 마이크로소프트는 소프트웨어 업체가 아닌, 통신업체에 가장 큰 경쟁자가 될 수 있다. 즉 이제껏 협력관계를 맺어왔던 기업이 경쟁관계로 바뀔 수 있으며 인터넷 기반의 통신 서비스가 급격히 변할 수 있다는 의미다. 따라서 기업들도 변화하는 업의 환경에 따라 기술이나 고객을 재정의할 필요가 있다.

플랫폼 기술을 활용해 업을 재정의한 사례로 후지필름을 들 수 있다. 한때 후지필름은 후발업체로서 강력한 선발자 코닥필름을 위협하는 성공 기업으로 소개되곤 했다. 그러나 디지털 기술 발달로 인해 필름은 사양사업으로 전락했다. 이에 후지필름은 필름 메이커로서 자사가 개발한, 햇볕에 의해 변색되지 않는 기술에 주목했고 이 기술을 화장품에 적용해 안티에이징 솔루션을 만들었다. 필름에서 시작한 기술이 화장품 기술로 변신한 것이다.

또 다른 사례로 일본의 경비회사 세콤SECOM은 경비 서비스 사업의 출동요원망을 활용해 화재보험시장에 진출했다. 자체적 방재 네트워크와 시설을 확보하고 있기 때문에 화재 발생 시 조기에 발견하는 것이 가능했고, 출동요원을 활용할 수 있다는 장점도 있었다. 그 덕분에 다른 보험사보다 저렴한 가격으로 서비스를 제공하는 것이 가능했다. 출동요원망이 일종의 플랫폼 역할을 한 것이다.

우리나라의 웅진코웨이도 제품관리 전문가(코디) 네트워크를 활용해 다양한 렌털 제품 공급을 확대하고 있다. 특히 코디들이 고객과 직접대면을 하기 때문에 잠재수요를 파악하기가 용이하다는 장점이 있다.

결국 업의 변화는 미래 유망사업을 추진해야 하는 이유가 되기도 하고 성공을 위한 조건이 되기도 한다. 메가트렌드로 인해 사회 및 소비자의 변화가 커질수록 산업은 역동적으로 바뀔 것이고, 이에 따라 업의 속성에서도 상식을 뛰어넘는 파괴적 혁신이 일어날 수 있다. 업의 개념이든 경쟁자든 비즈니스 모델이든, 이제 고정된 것은 없다.

공급자가 아닌 소비자의 눈으로 봐야 한다

새로운 영역으로 진입하는 것은 성공 가능성보다 실패 확률이 더 높다. 차별화도 쉽지 않고 소비자를 설득하기도 어렵다. 대개의 경우 공급자의 눈, 전문가의 시각으로만 문제를 분석하기 때문이다. 한눈에 봐도 이해가 되고, 확연한 차이를 느낄 수 있는지 반문해봐야 한다. 중요한 점은 미세한 차이가 아니라 누구나 인정할 수 있을 정도로 두드러진 차이를 만들어야 한다는 것이다. 소비자의 눈으로 봐도 그 차이가 느껴져야 한다.

소비자가 깜짝 놀랄 '차이'를 제공하라

가장 중요한 성공 포인트는 차별화다. 그러나 비슷비슷한 아이디어와 정보를 가지고 있는데 그 속에서 차이를 만들기란 말처럼 쉽지 않다. 차별화에는 여러 측면이 있지만 우선 눈에 보이는 놀라움이 있어야 한다. 특히 비슷비슷한 제품의 출시가 빈번한 현재의 사업환경을 생각한다면 남들이 감히 따라오지 못할 정도의, 눈으로 확인 가능한 무엇인가가 있어야 성공할 수 있다. 무게, 크기, 화질 등 제품의 물리적 특성이 확연히 구분되는 형태라면 소비자를 설득하기에 용이하다.

1980년대 비디오 표준경쟁이 치열했던 시기, 베타 방식이 VHS에 패하면서 소니는 위기를 겪는다. 비디오에 이어 캠코더 경쟁에서는 8mm 포맷을 통해 전기를 마련하려 했으나, VHS 진영이 VHS-C라는 포맷으로 소니를 압박한다. 이 와중에 탄생한 제품이 소니의 CCD-TR55였다. 1989년에 발표된 CCD-TR55는 패스포트 크기의 작은 사이즈를 강조하는 광고로 강한 인상을 심어준다. 여권사진 정도 크기의 초소형 캠코더라는 소구점으로 소비자에게 어필한 것이다.

그전까지 캠코더는 부피 문제로 집안행사 등에서만 제한적으로 사용했으나, 소니는 여행할 때 늘 휴대하면서 촬영할 수 있다는 여행 필수품 개념으로 캠코더의 성격을 바꾸는 전략을 취한다. 사실 초소형 사이즈도 이러한 전략적 배경과 무관하지 않았고, 결국 1990년대가 되자 시장은 소니 방식의 8mm가 주도하는 형태로 재편된다. 소니는 소비자에게 시각적으로 명확한 차이를 보여주었고, 이를 통해 새로운 용도를 제시함으로써 캠코더 시장을 본격적으로 열 수 있었다.

그 다음으로, 쉽게 이해되는 명확한 가치를 제공해야 한다. 상식을 거스르지 않으면서도 새로운 유행이나 변화를 주도하는 것이 중요하며, 고객의 시간을 절약해준다거나 공간을 확장해주는 것 등 구체적이고 분명한 가치여야 한다.

최근 다소 어려움을 겪고 있지만 닌텐도 DS가 바로 간명하면서도 강력한 가치를 소비자에게 제공함으로써 성공을 거둔 제품이다. 게임에 대한 일반적 통념은 사실 그리 우호적이지 않았다. 대상 고객도 주로 어린아이들이었다. 특히 2000년대 중반의 게임 시장은 소니와 마이크로소프트 등이 고성능 게임기 개발에 치열한 경쟁을 벌이던 시기였다. 그런데 닌텐도 DS는 이러한 경쟁의 룰과 고객을 완전히 다른 방향으로 전환한 제품이다. 우선 형태나 스펙이 매우 단순했으며 두뇌개발에 좋은 게임이라는 점을 내세웠다. 이러한 전략으로 청소년 중심의 기존 고객층을 게임과는 무관하다고 여겨지던 일반인, 특히 노년층과 부녀층까지 확장할 수 있었다. 즉 소비자의 시간을 소비시키는 제품에서 두뇌운동에 좋은 자극제라는 콘셉트로 게임을 재정의해 새로운 고객과 시장을 창출한 것이다.

좋은 제품을 더 싸게 파는 원가혁신으로 승부하라

최저가 제품을 만들 수 있는 원가혁신은 향후 모든 기업이 당면할 중요한 과제다. 신규 유망사업도 예외는 아니다. 유망사업에 대한 잘못된 인식 중 하나는 첨단 기술을 사용하기 때문에 고가임이 당연하고 따라서 원가혁신이 불필요하다고 생각하기 쉽다는 것이다. 또 명품을 지향하기 때문에 원가는 그다지 중요하지 않다고 생각할 수도 있다. 그러나 대부분의 명품은 기술혁신이 빠르지 않은 분야에서 탄생한다. 장기간의 투자 및 문화적 역량과 자산, 때로는 고통스러운 인내가 필요한 것이 명품 비즈니스다. 그렇기 때문에 대부분의 기업이 지향하는 신사업은 범용 시장, 즉 극한의 원가혁신이 필요한 분야가 될 가능성이 높다.

게다가 개도국의 어마어마한 잠재수요를 감안하면 초저가 혁신은 지속적인 비즈니즈의 핵심 화두다. 초저가 전략이라고 하면 흔히 '싼 게 비지떡' 혹은 '저부가가치 제품'으로 치부되곤 한다. 그러나 최근에는 글로벌 메이저 기업들도 '초저가'를 화두로 삼고 있다.

2005년 애플이 아이팟 나노로 국내시장을 공략했을 때도 비슷한 상황이었다. 당시 애플은 국내 경쟁제품보다 두께는 절반, 메모리 용량은 2배인 제품을 3분의 2 가격에 판매했다.[48] "도저히 불가능한 가격이다"라는 이야기가 나올 정도였다. 결국 아이팟 나노의 출시는 국내는 물론 전 세계 MP3 시장이 재편되는 계기가 된다.

일반적으로 기업들은 좋게 만들어서 비싸게 파는 전략을 추구한다. 반면 소비자들은 좋은 제품을 싸게 사고 싶어한다. 초저가 혁신의 핵심 포인트는 소비자들의 시각으로 제품과 서비스를 혁신하는 것이다. 좋은 제품을 저렴하게 공급함으로써 시장의 구조를 일거에 바꿔버린다. 고가 제품은 상징적 임팩트는 있지만 시장 전체에 대한 영향은 제한적이다. 반면 저가 제품을 통해 시장 피라미드의 중하부를 공격하면 시장 전체의 질서나 구조가 흔들리게 된다. 사

---

48 2005년 국내에 출시된 애플의 '아이팟 나노'는 2GB 모델이 23만 원, 4GB 모델은 29만 원대에 판매되었다. 당시 글로벌 MP3 기업으로 성장하던 아이리버의 1GB 제품(동영상 지원)은 34만 원, 삼성전자 MP3 제품도 30만 원 후반대로 가격이 형성되었기 때문에 시장에서는 이를 상당한 충격으로 받아들였다. 애플의 아이팟 나노(1세대)의 두께가 6.9mm였던 데 반해 국내 제품은 15mm 정도로 2배 이상 두꺼웠고, 무게도 약 10g 이상 차이가 났다.

실 애플이 매출 1,000억 달러대의 거대기업으로 성장할 수 있었던 것은 혁신적 제품을 마니아층만이 아니라 매스마켓에까지 제공했기 때문이다. 저렴한 가격대의 제품이었기에 가능한 일이었다. 흔히 고가의 고급·최첨단 제품을 만드는 혁신보다 초저가로 만들면서도 수익을 낼 수 있는 혁신이 더 어렵다고들 한다. 좋은 제품을 합리적 가격에 공급하기 위해서는 기술력과 원가경쟁력을 동시에 갖춰야 하기 때문이다. 누구나 시도할 수 있는 시장이 아닐 수 있다는 이야기다.

앞서 언급했듯이 과거에는 초저가 전략이 주로 후발기업의 시장 진입 방편으로 사용되었던 반면, 최근에는 글로벌 일등 기업이 시장을 와해시키는 도구로 쓰는 경우가 많다. 과거 초저가 제품들은 품질이나 기술이 조악했고, 부가가치도 낮았다. 그러나 지금은 아무리 초저가라고 해도 브랜드력과 일정 수준 이상의 기술력을 바탕으로 한다. 따라서 '저가=저품질'이라는 등식이 더는 통하지 않고, 저가이면서도 디자인 아이덴티티를 유지하고 일정 수준의 품질이 보장되는 제품이 시장에 나온다. 그 결과 후발기업은 저가시장에 진입하기가 매우 까다로워지고, 시장은 저가 제품을 공급하는 글로벌 기업을 중심으로 과점화된다. 그리고 이것이 다시 규모의 경제로 이어져 경쟁기업과의 격차를 더욱 확대시킨다. 2011년 3월 애플이 아이패드2를 출시하면서 가격을 공격적으로 책정한 것도 이 같은 맥락에서 이해할 수 있다.

도시화의 진전으로 개도국시장이 커질수록 초저가 압력은 더욱 강해질 것이다. 최근 일본이 범정부적으로 '볼륨 존' 개념을 제시

■ 도표 4-8 기존의 저가화와 최근의 초저가화

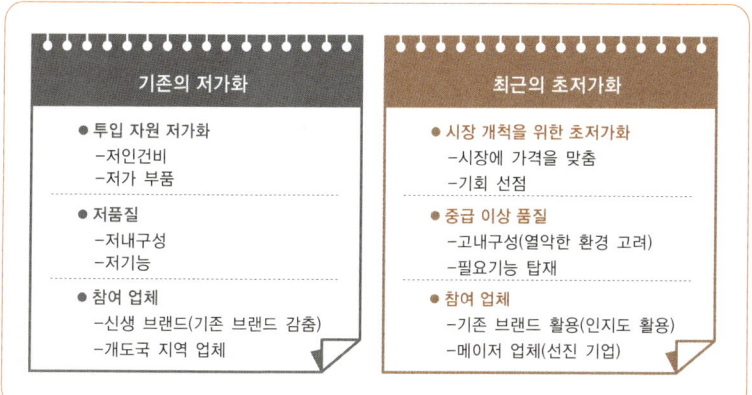

자료: 삼성경제연구소.

해 개도국시장에서 통용될 수 있는 가격혁신을 주문한 것도 바로 이 때문이다.

글로벌 금융위기로 일본의 자동차회사 대부분이 적자를 낼 때 흑자를 유지한 스즈키 사의 예를 보자. 이 회사의 경영철학은 '소小-소少-경輕-단短-미美'라고 한다. 자동차를 작게, 적게, 가볍게 만들면 부품이 적게 들어가 비용을 절감할 수 있다는 개념이다. 원가혁신만이 아니라 제품의 연비가 개선되고, 연비가 개선됨으로써 제품의 퍼포먼스도 좋아지는 효과를 기대할 수 있다. 또 아름답게 만들면 그동안 고객으로 생각하지 못했던 여성을 새로운 고객층으로 확보할 수 있다. 스즈키 오사무鈴木修 회장은 자동차 1대에 들어가는 2만 개의 부품 1개당 1엔 정도만 원가를 낮추어도 연간 400억 엔의 원가혁신(1년에 200만 대 생산 시)이 가능하다고 강조한다.

초저가 혁신에서 가장 중요한 것은 톱다운Top-down 방식의 접근

> ### '메이드 인 차이나'보다 싼 '메이드 인 재팬' 만들기
>
> 스즈키 사는 스쿠터를 일본 내에서 생산하면서도 중국산보다 싸게 만들 방법을 구상한다. 목표는 50cc 스쿠터를 5만 엔 정도에 판매하는 것이었다.
>
> 개발팀은 스쿠터를 분해해 원가혁신 방법을 찾아보았다. 우선 기본성능과는 무관한 부품을 제거한 후 가장 단순한 형태로 설계했으나 목표에는 못 미쳤다. 이에 개발팀은 부품의 가격과 성능을 분석했다. 그리고 뜻밖에 일부 부품의 내구연수가 설계수명보다 수 배 이상 높은 것을 발견한다. 일종의 과잉 스펙 부품이었던 것이다. 스쿠터의 수명을 통상 10년 정도라 할 때 일부 부품의 내구연수가 40년 이상으로 부품 간 품질이 언밸런스하게 조립되었던 것이다. 스즈키가 내린 결론은 부품의 과잉 스펙을 막아 원가를 낮추는 것이었다.
>
> 이렇게 해서 탄생한 것이 '초이노리'다. 비슷한 스펙을 가진 혼다의 중국산 스쿠터가 10만 5,000엔인 데 비해 초이노리는 일본 내에서 생산하면서도 그보다 40%나 저렴한 5만 9,000엔에 공급할 수 있었다.

이다. 원가절감 목표를 최고경영층에서 먼저 제시해야 원점에서 문제를 보고 혁신적 방법을 생각할 수 있다. 점진적 개선으로는 획기적 원가혁신이 절대 일어나지 않는다.

목표는 단순하고 구체적으로 설정하라

마지막으로, 신사업이 성공하려면 목표가 단순해야 한다. 목표로 하는 대상이 사업 자체일 수도 있고 제품이나 서비스 개발이 될 수

도 있지만 어느 쪽이건 간에 명확하고 누구나 쉽게 이해할 수 있어야 한다. 사업목표에 업의 성격이나 특성을 제대로 반영하는 것이 핵심이다. 설명이 장황하거나 명확성이 부족하다면 실패할 가능성이 높다.

'업계 최고의' 혹은 '세계적인' 같은, 손에 잡히지 않는 용어를 동원하며 설명해야 하는 목표라면 실패 가능성이 크다. 이런 목표의 가장 큰 맹점은 무엇을 어떻게 해야 할지 가이드가 분명치 않다는 것이다. 업계 1위 혹은 세계 최고라는 말은 너무나 다양한 의미를 내포하기 때문이다. 좀 더 실행력 있고 실천적인 목표를 설정해야 하는데, 크기나 규모 등 물리적 기준 혹은 가격이나 성능처럼 숫자화할 수 있는 것을 활용하면 좋다.

LCD TV를 예로 살펴보자. "세계 최고 성능의 초대형 제품을 선도하겠다"라는 목표와 "2년 내에 1in당 가격을 50달러로 낮추어 40in를 2,000달러에 공급하겠다"라는 목표 중 과연 어느 쪽이 단순하고 구체적인가? 세계 최고 성능의 제품은 범주를 한 번 더 정의해 주어야만 이해할 수 있는 표현이다. 한 번 봐서는 무엇을 어떻게 추구한다는 것인지가 명확치 않다. 반면 후자는 핵심 목표가 가격(1in당 50달러)과 대화면화(40in)라는 점이 잘 나타나 있다. 이 목표를 본 사람들은 그 두 가지를 추구할 때 시장의 주도권을 확보할 수 있음을 명확히 이해하게 된다.

과거에도 성공한 기업이나 사업은 대개 목표가 구체적이었다. 포드는 모델T를 개발하면서 '농민들도 탈 수 있는 차'라는 사업목표를 정했다. 이 목표가 의미하는 바는 우선 농민들도 살 수 있을 정도로 가격이 낮아야 한다는 것, 또한 농촌의 열악한 도로 환경에서도 운행이 가능한 무게의 차체와 차고(차높이), 그리고 고장이 적은 차의 개발이 필요하다는 것이다. 이런 목표가 있었기에 포드의 모델T는 단순화된 차체와 표준화 설계를 통해 고장이 적으면서도 가볍고 저렴한 자동차를 만들어낼 수 있었고, 먼지가 많은 농촌환경을 고려해 변속기와 발전기를 일체화해 잔고장에도 대비했다. 이런 혁신 덕분에 포드는 당시만 해도 작은 규모에 불과하던 자동차 산업을 거대한 산업으로 발전시킬 수 있었고, 포드 자동차가 오늘날의 발전을 이룰 수 있는 토대를 다졌다.

총량 개념에서 목표를 설정하는 것도 필요하다. 특정 부분의 목표가 아니라 전체적 목표가 필요하다는 이야기다. 예를 들어 자동차 연비를 30% 개선하겠다는 목표가 엔진 연비를 30% 개선하는 방법을 찾는 것보다 성과 면에서 월등하다.

자동차 연비를 30% 개선하기 위한 목표를 세우면 엔진뿐만 아니라 변속, 공기저항, 무게, 재질 등 다양한 분야를 원점에서 고민할 수 있다. 반면 엔진 연비 30% 개선은 매우 제한된 범위에서 혁신을 생각해야 하고, 설혹 달성하더라도 최종제품인 자동차 연비 30% 개선으로 이어지지 않을 수도 있다. 결국 총량 개념의 목표 설정에서 비롯되는 혁신의 부수 효과가 더 크다는 이야기다.

발상의 전환이 산업의 미래를 바꾼다

미래의 변화를 주목하는 것만으로 신사업을 만들기란 쉽지 않다. 유망사업이라는 것은 결국 발상의 전환이 만들어내기 때문이다. 많은 사람이 비슷한 생각을 하지만 이를 비즈니스로 만드는 것은 발상의 차이다.

로봇 강국은 일본이지만, 로봇 청소기를 상업적으로 성공시킨 것은 미국이었다. 일본에서는 청소용 로봇이 어린이와 충돌하지는 않을까, 불전佛殿에 부딪혀 화재가 나지는 않을까 등 일본 특유의 걱정과 잔생각이 너무 많았다. 또 일본인에게 로봇의 상징은 아톰이라서 로봇이라면 2족 보행의 휴먼노이드Humanoid, 즉 사람과 같은 형태여야 한다는 생각이 뿌리 깊었다는 분석도 있다.

반면 미국인들은 고정관념에 얽매이지 않았다. 지구상의 생물 중 두 발로 걷는 것은 인간뿐인데 굳이 로봇이 두 발로 걸을 필요는 없다는 생각으로 지네처럼 기어다니거나 무한궤도를 통해 움직이는 로봇 등 다양한 형태를 시도했다. 자유로운 발상의 승리다. 틀에 갇히면 모든 것이 제약요소로 보인다. 더 나아갈 수도, 기존 자산을 활용할 수도 없다. 이것이 새로운 사업이나 비즈니스 모델의 탄생을 가로막는 장애가 된다.

속도를 알 수 없는 러닝머신에 올라탔다고 해서 모두가 당황하고 불평하지는 않는다. 사고가 유연한 사람은 오히려 그것을 즐길 것이고, 좀 더 영민한 사람은 패턴을 읽으려 할 것이다. 반면 늘 같은 환경에 익숙해 있다면 오버페이스를 하거나, 속도에 못 이겨 경쟁의 장에서 내려올 수도 있다.

난세에 영웅 난다는 말처럼 역사적으로 위대한 발상이나 기업은 기존의 질서가 뒤바뀌는 어수선한 위기 상황을 극복해가는 과정에서 출현하곤 했다. 적어도 산업의 관점에서 보자면 지금은 새로운 질서가 구축되고 재편되는 시기다.

1900년대에 자동차와 전기가 처음 등장하면서 사람들의 생활과 가치관, 산업에 변화가 일어났고, 1950년대 이후 전자산업이 인류의 문화혁명을 촉발했듯이 지금의 메가트렌드는 이제껏 보지 못한 새로운 기술로 산업의 지형을 바꾸고 인류의 미래를 변화시킬 것이다.

모든 사람이 비슷한 생각을 하지만 모두 기회를 잡는 것은 아니다. 발상을 바꾸어 세상을 볼 때 새로운 비즈니스를 발견할 수 있다. 모두가 자동차를 생각할 때 피셔는 도로와 부동산을 생각했다. 미래를 보는 일도 마찬가지이다. 수많은 정보들을 뒤쫓는 것도 중요하지만 정보의 앞과 뒤를 잘 살펴 여기서 파생되는 2차, 3차의 기회를 잡는다면 미래에 유망한 새로운 비즈니스를 한발 앞서 개척할 수 있을 것이다.

변화가 없으면 기회도 없다
거대 변화를 비즈니스로 해석하라

20세기 초반 자동차가 상용화되자
사람들은 앞 다투어 자동차 관련 사업에 투자했다.
이때 칼 피셔라는 사람의 눈은 다른 곳을 향했다.
그는 자동차가 상용화되면 반드시 필요한 것 중 하나가 도로라고 생각했다.
도로 건설은 곧 오지가 개발될 가능성을 의미한다.
피셔의 생각은 적중했다.
그는 남북 종단도로인 딕시 하이웨이를 건설할 때
플로리다의 마이애미비치를 개발해 대성공을 거두었다.

많은 사람이 비슷한 정보를 얻지만 결과는 같지 않다.
메가트렌드는 작은 변화가 만든 거대한 흐름이다.
변화의 앞과 뒤를 살펴 맥락을 파악하고
새로운 발상으로 세상을 볼 때 기회를 잡을 수 있다.
유망사업은 바로 변화를 비즈니스 관점으로 해석하여 만들어가는 것이다.

값 14,000원
www.seri.org

ISBN 978-89-7633-438-1

값 14,000원
www.seri.org